Dr. Jacob F. Field

Die KÜRZESTE WELTGESCHICHTE *in* 50 ORTEN

Dr. Jacob F. Field

Die KÜRZESTE WELTGESCHICHTE *in* 50 ORTEN

FBV

Bibliografische Information der Deutschen Nationalbibliothek
Die Deutsche Nationalbibliothek verzeichnet diese Publikation in der Deutschen Nationalbibliografie. Detaillierte bibliografische Daten sind im Internet über http://dnb.d-nb.de abrufbar.

Für Fragen und Anregungen
info@m-vg.de

Wichtiger Hinweis
Ausschließlich zum Zweck der besseren Lesbarkeit wurde auf eine genderspezifische Schreibweise sowie eine Mehrfachbezeichnung verzichtet. Alle personenbezogenen Bezeichnungen sind somit geschlechtsneutral zu verstehen.

1. Auflage 2024

Türkenstraße 89
80799 München
Tel.: 089 651285-0
Fax: 089 652096

Übersetzung: Thomas Gilbert
Redaktion: Silke Panten
Umschlaggestaltung: Manuela Amode in Anlehnung an das englische Original
Karten im Innenteil: David Woodroffe
Illustrationen im Innenteil: Aubrey Smith
Satz: Röser Media
Druck: GGP Media GmbH, Pößneck
Printed in Germany

Wir produzieren nachhaltig
www.m-vg.de

ISBN Print 978-3-95972-753-2
ISBN E-Book (PDF) 978-3-98609-461-4
ISBN E-Book (EPUB, Mobi) 978-3-98609-462-1

Weitere Informationen zum Verlag finden Sie unter
www.finanzbuchverlag.de
Beachten Sie auch unsere weiteren Verlage unter www.m-vg.de

INHALT

Dieses Buch ist Großmama Billie und Nana gewidmet,
und in Erinnerung an Großpapa Al und Aussie.

Einleitung

In der Geschichte der Menschheit waren bestimmte Orte immer wieder Schauplatz epochaler Ereignisse, ein ständiger Brennpunkt schicksalhafter Begebenheiten oder tief einschneidender Tragödien. Andere Orte dagegen sind vielleicht auf den ersten Blick weniger bekannt, erzählen aber bei näherer Betrachtung detailliert von einem langfristigen historischen Trend oder Thema. Dies gilt für Veränderungen und Entwicklungen sowohl in Wissenschaft und Wirtschaft als auch in Religion, Kunst und Gesellschaft. In *Die kürzeste Weltgeschichte in 50 Orten* lernen Sie all diese Schauplätze und die Geschichte der Menschheit von ihren Anfängen bis zum 21. Jahrhundert auf ganz neue Art und Weise kennen.

Dieses Buch beschreibt chronologisch fünfzig Orte, die unsere Geschichte geprägt haben, und zeigt auf, welche Rolle diese Orte gespielt haben und welches Erbe sie uns hinterlassen haben. Es startet in der Zeit, als die frühen Menschen in Afrika und der Olduvai-Schlucht in Tansania auftauchten. Hier begannen einige unserer frühesten Vorfahren, einfache Werkzeuge zu entwickeln, die es ihnen anschließend ermöglichten, sich über die ganze Welt auszubreiten und auf allen Kontinenten unseres Planeten, von Australasien bis Amerika, Spuren zu hinterlassen. Weiter geht es dann mit der frühen Antike und der Entstehung der ersten Zivilisationen, wir bewegen uns also in den sogenannten Fruchtbaren

Halbmond,* ins Niltal und ins Becken des Gelben Flusses in China. Kapitel drei befasst sich mit der späteren antiken Welt und führt uns an Orte wie den Tempelberg in Jerusalem, der von drei Religionen als heilig angesehen wird, und die Akropolis von Athen, die als Denkmal für den Ruhm des Goldenen Zeitalters der Griechen steht. In Kapitel vier und fünf reisen wir ins Mittelalter, von der Universität von Timbuktu, einem der größten Gelehrtenzentren der islamischen Welt, bis nach Samarkand im heutigen Usbekistan, einer wichtigen Station der Seidenstraße, und von Tenochtitlan in Mexiko, dem großen Zentrum des Aztekenreichs, bis zu den türkischen Meerengen, einer der strategisch wichtigsten Wasserstraßen der Welt. Kapitel sechs widmet sich der frühen Neuzeit und führt uns etwa in die Gemeinde von Belém, die erzählt, wie Portugal und andere europäische Nationen den jahrhundertelangen Prozess der Reichsbildung begannen. Wir entdecken auch die Burg von Cape Coast in Ghana, die zu einem zentralen Knotenpunkt des atlantischen Sklavenhandels wurde. Die revolutionären Ereignisse, die den Grundstein für die moderne Welt legten, werden in Kapitel sieben detailliert beschrieben, darunter das schottische Dorf New Lanark, das den Beginn industrieller Fabriken einläutete, und das Gebäude in Venezuela, in dem Simón Bolívar und seine Mitstreiter die Zukunft des unabhängigen Lateinamerikas schmiedeten. Kapitel acht schließlich befasst sich mit der modernen Welt, und bringt uns unter anderem nach Hollywood, wo ein Großteil der heutigen Medienlandschaft geprägt wurde, sowie in die entmilitarisierte

* Anm. d. Red.: Fruchtbarer Halbmond: ein niederschlagreiches Winterregengebiet im Norden der Arabischen Halbinsel, das als Ursprungsgebiet von Ackerbau und Viehzucht, also der Landwirtschaft gilt.

Zone in Korea, die vielleicht eines der letzten erhaltenen Symbole des Kalten Kriegs ist, der die Welt einst an den Rand der nuklearen Vernichtung zu bringen schien.

Wo auch immer Ihr persönliches Interesse liegen mag, *Die kürzeste Weltgeschichte in 50 Orten* bietet Ihnen neue Einblicke und Perspektiven in die Vergangenheit.

Kapitel 1

Die prähistorische Zeit

Die Olduvai-Schlucht

Vor ungefähr zwei Millionen Jahren tauchten in Subsahara-Afrika die ersten Menschen auf. Diese Urmenschen werden heute als *Homo habilis* bezeichnet, was so viel wie »der geschickte Mensch« bedeutet. Über die Jahrtausende entwickelten sich diese ersten Menschen zum modernen *Homo sapiens,* also zum »weisen Menschen«, der sich schließlich auf der ganzen Welt verbreitete. Das Wissen über unsere frühen Vorfahren verdanken wir einer Reihe von Entdeckungen in der Olduvai-Schlucht in Tansania.

Die Olduvai-Schlucht, die sich 48 Kilometer tief in die Landschaft gegraben hat, liegt am östlichen Rand der Serengeti-Ebene. Ihr Name leitet sich von *Oldupai* ab und bedeutet in der Sprache der dort ansässigen Massai »Ort des wilden Sisals« – wegen der stacheligen Pflanze, die in dieser Gegend häufig vorkommt. In prähistorischer Zeit befand sich die Schlucht neben einem See, was sie zu einem wichtigen Sammelplatz für Tiere und frühe Menschen machte. Deren Überreste wurden durch Aschefall von nahegelegenen Vulkanen gut konserviert. Im Jahr 1911 entdeckte der Wissenschaftler Wilhelm Kattwinkel (1866–1935) Fossilienablagerungen in der Schlucht, die damals Teil von Deutsch-Ostafrika war. Nachdem er seine Funde, darunter auch die Zähne eines *Hipparions,* eines heute ausgestorbenen Urpferdes, in Berlin präsentiert hatte, wurde eine offizielle Forschungsexpedition dorthin entsandt, geleitet vom Geologen

Der Grosse Afrikanische Grabenbruch

Der Große Afrikanische Grabenbruch erstreckt sich über eine Länge von 6400 Kilometern von der äußersten Südspitze der Türkei bis zur Mündung des Sambesi im südostafrikanischen Mosambik. Der Graben formte sich vor 30 Millionen Jahren mit dem Auseinanderdriften der Erdplatten. So entstanden sowohl Täler mit einer Breite von bis zu 80 Kilometer und einer Tiefe von bis zu 309 Meter als auch diverse Bergketten und Seen. In dieser vielfältigen Umgebung entwickelten sich aus Affen die ersten modernen Menschen, was den Graben zu einer der an Fossilien reichsten Gegenden der Welt gemacht hat.

und Paläontologen Hans Reck (1886–1937). Zu dieser Zeit war die Evolutionstheorie weit fortgeschritten und man ging im Allgemeinen davon aus, dass sich der Mensch aus Primaten entwickelt hatte. Die Fossilfunde, die diese Entwicklung belegen sollten, waren jedoch unvollständig, und es gab noch große Lücken im Verständnis, wie und wo dieser Prozess stattgefunden hatte. Zu dieser Zeit waren die ältesten bekannten Hominidenfossilien Exemplare des *Homo erectus*, also des »aufrechten Menschen«, die in Asien gefunden worden waren. Die Fähigkeit, aufrecht zu gehen, ermöglichte es dem *Homo erectus*, Werkzeuge anzufertigen und seine Umwelt zu beeinflussen. Wahrscheinlich war er aus der Gattung *Australopithecus* hervorgegangen, einer Gruppe von Primatenarten. Recks Expedition fand Hunderte von Tierfossilien sowie das vollständige Skelett eines *Homo sapiens*, von dem Reck behauptete, dass es über 500 000 Jahre alt sein könnte. Dies wurde zwar weithin angezweifelt, dennoch weckte es das Interesse an der Schlucht und so wurden weitere Expeditionen zu dieser Stätte geplant. Die Skepsis erwies sich übrigens als berechtigt, denn eine spätere Radiokohlenstoffdatierung ergab, dass das Skelett nur 17 000 Jahre alt war. Durch den Ersten Weltkrieg verzögerten sich weitere Ausgrabungen in der Olduvai-Schlucht. Erst 1931, als das Gebiet bereits unter die Kontrolle des Britischen Weltreiches gekommen war, wurden sie wieder aufgenommen.

Die britische Expedition wurde von dem in Kenia geborenen Paläoanthropologen Louis Leakey (1903–1972) geleitet, der zuvor Reck in Deutschland besucht und die Fossilien aus der Olduvai-Schlucht gesehen hatte. Leakey und seine Familie verbrachten Jahrzehnte mit Ausgrabungen in der Schlucht und machten eine Reihe von Entdeckungen, die das Verständnis über die Urmenschen revolutionierten. Louis und sein Team, zu dem auch seine Frau Mary (1913–1996) gehörte, die ebenfalls Paläoanthropologin war, fanden in der Olduvai-Schlucht zwar gut bearbeitete

Handäxte, die etwa eine Million Jahre alt waren. Doch sie stießen zunächst auf keine Hominidenreste, die vor dem *Homo erectus* entstanden waren.

Neandertaler

Vor etwa 400 000 Jahren hatte sich eine weitere Hominidenart entwickelt, die sich vom *Homo sapiens* unterschied: der *Homo neanderthalensis*, dessen Name sich vom Neandertal in Deutschland ableitet, wo 1856 das erste Exemplar gefunden wurde. Von Europa aus breiteten sich die sogenannten Neandertaler nach Nordafrika und in Teile Asiens aus. Aufgrund ihrer kürzeren Gliedmaßen, ihrer größeren Nasen und ihres stämmigeren Körperbaus kamen sie mit dem allgemein kälteren Klima der Region gut zurecht. Sie waren alles andere als ungebildete Höhlenmenschen, sondern benutzten wahrscheinlich eine Lautsprache, beherrschten das Feuer und stellten Werkzeuge aus behauenem Stein her.

Ein entscheidender Durchbruch gelang am 17. Juli 1959 auf der siebten Expedition der Leakeys in die Olduvai-Schlucht. Als Mary mit ihren sechs Dalmatinern spazieren ging, fand sie ein Knochenfragment. Es erwies sich als Teil eines weitgehend vollständigen Schädels, der 1,75 Millionen Jahre alt war und wegen seiner großen Backenzähne den Spitznamen »Nussknacker-Mensch« erhielt. Die Leakeys stellten fest, dass er zu einer Art von *Australopithecinen* gehörte, was beweist, dass sich der Mensch in Afrika entwickelt hat. Im Jahr darauf fand der Sohn von Mary und Louis, Jonathan (1940–2021), in der Schlucht den Unterkiefer und andere Teile eines frühen Menschen. Nach eingehenden Untersuchungen und weiteren Entdeckungen ähnlicher Überreste wurde dieser Mensch als die Art identifiziert, die die evolutionäre Lücke zwischen dem *Australopithecus* und dem *Homo erectus* schloss. 1964 wurde bekanntgegeben, dass die neue Spezies als *Homo habilis* klassifiziert würde, was so viel wie »geschickter Mensch« bedeutet. Der Grund für diesen Namen: Sein größeres Gehirn gab ihm die Fähigkeit, raffiniertere Werkzeuge herzustellen. Man fand zudem heraus, dass er sich vor 2,4 bis 1,5 Millionen Jahren entwickelt hatte.

In der Olduvai-Schlucht fanden sich auch viele Steinwerkzeuge, die von frühen Menschen hergestellt wurden. Der *Homo habilis*, der wahrscheinlich Jäger und Aasfresser war, stellte seine Werkzeuge durch eine Technik her, die als »Knapping« bezeichnet wird: Er formte Steine, indem er sie wiederholt gegen andere Oberflächen schlug, wodurch eine scharfe Schneide entstand. Die Werkzeuge dieser sogenannten Oldowan-Kultur wurden hauptsächlich zum Zerlegen von Tieren und zum Brechen ihrer Knochen verwendet, um an das nahrhafte Knochenmark zu gelangen. Es wurden zudem Werkzeuge entwickelt, die zum Bau von Behausungen aus Ästen sowie zur Herstellung von Waffen und Fallen aus Holz verwendet werden konnten. Die Verwendung von Steinwerkzeugen war für die Weiterentwicklung der Hominiden von entscheidender Bedeutung, da sie sich dadurch an eine größere Bandbreite von Gebieten anpassen konnten. Vor etwa 1,9 Millionen Jahren entwickelte sich der *Homo habilis* zum *Homo erectus*, der noch ausgefeiltere Steinwerkzeuge benutzte und das Feuer beherrschte. Vor etwa 200 000 Jahren entwickelte sich dann in Ostafrika der anatomisch moderne Mensch, der *Homo sapiens*. In der Olduvai-Schlucht wurden Fossilien sowohl des *Homo erectus* als auch des *Homo sapiens* gefunden, was bedeutet, dass die Schlucht eine Geschichte von über zwei Millionen Jahren erzählt.

Der *Homo sapiens* blieb nicht in Afrika. Größere Gehirne und eine ausgeprägtere Intelligenz ermöglichten es ihm, sich an unterschiedlichste Umweltbedingungen anzupassen. So breitete er sich vor 100 000 bis 130 000 Jahren im Nahen Osten aus. Vor ungefähr 50 000 Jahren erweiterte er seinen Lebensraum auf Europa und weiter nach Asien.

Nachdem der *Homo sapiens* in diesen Gegenden angekommen war, kam es wahrscheinlich zu Kreuzungen mit den Neandertalern. Gentests haben gezeigt, dass sich bei modernen Menschen aus diesen Regionen noch immer Spuren des Neandertalers in der DNA nachweisen lassen. Der *Homo neanderthalensis* ist als eigene Spezies jedoch vor etwa 40 000 Jahren ausgestorben; die Gründe dafür sind noch immer nicht ganz klar. Der Klimawandel wird ebenso für möglich gehalten wie eine Verdrängung durch den *Homo sapiens*.

Vor 15 000 Jahren lebten Vertreter des *Homo sapiens* dann in fast allen bewohnbaren Ecken der Welt, unter anderem in Australien sowie auf dem süd- und nordamerikanischen Kontinent. Anfangs waren sie Jäger und Sammler (so wie der *Homo erectus*) und lebten in kleinen nomadischen Gruppen, die 30 bis 50 Mitglieder umfassten. Sie waren darauf angewiesen, wilde Tiere zu jagen und diese auszunehmen, ernährten sich aber auch von natürlich wachsenden Pflanzen, die sie sammelten.

Djebel Irhoud

Im Jahr 1961 begannen Ausgrabungen in einer Höhle namens Djebel Irhoud im Westen Marokkos, nachdem ein Bergmann dort einen fossilen Schädel eines *Homo sapiens* gefunden hatte. Im Jahr 2004 begannen weitere Ausgrabungen, bei denen noch mehr hominide Überreste, Tierknochen, Hinweise auf Feuer und gebrannte Feuersteinwerkzeuge gefunden wurden. Die Werkzeuge waren etwa 315 000 Jahre alt, sodass die Fossilien von Djebel Irhoud die ältesten Nachweise des anatomisch modernen Menschen darstellen.

Zwischen Männern und Frauen herrschte relative Gleichberechtigung. Da die Gemeinschaften ständig weiterzogen, gab es zudem kaum Möglichkeiten, Privatbesitz anzuhäufen, weshalb die paläolithische Gesellschaft ziemlich egalitär war. Im Laufe der Zeit begann der *Homo sapiens*, Rituale zu entwickeln. Die ersten Totenbestattungen fanden vor 100 000 Jahren statt, und die erste repräsentative bildende Kunst entstand vor etwa 50 000 Jahren. Nach und nach wurden fortschrittlichere Werkzeuge hergestellt, darunter etwa der einfache Pfeil und Bogen vor 14 000 Jahren – in vielerlei Hinsicht war dies die erste Maschine, da sie bewegliche Teile hatte und Muskelkraft in mechanische Energie umwandelte. Zusammen mit anderen Innovationen wie Netzen, Speerschleudern und Bolas ermöglichte dies den Menschen die Jagd auf größere Tiere. Dieses »Steinzeitalter« ging um 10 000 v. Chr. zu Ende, als die Menschen zunächst im Nahen Osten begannen, in dauerhaften Agrargesellschaften zu leben.

Lake Mungo

Die australischen Ureinwohner, Aborigines genannt, sind die älteste Zivilisation der Welt mit einer Jahrtausende alten Kultur. Sie erreichten Australien vor mehr als 50 000 Jahren und besiedelten den gesamten Kontinent. Die ältesten fossilen Zeugnisse der Aborigines wurden am Lake Mungo gefunden, einem ausgetrockneten See im Südwesten von New South Wales.

Im Jahr 1968 entdeckte Jim Bowler, ein australischer Geologe, der uralte Sanddünen untersuchte, am Lake Mungo das, was er für verbrannte menschliche Knochen hielt. Sie waren durch Erosion freigelegt worden. Im folgenden Jahr kehrte er mit Archäologen zurück, die die Überreste ausgruben und in einem Koffer zur weiteren Untersuchung an die Australian National University in Canberra brachten. Sie fanden heraus, dass es sich bei den versteinerten Knochen um die Überreste einer jungen, 1,47 Meter großen Frau handelte. Ihre Überreste zeigten, dass sie verbrannt und ihre Knochen mit rotem Ocker bestreut worden waren, was darauf hindeutet, dass ihre Kultur rituelle Handlungen vollzog und möglicherweise einen Sinn für ein Leben nach dem Tod hatte. Als Bowler im Jahr 1974 mit seinem Motorrad die Gegend um Lake Mungo erkundete, entdeckte er ein Bündel menschlicher Überreste, das aus einem Felsblock ragte. Es wurde ausgegraben und nach Canberra gebracht, wo man feststellte, dass es sich um einen etwa 50 Jahre alten, 1,70 Meter großen Mann handelte, der Arthrose im rechten Ellbogen hatte (wahrscheinlich als Folge des Speerwerfens). In seiner Jugend hatte er zwei seiner Eckzähne gleichzeitig verloren, möglicherweise bei

Die australische Megafauna

Die geografische Abgeschiedenheit Australiens bedeutete, dass die Aborigines auf Tiere trafen, die es woanders auf der Erde nicht gab. Viele der in Australien lebenden Tierarten hatten keine natürlichen Feinde, bevor dort Menschen eintrafen, die sie als willkommene Nahrungsquelle ansahen. Zu den Spezies, die durch Jagd ausgerottet wurden, zählen wahrscheinlich das Diprotodon, ein Beuteltier von der Größe eines Nilpferds, sowie der Genyornis, der bis zu 1,80 Meter große, aber flugunfähige Donnervogel.

einer rituellen Zeremonie. Sowohl die »Mungo Lady« als auch der »Mungo Man« starben vor etwa 42 000 Jahren, als Australien bereits weitgehend von den Aborigines besiedelt war.

Untersuchungen der heutigen DNA deuten darauf hin, dass die australischen Ureinwohner von einer Gruppe von *Homo sapiens* abstammen, die vor etwa 72 000 Jahren Afrika verließ und nach Südostasien wanderte, bevor sie nach Australien kam. Einige der frühesten Beweise menschlicher Besiedlung wurden im nordaustralischen Arnhem Land entdeckt, wo in zwei Felsunterkünften Steinwerkzeuge gefunden wurden, die zwischen 53 000 und 61 000 Jahre alt sind. Von diesen ersten Siedlungen aus wanderten die Aborigines vor 35 000 Jahren über den gesamten Kontinent. Sie behielten weitgehend die Lebensweise von Jägern und Sammlern bei, die für die frühen menschlichen Gesellschaften charakteristisch war – auch wenn einige Gruppen eine Form der Landwirtschaft betrieben. So gibt es Belege für die Ernte und Lagerung von Pflanzen sowie für ausgeklügelte Systeme zum Fangen von Aalen und Fischen. Sie waren geschickte Fährtenleser und Pirschjäger und beherrschten den Umgang mit dem Speer. Feuer war für sie lebenswichtig, denn es diente zum Kochen und um Tiere aus ihren Behausungen zu vertreiben; die dabei anfallende Asche diente als Dünger und half den Pflanzen beim Nachwachsen.

Viele Merkmale der australischen Landschaft zur Zeit der ersten menschlichen Besiedlung unterscheiden sich von der heutigen. Als die Aborigines vor 50 000 bis 45 000 Jahren zum ersten Mal am Lake Mungo ankamen, gehörte dieser zu einer Binnenregion mit dreizehn großen Süßwasserseen, die sich infolge eines allmählich kühleren Klimas gebildet hatten, da dies zu einer geringeren Verdunstung geführt hatte. Neben den Seen gab es Grasland und Wälder, in denen es von Wildtieren wimmelte.

Vor etwa 40 000 Jahren wehten Staubstürme Sand von den Dünen herab, und die nun wieder steigenden Temperaturen ließen den Wasserspiegel sinken. Vor 19 000 Jahren schließlich trocknete der Lake Mungo aus, und die Menschen zogen in andere Gebiete in der Nähe, da diese eine zuverlässigere Wasserversorgung boten.

Die australischen Ureinwohner teilten sich in über 500 Stämme auf, von denen jeder mit einem bestimmten Stammesgebiet verbunden war. Es gab zwar kein Schriftsystem, aber ein komplexes System von Mythen, die mündlich über Generationen hinweg weitergegeben wurden. Es gab auch keine soziale Hierarchie – obwohl die Ältesten aufgrund ihrer Kenntnisse der Stammesüberlieferungen einen gewissen Status hatten. Es dauerte im Allgemeinen 30 bis 40 Jahre, um den gesamten Zyklus der Mythen, einschließlich der Lieder, Tänze und heiligen Stätten, zu erlernen. Trotz der Tatsache, dass es bei den Aborigines über 300 verschiedene Sprachen gab und sporadisch Gewalt zwischen den verschiedenen Gruppen ausbrach, herrschte zwischen den Stämmen ein umfassender kultureller Austausch. Benachbarte Stämme versammelten sich oft zu zeremoniellen Anlässen, und es gab Handelsverbindungen, die sich von der Küste aus über 1600 Kilometer ins Landesinnere erstreckten. Da die Aborigines weitgehend nomadisch lebten, errichteten sie kaum dauerhafte Siedlungen. Eine Ausnahme bildete der Südwesten des heutigen Bundesstaats Victorias, wo sie vor 600 Jahren Hütten bauten, in denen vier- bis siebenköpfige Familien untergebracht werden konnten und die einen Teil des Jahres bewohnt wurden. Da die Aborigines fast ständig unterwegs waren, war die Bevölkerungsdichte gering. Ende des 18. Jahrhunderts lebten nur 300 000 Aborigines in Australien, was bedeutet, dass die Bevölkerungsdichte nur eine Person pro 26 Quadratkilometer betrug.

Im Jahr 1786 beschloss die britische Regierung, Australien mit Sträflingen zu besiedeln, und zwei Jahre später traf die erste Flotte ein. Ende des 18. Jahrhunderts lebten bereits über 5000 Kolonisten in Australien. Im Laufe des 19. und 20. Jahrhunderts kamen Millionen weiterer Einwanderer hinzu. Großbritannien hatte die Kontrolle über das Land übernommen, indem es lediglich seine Souveränität über das Land verkündete, ohne irgendwelche Verträge mit der einheimischen Bevölkerung abzuschließen. Dies war dank der Rechtsauffassung möglich, wonach Großbritannien einen Anspruch auf diese *Terra nullius* erhob – auf das Land, das leer war und nieman-

Botany Bay

Am 29. April 1770 landete die HMS Endeavour unter Leitung von Kapitän James Cook an der Ostküste Australiens, nachdem sie Inseln im Südpazifik kartiert und die Küste Neuseelands befahren hatte. Die Briten nannten den Ort Botany Bay und kartierten 8000 Kilometer der australischen Küste, bevor sie nach Hause zurückkehrten. Im Jahr 1788 landete eine britische Flotte mit 1030 Menschen an Bord (darunter 736 Sträflinge) in der Botany Bay. Da sie den Ort als ungeeignet für eine Strafkolonie ansahen, zogen sie 8 Kilometer nach Norden und gründeten Port Jackson, aus dem sich das heutige Sydney entwickelte.

dem gehörte. Die Rechte der Aborigines wurden völlig ignoriert. Erst 1992 wurde in einem australischen Gerichtsurteil anerkannt, dass die Aborigines Eigentümer und Besitzer ihres angestammten Territoriums waren. Der Prozess der Kolonisierung war für die Aborigines katastrophal und traumatisch; zusätzlich zum Verlust ihres Landes litten sie unter westlichen Krankheiten und unter Gewalt durch die Siedler.

Die Knochen der Mungo Lady und des Mungo Man blieben jahrzehntelang in Canberra, nachdem sie dorthin gebracht worden waren, ohne die Erlaubnis der drei Stämme Paakantyi, Muthi Muthi und Ngiyampaa einzuholen, die als die traditionellen Eigentümer des Gebiets anerkannt sind. Nach Verhandlungen mit den Stämmen wurden die Knochen der Mungo Lady im Jahr 1992 zurückgegeben. Sie werden in einem verschlossenen Safe im Ausstellungszentrum des Mungo-Nationalparks aufbewahrt, der zwei Schlüssel zum Öffnen benötigt: Einer befindet sich in Besitz der Archäologen und einer bei den Stammesältesten. Es dauerte jedoch bis zum Jahr 2017, bis auch der Mungo Man zurückgeführt wurde; er wurde schließlich erneut am Ufer des Lake Mungo bestattet. Seine Knochen werden nun in der Erde verbleiben, wo sie einst für Jahrhunderte ungestört lagen.

Kapitel 2

Die frühe antike Welt

Fruchtbarer Halbmond

Vor etwa 12 000 Jahren begannen einige nomadische Jäger-und-Sammler-Gemeinschaften, landwirtschaftlich sesshaft zu werden. Diese sogenannte neolithische Revolution veränderte die Welt; sie ermöglichte größere Bevölkerungszahlen, eine stärkere wirtschaftliche Spezialisierung und die Entstehung der ersten Städte.

Der Fruchtbare Halbmond ist eine Region im Nahen Osten, die von zwei großen Flüssen begrenzt wird: Der Tigris und der Euphrat entspringen in den Bergen der Türkei und des Irans, fließen in den Persischen Golf und bilden gemeinsam eine wichtige Frischwasserquelle. Die besten Anbauflächen befanden sich in dem als Mesopotamien bekannten Gebiet zwischen den beiden Flüssen, wo bereits um 9000 v. Chr. mit dem Ackerbau begonnen wurde. Im Fruchtbaren Halbmond wuchsen wilde Getreidearten wie Emmer, Gerste, Hirse und Flachs sowie Hülsenfrüchte wie Bitterwicke und Linsen, die domestiziert und angebaut werden konnten. Kühe, Ziegen, Schweine und Schafe wurden dort selektiv aus Wildtieren gezüchtet. (Pferde, die zuerst in Russland und Zentralasien domestiziert wurden, kamen erst nach 4000 v. Chr. auf.) Um 7000 v. Chr. gab es im gesamten Fruchtbaren Halbmond große Bauerndörfer, die jedoch meist auf Gebiete in Flussnähe oder mit ausreichenden Niederschlägen beschränkt waren. Ab etwa 6000 v. Chr. begann man

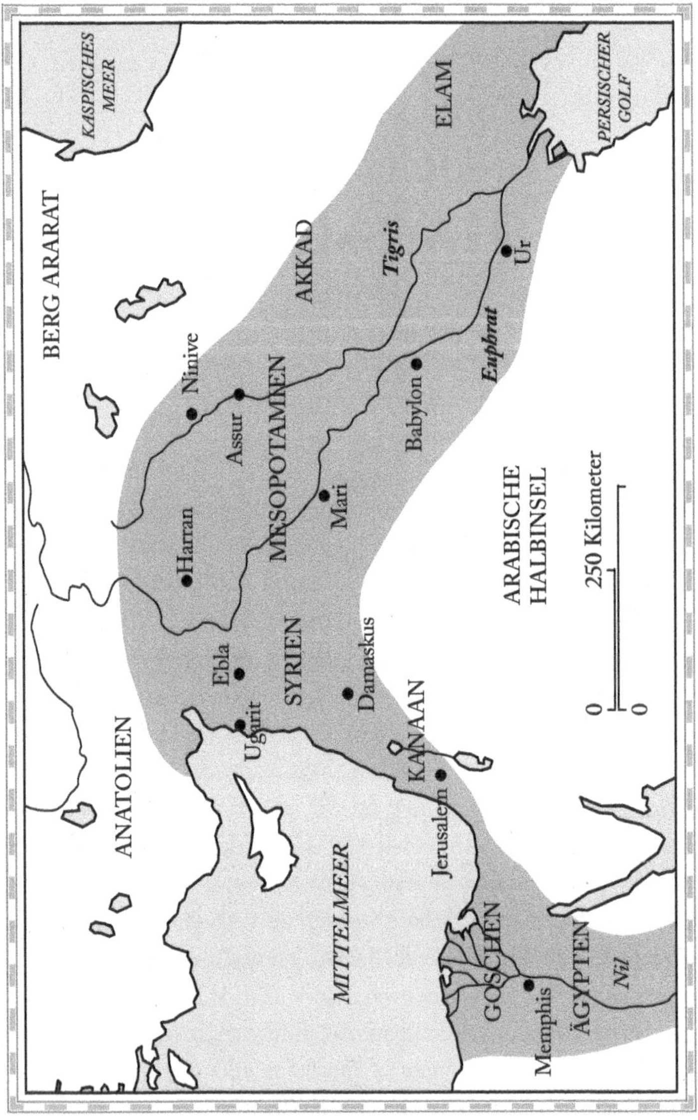

Der Fruchtbare Halbmond ca. 6000 v. Chr.

mit der Bewässerung in kleinem Maßstab, und um 5000 v. Chr. wurden aufwendigere Kanäle und Speicherbecken gebaut und Sumpfgebiete trockengelegt, was eine intensivere und umfassendere Nutzung des Landes ermöglichte. Zusammen mit Erfindungen wie dem Saatpflug und der Egge vergrößerte sich dadurch das Nahrungsangebot, sodass die Bevölkerung schneller wachsen konnte.

Der südlichste Teil Mesopotamiens wurde als Sumer bezeichnet; er war bereits 4500 v. Chr. besiedelt und war Standort der frühesten Städte, die bereits tausend Jahre später entstanden. In den folgenden Jahrhunderten dehnte sich die Urbanisierung auf den Rest des Fruchtbaren Halbmonds sowie auf Persien und Ägypten aus. Möglicherweise zogen die Menschen zu dieser Zeit in die Städte, weil das Klima immer trockener wurde, was die Selbstversorgung erschwerte und eine intensivere Landwirtschaft erforderte. Dies war in bevölkerungsreichen Städten besser zu meistern. Das Wachstum der Städte ermöglichte ein höheres Maß an beruflicher Spezialisierung, wobei Handwerksberufe wie Weben und Töpfern alltäglich wurden. (Inzwischen nutzte man hier die Töpferscheibe, was eine schnellere Produktion und anspruchsvollere Designs ermöglichte.) Es wurden fortschrittlichere Metallarbeiten entwickelt, und um 3500 v. Chr. wurde Bronze und um 1000 v. Chr. Eisen hergestellt, was wiederum die Herstellung stärkerer und schärferer Werkzeuge und Waffen ermöglichte.

Obwohl es dieses handwerkliche Gewerbe gab, arbeitete der größte Teil der Bevölkerung immer noch in der Landwirtschaft und ging von seinen Häusern in den Städten zu Fuß zu seinen Feldern. Der Fruchtbare Halbmond begründete den Fernhandel; um 3000 v. Chr. waren Wagen mit Rädern weit verbreitet, sodass schwere Güter über weite Strecken transportiert werden konnten. Zu dieser Zeit bauten die Mesopotamier bereits Boote, die groß genug waren, um

Waren zu befördern, und um 2300 v. Chr. trieben sie Handel bis nach Oman und Indien. Trotz ihrer hochentwickelten Wirtschaft verwendeten die Kulturen des Fruchtbaren Halbmonds kein Münzgeld; Zahlungen wurden im Allgemeinen durch Tauschgeschäfte abgewickelt, und Löhne wurden meist in Getreide gezahlt, das mit standardisierten Gewichten gemessen wurde.

Die Städte des Fruchtbaren Halbmonds wuchsen zu Staaten heran, die einen Umkreis von etwa 16 Kilometern mit Ackerland und Dörfern umfassten. Es bildeten sich politische Hierarchien heraus – zunächst wurden diese Stadtstaaten von Versammlungen

Die Keilschrift

Um 3300 v. Chr. entwickelten die Sumerer das erste Schriftsystem: die Keilschrift. Sie wurde mit einem Schilfrohr auf Tafeln aus feuchtem, hart gebranntem Ton geschrieben und bestand zunächst aus einer begrenzten Anzahl von Piktogrammen, die zur Aufzeichnung von Waren, Ernten und Steuern verwendet wurden. Innerhalb von 600 Jahren entwickelte die Keilschrift sich zu einem System von 1000 phonetischen Symbolen, die zum Schreiben literarischer Werke verwendet werden konnten. Das System wurde schließlich im gesamten Nahen Osten übernommen und war noch im ersten Jahrhundert n. Chr. in Gebrauch.

ihrer führenden Männer regiert, aber ab 3000 v. Chr. wurden sie weitgehend von einzelnen Herrschern verdrängt, die schließlich Erbmonarchien errichteten. Der erste archäologisch nachweisbare Herrscher (sein Name ist auf Resten einer Alabastervase zu finden) war Enmebaragesi, der um 2500 v. Chr. den sumerischen Stadtstaat Kisch regierte. Die Hauptaufgabe dieser frühen Könige bestand in der militärischen Führung, da die wachsenden Stadtstaaten Rivalitäten entwickelten und um Einfluss und Territorium zu kämpfen begannen. Die erste Schlacht in der Menschheitsgeschichte – dargestellt in einer Schnitzerei auf einem Kalksteinmonument – wurde um 2450 v. Chr. zwischen den beiden sumerischen Städten Lagasch und Umma um die Kontrolle über ein Gebiet mit bewässertem Land ausgetragen. Lagasch ging als Sieger hervor, und von ihrem König Eannatum wird berichtet, dass er seine Männer persönlich zum Triumph führte, obwohl er von einem Pfeil getroffen wurde. Die Könige sorgten auch für Ordnung und beaufsichtigten Projekte wie den Bau von Stadtmauern, Bewässerungssystemen und Getreidespeichern. Einige dieser Getreidespeicher waren sehr groß – in der Stadt Shuruppak wurde genug Gerste gelagert, um die 20 000 Einwohner sechs Monate lang zu ernähren. Es entstanden organisierte Religionen; jeder Stadtstaat hatte im Allgemeinen seine eigenen Schutzgötter und aufwendige Tempelanlagen, die ihnen gewidmet waren. Ab 2000 v. Chr. war ein gängiges Bauwerk die Zikkurat, eine große Stufenpyramide, die heilige Berge symbolisierte. Die Könige förderten die Verbindung zur Religion, indem sie behaupteten, ihre Herrschaft sei göttlich verordnet, und indem sie religiöse Zeremonien in die Staatsaufgaben aufnahmen.

Der Fruchtbare Halbmond war die Heimat des ersten Herrschers der Geschichte – Sargon, der im 24. Jahrhundert v. Chr. in der sumerischen Stadt Kisch geboren wurde. Der Sohn eines Gärtners wurde

Mundschenk des Königs von Kisch, bevor er diesen stürzte und die Macht an sich riss. Um seine Autorität zu demonstrieren, nahm er den Königsnamen Sharru-kin an, was so viel bedeutet wie »der König ist legitim«. Ab 2334 v. Chr. begann er, ganz Mesopotamien zu erobern. Zudem gründete er eine neue Reichshauptstadt namens Akkad (wahrscheinlich an der Stelle des heutigen Bagdad). In den von ihm eroberten Stadtstaaten ließ Sargon die ursprünglichen Machthaber im Amt, auch wenn sie nun als Provinzgouverneure nach seinem Belieben regierten. Sargon verfügte über ein stehendes Heer von mehr als 5000 Mann, führte ein zentralisiertes Steuersystem ein, bei dem das Geld an ihn abgeführt wurde, und verteilte Land an seine Anhänger. Sargons Nachfolger dehnten sein Reich aus, hatten aber auch mit zahlreichen lokalen Aufständen sowie mit Invasionen aus Persien, Syrien und Anatolien zu kämpfen. Das Akkadische Reich brach 2154 v. Chr. zusammen, und das Gebiet, das es umfasste, kehrte zu seinem früheren System unabhängiger Stadtstaaten zurück.

Nach dem Untergang des Akkadischen Reiches war die nächste Großmacht, die im Fruchtbaren Halbmond aufstieg, Babylon, das 1894 v. Chr. als Stadtstaat am Ufer des Euphrat gegründet wurde. Unter der Herrschaft von Hammurabi, die von 1792 bis 1750 v. Chr. andauerte, eroberte Babylon die umliegenden Stadtstaaten und erlangte so die Vorherrschaft über einen Großteil Mesopotamiens. Hammurabi war ein energischer Herrscher, der seine Autorität ausbauen wollte. Seine Rechtsordnung, die um 1754 v. Chr. erlassen wurde, ist das älteste erhaltene Dokument dieser Art und wurde zunächst auf einer 2,30 Meter hohen Säule aus schwarzem Dioritstein niedergeschrieben. Anschließend wurden zahlreiche Kopien angefertigt, die im ganzen babylonischen Reich an öffentlichen Plätzen und in Tempeln aufgestellt wurden. Die

Rechtsordnung enthielt 282 Urteile zu einer Reihe von Themen wie Sklaverei, Handel, Löhne, Ehebruch, Heirat und Adoption. Ein Leitprinzip war »Auge um Auge«, ein Konzept, das großen Einfluss auf andere Rechtsordnungen und Religionen hatte – zum Beispiel auf das Alte Testament. Nach dem Tod Hammurabis zerfiel sein Reich, obwohl Babylon ein großes Zentrum der Wissenschaft, der Religion und des Handels blieb. Zu diesem Zeitpunkt hatten sich die Innovationen des Fruchtbaren Halbmonds bereits über Jahrhunderte hinweg in ganz Asien sowie in Afrika und Europa verbreitet und etabliert, was die Bewohner dieser Region zu einer der einflussreichsten Zivilisationen der Menschheitsgeschichte machte.

Der Nil

Der Nil ist der längste Fluss der Welt und fließt über 6400 Kilometer durch Afrika bis zum Mittelmeer. Ohne sein lebensspendendes Wasser wären drei Jahrtausende altägyptischer Zivilisation nicht möglich gewesen. Zudem spielte der Nil eine zentrale Rolle bei der Gestaltung der Vergangenheit, Gegenwart und Zukunft der Region.

In Ägypten ist der Nil eine Oase, die durch die Wüste Sahara fließt. Er hat zwei Hauptteile: das Niltal, das etwa 13 Kilometer breit ist, und das Nildelta, eine Reihe von Lagunen und Sümpfen mit einer Breite von 240 Kilometern, die sich zur Mittelmeerküste hin verzweigen und eine einfache Seeverbindung zwischen Ägypten und Europa ermöglichen. Der Nil hat zwei Hauptquellen, deren genaue Lage allerdings erst im 19. Jahrhundert geklärt werden konnte: Der Tanasee in Äthiopien und der Viktoriasee in Ostafrika, wobei Ersterer in den Blauen Nil (so genannt wegen des im Wasser enthaltenen Tons) und Letzterer in den Weißen Nil fließt. Die beiden Abschnitte treffen sich im heutigen Sudan, etwas nördlich der Hauptstadt Khartum.

Pyramiden

Pyramiden waren monumentale Grabkomplexe für die Pharaonen und ihre Familien. Sie gingen aus der Stufenpyramide hervor, die um 2650 v. Chr. für den ersten altägyptischen König Djoser in der Nähe von Memphis errichtet wurde. Daraus wurden Pyramiden mit glatten Seiten entwickelt; die größte Pyramide wurde in Gizeh für Cheops errichtet, der im 26. Jahrhundert v. Chr. regierte; sie ist fast 150 Meter hoch und umfasst eine Fläche von 53 000 Quadratmeter. Ohne den Nil wären die Pyramiden nicht möglich gewesen: Die Baumaterialien wurden ebenso wie der Proviant für die Arbeiter durch Kanäle, die vom Fluss abgezweigt wurden, zu den Baustellen transportiert.

In einer ansonsten meist wasserlosen Region war der Nil so lebenswichtig, dass die alten Ägypter ihn einfach *Itrw* nannten, was »der Fluss« bedeutete. (»Nil« ist aus dem altgriechischen Namen *Neilos* abgeleitet.) Der Nil ermöglichte es, dass um 5000 v. Chr. entlang seiner Ufer im heutigen Ägypten die ersten landwirtschaftlichen Siedlungen entstanden. Dies erlaubte den Anbau von Gerste, Weizen, Flachs, Obst und Gemüse sowie die Haltung von Vieh. Außerdem wuchs entlang des Nils eine Wasserpflanze namens *Cyperus papyrus*. Ihr Mark wurde verwendet, um Papyrus herzustellen, ein dickes, papierähnliches Material, das von den Ägyptern und anderen antiken Völkern wiederum als Schreiboberfläche benutzt wurde. Ein weiterer bedeutender Faktor des Nils war, dass er regelmäßig jedes Jahr überflutete. Während des Spätsommers trat er über die Ufer und hinterließ eine reiche Schicht Schlamm, die den Boden düngte und Salze ausspülte. Die alten Ägypter nannten die jährliche Überschwemmung des Nils *Akhet*. Sie glaubten, dass die Flut durch die Tränen der Göttin Isis verursacht wurde, die um ihren verstorbenen Ehemann Osiris trauerte. Die eigentliche Ursache der Überschwemmung war jedoch der Monsunregen Hunderte von Kilometern flussaufwärts in Äthiopien. Dieser führte nämlich zu einem Anstieg des Wasservolumens und ließ schließlich den Nil in Ägypten über die Ufer treten. Das Hochwasser staute sich in natürlichen Becken, die während der sechs bis acht Wochen der Überflutung ein immenses Reservoir an Wasser bildeten. Diese natürlichen Becken wurden durch ein komplexes System an Deichen und Bewässerungskanälen erweitert, was es ermöglichte, Wasser noch effektiver zu speichern und zu verteilen.

Doch der Nil wird in Ägypten schon lange nicht mehr jährlich überschwemmt. Seit Mitte des 19. Jahrhunderts haben eine Reihe zunehmend ambitionierter Projekte die Strömung des Flusses verändert. Den Beginn machten Dämme und Schleusen, die errichtet wurden, um Bewässerungskanäle zu schaffen, die eine Wasserversorgung das ganze Jahr hindurch ermöglichten. Den Höhepunkt bildete der Assuan-Staudamm, der vom im Jahr 1956 zum Staatspräsidenten Ägyptens gewählten Gamel Abdel Nasser (1918–1970) in

Auftrag gegeben wurde. Er hoffte, dass der Staudamm die ägyptische Wirtschaft ankurbeln und modernisieren würde. Als die amerikanische und britische Regierung ihre Unterstützung für das Vorhaben zurückzogen (zum Teil als Folge von Nassers Politik; er hatte versucht, während des Kalten Kriegs neutral zu bleiben), beschloss Nasser, diesen zu finanzieren, indem er den Suezkanal verstaatlichte, der zuvor im Besitz von einem Unternehmen war, an dem sowohl die britische als auch die französische Regierung beteiligt war. Trotz der

Der Suezkanal

Der 1869 eröffnete Suezkanal ermöglichte es Schiffen, vom Mittelmeer zum Indischen Ozean zu fahren, ohne einen Umweg über Afrika machen zu müssen, und wurde damit zu einer der wichtigsten Wasserstraßen der Welt. Das Vereinigte Königreich besetzte den Kanal im Jahr 1882 militärisch und errichtete ein Protektorat über Ägypten. Im Jahr 1956 verstaatlichte Nasser den Kanal, um den Bau des Assuan-Staudamms zu finanzieren. Daraufhin marschierten britische, französische und israelische Truppen in Ägypten ein, um die Kontrolle über den Kanal wiederzuerlangen. Auf internationalen Druck hin zogen sie sich zurück, und die ägyptische Regierung erhielt die Kontrolle über die Wasserstraße zurück.

daraus resultierenden Suezkrise behielten Nasser und Ägypten die Kontrolle über den Kanal. Mithilfe der eingenommenen Zölle wurde schließlich zwischen 1960 und 1970 der Staudamm gebaut. Nasser, der während dieser Zeit Präsident blieb, starb zwei Monate, nachdem der Damm fertiggestellt war, an einem Herzinfarkt. Der Staudamm bildet den Nassersee (der bis in den Sudan reicht, wo er Nubia-See genannt wird), einen künstlichen Wasserspeicher, der es den ägyptischen Behörden ermöglichte, die Wassermassen des Nils zu kontrollieren, um eine zuverlässige Wasserversorgung für die Landwirtschaft zu gewährleisten und durch Wasserkraft Energie zu erzeugen.

Letztendlich hatte der Nil bereits in der Antike die wichtige Funktion eines Transportweges für Waren und Menschen. Die ersten Schiffe, die auf dem Nil fuhren, waren kleine Flöße aus Schilf, die den Fischern als Plattform dienten. Im Laufe der Zeit dominierten eher große Vergnügungsschiffe und riesige Lastkähne, die sperrige Güter wie Granit oder Getreide transportieren konnten. In Ägypten war der Nil meist leicht zu befahren; seine Geschwindigkeit betrug gerade mal einen Knoten und stieg bei Hochwasser auf vier Knoten an. Bei den vorherrschenden Winden war es mühelos möglich, nach Norden zu segeln; aber die Fahrt nach Süden, stromaufwärts, erforderte Ruderkraft. Auf dem Nil außerhalb Ägyptens wurde die Schifffahrt durch die sechs »Katarakte« behindert – Abschnitte, an denen Felsen und Steine aus dem Wasser ragen, wodurch die Strömung unterbrochen wird und Stromschnellen entstehen. Nördlich der Elephantine, einer Insel in der Nähe des Ersten Katarakts, gibt es für Schiffe und Boote auf einer Strecke von etwa 1200 Kilometern keine Hindernisse, sodass die Fahrt bis zum Mittelmeer problemlos möglich ist.

Die Entstehung des ersten ägyptischen Staates wird allgemein auf die Zeit um 3100 v. Chr. datiert. Die verschiedenen Stadtstaaten entlang des Nils wurden von dem halb legendären Herrscher Menes vereinigt, dem Gründer der Ersten Dynastie. Allerdings wird Menes heute weitgehend mit dem lokalen König namens Narmer gleichgesetzt. Menes und seine Nachfolger wurden als »Pharaonen« bezeichnet, was sich vom ägyptischen Wort für »großes Haus« ableitet. Die Pharaonen waren auch als »Herren der zwei Länder« bekannt, da sie sowohl über Unterägypten (im Nildelta) als auch über Oberägypten (im Niltal) herrschten. Ein wichtiges Symbol ihrer Macht war daher die Doppelkrone, wobei der weiße Teil für Unterägypten und der rote für Oberägypten stand. Im Laufe der Jahrhunderte entwickelten die Pharaonen eine zunehmend zentralisierte Verwaltungsstruktur, in deren Mittelpunkt ihre Hauptstadt Memphis stand, die eine strategische Position in der Nähe der Spitze des Nildeltas einnahm.

Jebel Sahaba

Das älteste Zeugnis kriegerischer Auseinandersetzungen ist ein alter Friedhof in Jebel Sahaba, am Ostufer des Nils im Nordsudan. Der 13 000 Jahre alte Fundort war die Begräbnisstätte von 61 Jägern und Sammlern. Etwa die Hälfte von ihnen war eines gewaltsamen Todes gestorben, wobei die Spuren darauf hindeuten, dass sie mit Speeren oder Pfeilen angegriffen wurden. Möglicherweise waren sie in einen Kampf um den Zugang zum Nil verwickelt.

Die Pharaonen betrachteten die Gegend von der Flussinsel Elephantine bis zum Nildelta als ihr »natürliches« Territorium. Es kam jedoch immer wieder zu Übergriffen südlich der Elephantine auf das Gebiet von Nubien, das größtenteils im heutigen Sudan lag. Obwohl der nubische Teil des Nils nicht so fruchtbar war wie der ägyptische Abschnitt, war er als Transportweg für Karawanen, die Gewürze, Elfenbein, Ebenholz und Edelmetalle beförderten, von wirtschaftlicher Bedeutung. Außerdem rekrutierten die Pharaonen in der Region zahlreiche Gardetruppen und Streitkräfte. Um 1500 v. Chr. starteten die Ägypter eine groß angelegte Invasion in Nubien, eroberten es und gliederten es ihrem Reich an. Nubien blieb bis zum elften Jahrhundert v. Chr. unter ägyptischer Herrschaft und löste sich dann ab. Vom 16. bis zum elften Jahrhundert v. Chr. dehnte Ägypten seine Macht vom Norden über die Wüste Sinai bis in den Nahen Osten aus und kämpfte mit dem Hethiterreich, das seinen Sitz in Anatolien hatte, um die Kontrolle über Syrien und Kanaan.

Im neunten Jahrhundert v. Chr. zerfiel die Macht der ägyptischen Pharaonen; es herrschte innere Unruhe, sie hatten ihren Einfluss in Asien verloren und sahen sich Übergriffen durch ausländische Mächte gegenüber. Sowohl das Königreich von Kusch, ein mächtiger Staat in Nubien, als auch das Neuassyrische Reich, das seinen Ursprung in Mesopotamien hatte, eroberten zu verschiedenen Zeiten ganz oder teilweise Ägypten. Die endgültige Niederlage kam 525 v. Chr. durch das persische Achämenidenreich, das nach dem Sieg in der Schlacht von Pelusium im östlichen Teil des Nildeltas Memphis einnahm. Ägypten wurde zu einer persischen Provinz, obwohl die Achämeniden dort in der Gestalt eines Pharaos regierten und dessen Titel übernahmen. Abgesehen von einer Periode der einheimischen Herrschaft zwischen 404 und 343 v. Chr. dauerte die persische Herrschaft bis 332 v. Chr., als Ägypten von Alexander dem

Großen (356–323 v. Chr.) erobert wurde. Danach wurde Ägypten von einer Reihe ausländischer Mächte regiert oder beherrscht, darunter die Römer, Byzantiner, Araber, Osmanen und Briten, bis es sich 1953 als unabhängige Republik konstituierte.

Der Gelbe Fluss

In der Steinzeit entstanden die frühesten chinesischen Zivilisationen entlang des mittleren Abschnitts des Gelben Flusses (*Huang He*). Dieser Teil des Flusses fließt durch die nordchinesische Ebene, in der die Xia angesiedelt war, vermutlich die erste Dynastie, die das Land regierte.

Der Gelbe Fluss ist 5464 Kilometer lang, entspringt im Bayan-Har-Gebirge und fließt zum Bohai-Meer an der nordöstlichen Küste Chinas. Seinen Namen erhielt er aufgrund seiner gelblichen Farbe, die durch die Ablagerungen verursacht wird, die Sand und Schlamm in sein Wasser leiten. Tatsächlich hat der Gelbe Fluss die höchste Sedimentation aller Flüsse der Welt. Wegen der sich verschiebenden Sandbänke ist der Gelbe Fluss oft schwer zu befahren. Außerdem tritt er häufig über die Ufer (1500-mal in den letzten 2500 Jahren), was zu Überschwemmungen führt, die dem Gelben Fluss auch den Spitznamen »Chinas Schmerz« einbrachten. Noch schwerwiegender ist, dass der Fluss seinen Lauf dramatisch ändern kann, weil sich im Flussbett Schlamm ablagert, der zu einer Verschiebung des Flusslaufs führt. Dies war für die Chinesen von einst, deren Häuser dadurch zerstört wurden, eine Katastrophe. Zudem wurden auf diese Weise viele steinzeitliche und bronzezeitliche Fundstätten zerstört. Trotzdem gilt der Gelbe Fluss immer noch als Wiege der chinesischen Zivilisation. Das liegt daran, dass er bei seinen Überschwemmungen und seinem Rückzug Schlammschichten hinterlässt, die den Boden anreichern und fruchtbares Land schaffen – ideal für die Landwirtschaft.

Der Ackerbau in China entlang des Gelben Flusses begann zwischen 7000 und 5000 v. Chr., zu einer Zeit, als das Gebiet durch den Klimawandel warm und feucht wurde und kleine Dörfer entstanden, in denen Hirse und Reis angebaut wurden. Zwischen 2000 und 1000 v. Chr. wurde die nordchinesische Ebene immer dichter besiedelt und urbanisiert, und es entstanden Tausende von ummauerten Stadtstaaten in der Region. Jeder von ihnen wurde von einem eigenen Oberhaupt regiert, und es kam häufig zu kriegerischen Auseinandersetzungen, die dazu führten, dass einige Stadtstaaten die Vorherrschaft über andere erlangten. In dieser politischen Landschaft entstand um 2100 v. Chr. die erste Dynastie der traditionellen chinesischen Geschichte: die Xia.

Der Ursprung der Xia-Dynastie ist untrennbar mit dem Gelben Fluss verbunden. Der erste Xia-König war Yu, dessen Vater Gun bereits versucht hatte, das Wasser des Flusses zu kontrollieren, indem er jahrelang Deiche aus von den Göttern gestohlener magischer Erde baute. Zunächst funktionierten Guns Deiche, die auf unerklärliche Weise gleichzeitig mit dem Wasser anstiegen. Doch schließlich brachen sie zusammen und verursachten verheerende Überschwemmungen. Für seinen Diebstahl richteten die Götter Gun hin; einige Quellen behaupten allerdings, er habe Selbstmord begangen. Yu war entschlossen, das zu tun, was sein Vater nicht geschafft hatte: Anstatt den Gelben Fluss und andere Wasserwege in der Region zu stauen, verbrachte er ein Jahrzehnt damit, den Fluss auszubaggern und Bewässerungskanäle anzulegen, damit das Wasser friedlich abfließen konnte. Infolgedessen wurde Yu zum König ernannt. Wissenschaftler bezweifeln, dass Yu tatsächlich existiert hat; es gibt keine zeitgenössischen Belege für ihn, da die Schrift in China noch nicht entwickelt war, als er gelebt haben soll. Der Bericht über sein Leben könnte jedoch auf mündlich überlieferten

Geschichten darüber beruhen, wie Herrscher versuchten, die katastrophalen Überschwemmungen des Gelben Flusses zu bekämpfen – und er galt als Archetyp eines weisen und tugendhaften Herrschers.

Yu war so beliebt, dass das Volk seinem Sohn Qi erlaubte, seine Nachfolge anzutreten, wodurch die Tradition der erblichen Herrschaft eingeführt und die Xia-Dynastie gegründet wurde. Sie bestand bis etwa 1600 v. Chr., als ihr tyrannischer und verschwenderischer letzter Herrscher Jie von einem lokalen König namens Tang gestürzt wurde, der daraufhin die Shang-Dynastie gründete. Unabhängig davon, ob die Xia-Dynastie wirklich existierte oder nicht, steht fest, dass die Shang-Herrschaft, für die es urkundliche Belege gibt, einen Übergang zu einer umfassenderen politischen Struktur darstellt. Die Shang-Dynastie dehnte ihre Macht über das Tal des Gelben Flusses hinaus auf ein größeres Gebiet im Nordosten Chinas aus. Es entstand eine hochentwickelte Verwaltung, Edikte an lokale Gouverneure wurden erlassen und aufwendige Palastanlagen und Königsgräber errichtet. In dieser Epoche wurde die früheste bekannte chinesische Schrift entwickelt, ein System von über 2000 Piktogrammen. Am häufigsten wurden Inschriften auf Tierknochen oder Muscheln gefunden, die für Orakel verwendet wurden, um die Zukunft vorherzusagen. Hierfür ritzte man Fragen ein und erhitzte die Knochen oder Muscheln dann mit einem Metallstab, um die so entstehenden Risse zu deuten. Um 1046 v. Chr. stürzte ein Herrscher namens Wu von Zhou den letzten Shang-König Shou, der als unmoralischer und sadistischer Trunkenbold verschrien war. Wu besiegte Shous Armeen und zwang ihn, sich in seinen Palast in der Stadt Yin zurückzuziehen, wo er schließlich Selbstmord beging. Die Zhou legitimierten ihren Aufstand und ihre Machtergreifung mit dem Argument, die Shang hätten das »Mandat des Himmels« verloren, also die Regierungsgewalt, die den Herrschern von den Göttern verliehen worden war. Diese Abfolge der Xia-, Shang- und Zhou-

Die Indus-Kultur

Die erste südasiatische Zivilisation entstand im Einzugsgebiet des Flusses Indus, das das heutige nordöstliche Afghanistan, ganz Pakistan und das nordwestliche Indien umfasste. Ende des vierten Jahrtausends v. Chr. wurde dort Landwirtschaft betrieben, und um 2500 v. Chr. entstanden städtische Siedlungen. Die Zivilisation fand ihr Ende um 1700 v. Chr., als eine Kombination aus Invasionen, Dürre und Erdbeben zum Verfall und zur Aufgabe der meisten Städte führte.

Dynastien als Herrscher Chinas ist in vielen antiken Quellen belegt, aber in Wirklichkeit war es vielleicht nicht so einfach – es ist durchaus möglich, dass sie alle zur gleichen Zeit existierten – und zwar zusammen mit vielen anderen Kleinstaaten in der Ebene des Gelben Flusses –, aber gegenseitig ihre Gebiete eroberten.

Im ersten Jahrtausend v. Chr. hatte der chinesische Staat seine Macht über sein Kernland entlang des Gelben Flusses hinaus ausgedehnt. Als Wasserquelle für die Landwirtschaft blieb der Gelbe Fluss jedoch weiterhin von entscheidender Bedeutung. Im frühen siebten Jahrhundert n. Chr. wurde er mit dem Jangtse, dem wichtigsten Fluss Südchinas (der im Gegensatz zum Gelben Fluss nur selten Hochwasser führte), durch den Großen Kanal verbunden. Damit wurde das Land auch wirtschaftlich und politisch zusammengeführt. Trotz zahlreicher Versuche, den Gelben Fluss durch Dämme und Deiche einzudämmen, kommt es noch immer regelmäßig zu Überschwemmungen, die oft Tausende von Menschenleben fordern. Seit Mitte des 20. Jahrhunderts wurden mehrere ehrgeizige Versuche unternommen, die Kraft des Flusses durch den Bau von Staudämmen und Hochwasserschutzsystemen zu nutzen und zu kontrollieren. Glückt ein solcher Versuch, könnte das hoffentlich dazu führen, dass der Fluss China kein Leid mehr bringt.

Nauru

Eine der größten Leistungen der Menschheitsgeschichte war die Besiedlung Ozeaniens durch seine indigenen Völker. Die Ankunft der Europäer im 18. und 19. Jahrhundert veränderte die Region; die Geschichte der Insel Nauru zeigt die manchmal tragischen Folgen einer solchen Begegnung der Kulturen.

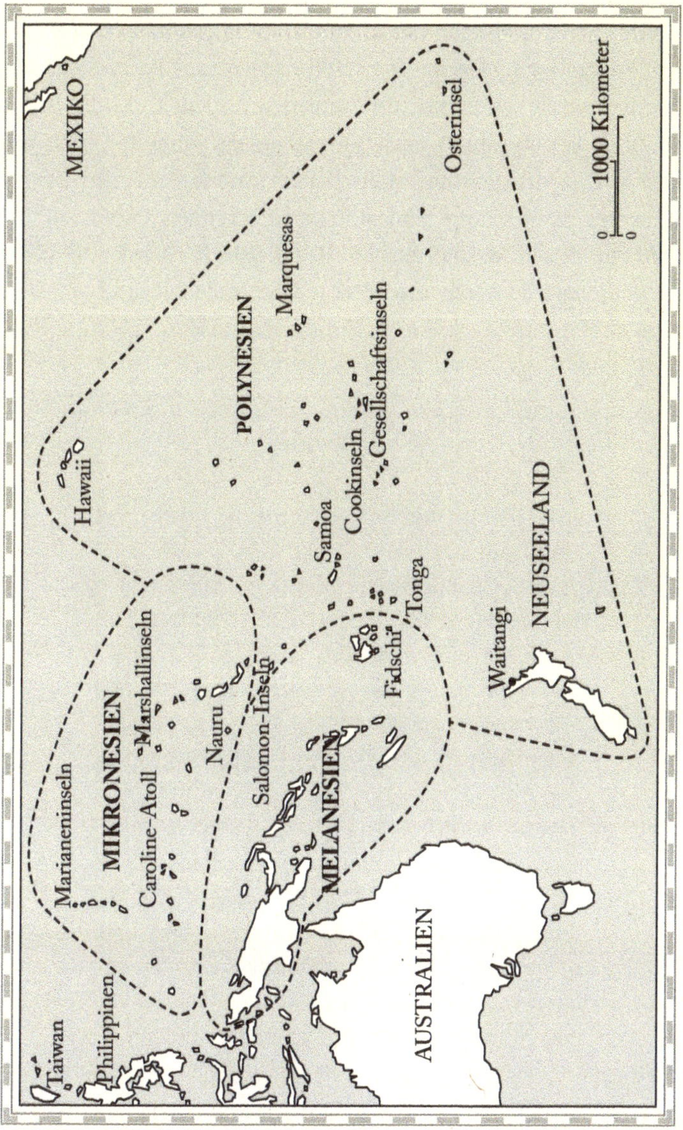

Die Gebiete von Ozeanien

Ozeanien besteht aus vier kulturellen und geografischen Regionen: Australasien, Melanesien, Mikronesien und Polynesien. Melanesien wurde als Erstes von Menschen besiedelt, als die Papua vor über 40 000 Jahren nach Neuguinea einwanderten. Erst um 3000 v. Chr. drangen die Menschen zusammen mit den austronesischen Völkern aus Südostasien weiter nach Osten auf die kleineren Inseln Melanesiens vor. Die Inseln im Norden, bekannt als Mikronesien, waren um 1000 v. Chr. besiedelt, und vor etwa

Waitangi

Die letzte größere Landmasse, die von Menschen besiedelt wurde, war Neuseeland, dessen Ureinwohner, die Maori, sich im 13. Jahrhundert dort niederließen. Holländische Entdecker besuchten das Land 1642, aber es waren die Briten, die es kolonisierten. Im Jahr 1838 beschloss die britische Regierung, das Land zu annektieren, und begann Verhandlungen mit den Häuptlingen der Maori in Waitangi. Am 6. Februar 1840 wurde ein Vertrag unterzeichnet. Die Unterzeichner akzeptierten die Souveränität von Königin Victoria (1819–1901), die das alleinige Recht hatte, ihre Ländereien zu erwerben, und garantierten ihre Rechte als britische Untertanen. Die Umsetzung des Abkommens ist nach wie vor umstritten, da es wiederholt verletzt wurde.

2000 Jahren gab es eine weitere Migrationswelle weiter östlich, nach Polynesien. Diese Fernreisen zwischen den Inseln erfolgten über die riesigen Weiten des Pazifischen Ozeans mit Auslegerkanus, die wochenlang ohne Instrumente wie Sextanten oder Kompasse über das offene Meer fuhren. Die Navigation erfolgte stattdessen, indem man die Veränderungen und Bewegungen der Himmelskörper, der Wellen und sogar der Vögel beobachtete.

Nauru ist eine ovale, nur 21 Quadratkilometer große Insel, umgeben von einem Korallenriff. Sie liegt im südwestlichen Pazifik; die nächste Insel ist etwa 320 Kilometer entfernt. Das bedeutete, dass Nauru zu einem Rückzugsgebiet für Seevögel wurde. Deren Kot lagerte sich im Laufe der Jahrhunderte in den Felsen ab und hinterließ auf dem zentralen Plateau, das bis zu 30 Meter über den Meeresspiegel ansteigt, eine reiche Phosphatschicht. Diese Substanz sollte schließlich das Schicksal der Insel radikal verändern. Vor etwa 2000 Jahren war Nauru bereits besiedelt, möglicherweise von einer Mischung aus Melanesiern, Mikronesiern und Polynesiern. Obwohl es relativ üblich war, dass sich die Bewohner der verschiedenen Pazifikinseln austauschten, lebten die Menschen auf Nauru relativ isoliert und in sich geschlossen; starke Strömungen erschwerten Reisen auf hoher See, sodass sie meist in der Nähe ihrer Heimat blieben.

Am 8. November 1798 sichtete das britische Walfangschiff *Hunter* die Insel, brachte aber keine Männer an Land, obwohl ihm einige nauruanische Kanus entgegenpaddelten. Trotz dieses nur kurzen Kontakts hinterließ Nauru beim Kapitän des Schiffes, John Fearn, einen so positiven Eindruck, dass er die Insel »Pleasant Island« nannte. In den 1830er-Jahren schließlich nutzten Walfangschiffe Nauru als Versorgungspunkt. Zu dieser Zeit trafen die ersten europäischen Siedler ein. Es handelte sich hierbei um »Beachcombers«, also Strandräuber – Deserteure von Schiffen oder entkommene Sträflinge, die sich auf Inseln im Pazifik niederließen. Die Europäer brachten Alkohol, Feuerwaffen und westliche Krankheiten mit; diese raschen Veränderungen destabilisierten die nauruanische Gesellschaft. In den 1870er-Jahren wurde ein junger Häuptling bei einer Hochzeitsfeier versehentlich erschossen. Dies führte zu einem über zehn Jahre andauernden Bürgerkrieg zwischen den zwölf Clans von Nauru, die nun mit Schusswaffen gewappnet waren, was möglicherweise ein Drittel der Bevölkerung das Leben kostete. In dem Bestreben, auf der Insel für Ordnung zu sorgen (und sein aufstrebendes Reich zu vergrößern), erklärte Deutschland im Jahr 1888 das Protektorat über die Insel. Das Kanonenboot SMS *Eber* wurde auf die Insel geschickt, und 36 Soldaten gingen an Land. Sie stellten alle Häuptlinge unter Hausarrest, bis alle Waffen und Munition übergeben worden waren. Die deutschen kaiserlichen Behörden verboten daraufhin die Einfuhr von Alkohol und forcierten die Ankunft christlicher Missionare.

Gegen Ende des 19. Jahrhunderts entdeckten Wissenschaftler, dass Phosphatgestein zu einem wirksamen Düngemittel verarbeitet werden kann. Als man feststellte, dass es auf den Inseln im Pazifik Phosphatvorkommen gab, begannen die westlichen Länder dort mit dem Abbau und der Gewinnung von Phosphaten. Zunächst war Nauru davon ausgenommen, doch das sollte sich bald ändern. 1899 bemerkte Albert Ellis, der in der Phosphatabteilung der britischen Handelsgesellschaft Pacific Islands Company arbeitete, einen seltsam aussehenden Stein, den einer seiner Kollegen von Nauru mitgebracht hatte und in seinem Büro in Sydney als Türstopper benutzte, weil er ihn für versteinertes Holz hielt. Ellis fand heraus, dass es sich in Wirklichkeit um Phosphaterz handelte. Sein Unternehmen begann im folgenden Jahr mit dem Abbau auf Nauru, wobei die Jahresproduktion mehrere Millionen Tonnen erreichte. Kurz nach Ausbruch des Ersten Weltkriegs im Jahr 1914 nahmen australische Truppen Nauru ein. Nach Beendigung des Konflikts wurde die Insel unter ein Völkerbundsmandat gestellt, wobei Australien, Neuseeland und das Vereinigte Königreich als Treuhänder fungierten (in der Praxis übernahmen die Australier die Verwaltung). Der Phosphatabbau wurde fortgesetzt, wobei die Nauruaner nur einen äußerst geringen Anteil an den Gewinnen erhielten.

Im Zweiten Weltkrieg wurde Nauru weiter ausgebeutet: 1940 bombardierten deutsche Kreuzer die Insel, und 1942 wurde sie von Japan erobert. Die Japaner errichteten auf Nauru eine Flugzeuglandebahn und transportierten 1200 Menschen von dort zur Zwangsarbeit in die über 1900 Kilometer entfernte Chuuk-Lagune. Nur etwa die Hälfte überlebte diese Zwangsarbeit und konnte später repatriiert werden. Alliierte Flugzeuge bombardierten Nauru regelmäßig, konnten die Insel jedoch erst 1945 von den Japanern zurückerobern. Nach dem Krieg wurde Nauru in ein Treuhandgebiet der Vereinten Nationen umgewandelt, wobei die Verwaltungsstruktur von vor dem Konflikt wiederhergestellt und der Phosphatabbau fortgesetzt wurde. Im Jahr 1968 erlangte Nauru die Unabhängigkeit und wurde zu einem der kleinsten Staaten der Welt. Der Phosphatabbau wurde abermals fortgesetzt, und für eine kurze Zeit hatte Nauru das höchste Bruttoinlandsprodukt (BIP) pro Kopf der Welt. Die Regierung richtete einen Treuhandfonds für ihre Gewinne ein und tätigte Immobilieninvestitionen in der ganzen Welt. Als jedoch die Phosphatvorkommen erschöpft waren und die Weltmarktpreise fielen, geriet die Wirtschaft von Nauru ins Stocken. Zu allem Übel tätigte der staatliche Treuhandfonds eine Reihe katastrophaler Investitionen, darunter ein gescheitertes Musical in London, das auf dem Leben von Leonardo da Vinci (1452–1519) basierte.

Zu Beginn des 21. Jahrhunderts, als kein Phosphat mehr abgebaut werden konnte, befand sich Nauru in einer Krise. Der Abbau hatte ein Drittel der Insel verwüstet, und Wissenschaftler schätzten, dass es 1000 Jahre dauern würde, die Artenvielfalt wiederherzustellen. Die nauruanische Regierung war praktisch bankrott; ihr Vermögen war beschlagnahmt worden, und sie war nicht mehr in der Lage, ihre finanziellen Verpflichtungen zu erfüllen. Auf der Suche nach einer anderen Einnahmequelle einigte sich Nauru 2001 mit der australischen Regierung darauf, Asylbewerber (hauptsächlich Afghanen und Iraker) für sie aufzunehmen. Betroffene blieben bis 2008 auf Nauru. Vier Jahre später eröffnete die australische Regierung ihr Offshore-Gefangenenlager auf Nauru wieder, das für die Wirtschaft der Insel mittlerweile so wichtig geworden ist wie einst der Phosphatabbau. Die Behandlung der Flüchtlinge auf Nauru hat jedoch international für Empörung gesorgt: Es gibt Berichte über unmenschliche Bedingungen und Misshandlungen. Obwohl es Pläne gibt, vor der nauruanischen Küste Tiefseebergbau zu betreiben, ist die langfristige Zukunft des Landes nach wie vor ungewiss.

Kapitel 3

Die Spätantike

Der Tempelberg

Jerusalem ist für drei Religionen heiliger Boden: für das Judentum, das Christentum und den Islam. Der vielleicht heiligste Ort in der Stadt ist der Tempelberg, die Stätte des Salomonischen Tempels und der Ort, an dem Mohammed in den Himmel aufstieg.

Nur wenige Orte waren so hart umkämpft wie Jerusalem. Um 3000 v. Chr. als kleines Dorf entstanden, lag Jerusalem in der antiken Region Kanaan, die sich über Palästina und Syrien erstreckte, und wurde nach einer der kanaanitischen Gottheiten, Schalem, benannt. Um 1000 v. Chr. wurde Jerusalem von David erobert, der es zur Hauptstadt seines Königreichs Israel machte. Die Israeliten waren ursprünglich Hirtennomaden in Kanaan und lebten in Ägypten und Mesopotamien, bevor sie in ihr Heimatland zurückkehrten. Ihre Religion, das Judentum, war monotheistisch und wurde von dem Patriarchen Abraham gegründet. Schon vor der Eroberung Jerusalems durch David hatte der Tempelberg eine wichtige Rolle im Judentum gespielt; viele glaubten, dass sich dort der »Berg Moriah« befand, wo Gott Abraham befohlen hatte, seinen Glauben zu beweisen, indem er seinen erstgeborenen Sohn Isaak opferte. Als Gott sah, dass Abraham bereit war, seinen Befehl auszuführen, befahl er ihm, damit aufzuhören, und stattdessen wurde ein Widder geopfert. Außerdem befand sich auf dem Tempelberg der »Gründungsfels«, aus dem nach jüdischem Glauben die Welt erschaffen wurde. Davids Sohn und Nachfolger Salomo baute an dieser Stelle den Ersten

Tempel. In seinem Zentrum befand sich eine kleine Kammer, das sogenannte Allerheiligste, in dem die heilige Bundeslade aufbewahrt wurde, eine mit Gold bedeckte Truhe, die die Steintafeln enthielt, auf denen Moses die Zehn Gebote eingeritzt hatte. Zuvor war sie in der Stiftshütte untergebracht, einem vielfarbigen Zelttempel, den David errichten ließ. Nach dem Tod Salomos (ca. 930 v. Chr.) wurde Israel geteilt. Der nördliche Teil, der den Namen Israel behielt, wurde 722 v. Chr. von den Assyrern erobert. Der südliche Teil, der Juda hieß und Jerusalem umfasste, wurde 586 v. Chr. von den Babyloniern erobert. Sie plünderten Jerusalem, zerstörten den Ersten Tempel und verbannten einen Großteil der Bevölkerung nach Babylon.

Das Persische Reich der Achämeniden eroberte Babylon 538 v. Chr. und erlaubte den gefangenen Juden die Rückkehr in ihre Heimat. Sie wurden von Serubbabel angeführt, einem Mitglied des Königshauses von Juda, der für die Perser als Statthalter von Jerusalem fungierte. Er leitete den Bau des Zweiten Tempels, der 516 v. Chr. vollendet wurde. Jerusalem blieb bis zum frühen vierten Jahrhundert v. Chr. unter persischer Herrschaft, als es Teil des Reiches von Alexander dem Großen wurde.

Jerusalem blieb bis zum Aufstand der Makkabäer unter griechischer Vorherrschaft. Die Makkabäer jedoch widersetzten sich der ausländischen Macht und revoltierten von 167 bis 160 v. Chr. Sie stellten die Souveränität Judäas wieder her, und Jerusalem wurde die Hauptstadt eines unabhängigen Königreichs, das von der jüdischen Hasmonäer-Dynastie regiert wurde. Im Jahr 63 v. Chr. fiel die römische Republik in Judäa ein. Unter der Führung des Generals und Politikers Pompejus (106–48 v. Chr.) belagerten sie Jerusalem und konzentrierten ihren Angriff auf den Tempelberg. Pompejus nutzte den Sabbat, um Verteidigungsgräben zuzuschütten und

Der Herodianische Tempel

Der jüdische Beamte Herodes gestaltete den Tempelberg völlig um. Zunächst vergrößerte er das Plateau auf dem Gipfel und verdoppelte seine Fläche auf etwa 15 Hektar; dann begann Herodes mit dem umfassenden Umbau des Tempels selbst. Um sicherzustellen, dass die religiösen Zeremonien nicht unterbrochen wurden, ließ er die Steine außerhalb des Geländes zuschneiden, damit sie geräuschärmer eingepasst werden konnten. Er bildete zudem 1000 Priester zu Maurern und Zimmerleuten aus, um die Arbeiten an den heiligsten Teilen des Tempels auszuführen.

Rampen für seine Belagerungsmaschinen zu bauen, da er davon ausging, dass die Einwohner ihm aufgrund ihrer religiösen Überzeugungen keinen Widerstand leisten würden. Anschließend rückte er auf den Tempelberg vor und betrat sogar das Allerheiligste, den hochheiligen Bereich im Zentrum des Tempels. (Das Allerheiligste durfte nur einmal jährlich vom Hohepriester betreten werden. Viele Juden betreten den Tempelberg heute überhaupt nicht mehr, weil sie befürchten, auf die Stelle zu treten.) Nach diesem römischen Sieg regierten die Hasmonäer als Klientelkönige bis 37 v. Chr., als sie vom jüdischen Beamten Herodes (73–4 v. Chr.), der ein enger Verbündeter Roms war, gestürzt wurden.* Verstärkt durch römische Legionen, eroberten in diesem Jahr Herodes' Truppen Jerusalem. Danach begann Herodes mit dem umfassenden Wiederaufbau und der Umgestaltung des Tempelbergs, was 80 Jahre in Anspruch nahm.

Judäa und Jerusalem kamen im Jahr 6 n. Chr. unter direkte römische Herrschaft. Um 30 n. Chr. begann ein religiöser Lehrer namens Jesus von Nazareth zu predigen und Anhänger zu gewinnen. Zu dieser Zeit waren die Spannungen zwischen Rom und seinen jüdischen Untertanen groß, und Jesus wurde als potenzielle Bedrohung für die kaiserliche Autorität angesehen. (Maßnahmen wie die Säuberung der Gegend um den Zweiten Tempel von den dort versammelten Händlern und Geldwechslern förderten diese Sichtweise.) Infolgedessen wurde Jesus um das Jahr 33 auf Befehl des römischen Provinzstatthalters in Jerusalem gekreuzigt. Das hinderte seine Jünger jedoch nicht daran, die Botschaft zu verbreiten, dass

* Anm. d. Red.: Nach diesem römischen Sieg regierten die Hasmonäer als Klientelkönige, das heißt, sie unterstanden einem anderen Staat, wurden von diesem jedoch als Könige in Judäa eingesetzt. Diese Herrschaft dauerte bis 37 v. Chr., als die Hasmonäer vom jüdischen Beamten Herodes (73–4 v. Chr.), der ein enger Verbündeter Roms war, gestürzt wurden.

Jesus der Retter der Menschheit und der Sohn Gottes sei. Zunächst waren die meisten Christen Juden aus Judäa, doch ab Mitte des ersten Jahrhunderts traten auch Menschen aus anderen Gemeinschaften und Gegenden über, und das Christentum entwickelte sich schließlich zum am weitesten verbreiteten Glauben der Welt.

Im Jahr 66 kam es in Judäa zu einem Aufstand gegen die römische Herrschaft. Vier Jahre später zogen römische Truppen nach einer Belagerung in Jerusalem ein und zerstörten den Zweiten Tempel; übrig blieben nur einige Stützmauern, Fundamente, Gewölbe und der Sockel eines Turms. Ein Dritter Tempel wurde nicht gebaut, obwohl sein Bau für viele Juden ein gehegtes und heiliges Ziel bleibt. Im Jahr 130 wurde an der Stelle Jerusalems eine römische Kolonie namens Aelia Capitolina gegründet und auf dem Tempelberg ein dem Jupiter geweihter Tempel errichtet. Dies verärgerte viele Juden, was zu weiteren Aufständen führte. Nachdem diese niedergeschlagen worden waren, wurde den Juden der Zugang zu Jerusalem verboten. Diese Beschränkung wurde 363 unter Julian (331/332–363), dem letzten heidnischen Kaiser Roms, aufgehoben, der seinen jüdischen Untertanen erlaubte, eine kleine Synagoge auf dem Tempelberg zu errichten, und dann beschloss, im Rahmen seiner Pläne zur Förderung nicht christlicher Religionen einen Dritten Tempel zu bauen. Ein Brand (und möglicherweise die Feindseligkeit der Christen) hinderten Julian daran, seine Pläne auszuführen, und er starb noch im selben Jahr.

Die Verbindung zwischen dem Tempelberg und dem Islam wurde um 620 hergestellt, als der Prophet Mohammed (ca. 570–632) eine wundersame Reise unternommen haben soll, bei der er in einer einzigen Nacht auf einem geflügelten Wesen namens Buraq (»Blitz«) fast 1300 Kilometer von Mekka nach Jerusalem reiste. Auf dem Tempelberg traf Mohammed mit Abraham, Moses und Jesus zusammen und leitete sie zum Gebet an, bevor er in den Himmel aufstieg. Daher kennen die Muslime den Tempelberg als Haram al-Sharif (»Edles Heiligtum«). Nach dem Tod Mohammeds stieg das arabische Kalifat zu einer der größten Mächte im Nahen Osten auf. Im Jahr 638 zog der Kalif Umar (ca. 584–644) in Jerusalem ein und beendete damit die Kontrolle des Byzantinischen Reiches über die Stadt. Er räumte persönlich die mittlerweile baufällige Tempelanlage und trug die angesammelten Abfälle und Trümmer in seinem Mantel fort. Er veranlasste den Bau des Felsendoms, eines Schreins in der Mitte des Tempelbergs, der Abrahams Altar markierte und von dem aus Mohammed seine »Nachtreise« unternommen haben soll. Der Felsendom wurde 691 fertiggestellt, ebenso wie ein nahe gelegenes Gebetshaus, der Kettendom. Das größte muslimische Bau-

Der Templerorden

Um die Kreuzfahrerstaaten und die christlichen Pilger zu verteidigen, wurden im Heiligen Land mehrere Militärorden gegründet. Der mächtigste war der 1119 in Jerusalem gegründete Templerorden, der bis zu seiner Zerschlagung im Jahr 1312 einflussreich blieb. Die Templer nutzten die al-Aqsa-Moschee als Hauptquartier, während der Felsendom in eine Kirche umgewandelt, deren Koraninschriften durch lateinische Texte ersetzt und der Halbmond gegen ein Kreuz ausgetauscht wurde.

werk auf dem Tempelberg ist die al-Aqsa-Moschee. Sie wurde 705 fertiggestellt und zweimal durch Erdbeben zerstört (746 und 1033), aber jedes Mal wieder aufgebaut.

Im Jahr 1095 bat Byzanz Papst Urban II. (ca. 1035–1099) um Hilfe im Krieg gegen die muslimischen Seldschuken, eine türkische Fürstendynastie, die Palästina und große Teile Anatoliens erobert hatten. Dadurch war die christliche Pilgerroute ins Heilige Land unterbrochen worden, und Urban rief die Gläubigen zum Kampf gegen die Türken auf. Viele folgten seinem Ruf, und im Jahr 1096 brach der Erste Kreuzzug auf. Anstatt Byzanz zu helfen, stießen die Gläubigen nach Palästina vor und eroberten 1099 Jerusalem, plünderten die Stadt und richteten ein Massaker an, bei dem Tausende Menschen ums Leben kamen. Die siegreichen Kreuzfahrer errichteten daraufhin ihre eigenen Staaten im Heiligen Land, von denen das Königreich Jerusalem der mächtigste Staat war. Die muslimische Vorherrschaft in Palästina wurde von Saladin (1137/8–1193) wiederhergestellt, einem kurdischen Soldaten, der sich im Jahr 1171 als Herrscher von Ägypten etablierte. Anschließend gewann er Gebiete in Syrien, auf der Arabischen Halbinsel und in Mesopotamien, bevor er sich den Kreuzfahrerstaaten zuwandte. Im Jahr 1187 eroberte er Jerusalem und reduzierte das Gebiet der Kreuzfahrer auf einen kleinen Küstenstreifen, den sie bis zum Ende des 13. Jahrhunderts aufgaben. Als Saladin in Jerusalem einmarschierte, riss er das Kreuz über dem Felsendom herunter und schrubbte zusammen mit Familienmitgliedern und Adligen den Boden mit Rosenwasser. Obwohl Jerusalem zwischen 1229 und 1244 wieder unter christlicher Herrschaft stand, blieben die Stadt und das übrige Palästina bis zum Beginn des 20. Jahrhunderts in muslimischer Hand und wurden 1517 Teil des Osmanischen Reiches.

Während des Ersten Weltkriegs verlor Jerusalem die osmanische Hoheit. Im Herbst und Winter 1917 rückten die alliierten Streitkräfte von Ägypten über den Sinai nach Palästina vor. Weder sie noch die sich zurückziehenden osmanischen und deutschen Truppen wollten für die Schäden an Jerusalem verantwortlich gemacht werden. Als klar wurde, dass ihre Position nicht mehr zu halten war, zogen sich die Verteidiger in der Nacht des 8. Dezember zurück. Nach dem Ersten Weltkrieg wurden Jerusalem und das übrige Palästina von den Briten als Völkerbundmandat verwaltet. Zu diesem Zeitpunkt hatten sich bereits Tausende von Juden in Palästina niedergelassen, inspiriert durch den Zionismus. Diese Bewegung zur Gründung

Das Basler Stadtcasino

Der Mann, der den Zionismus zu einer weltweiten Bewegung machte, war Theodor Herzl (1860–1904). Der gebürtige Budapester berief vom 29. bis 31. August 1897 den ersten zionistischen Weltkongress ein. Dieser fand in der Schweizer Stadt Basel im Musiksaal des Basler Stadtcasinos statt. Auf dem Treffen wurde ein Manifest verabschiedet, in dem die wichtigsten Ziele des Zionismus festgelegt wurden. Der Zionismus gewann an Stärke, und die jüdische Bevölkerung begann, sich in Palästina niederzulassen. Nur etwa 50 Jahre nach dem ersten Zionistenkongress wurde der Staat Israel gegründet.

und Errichtung eines jüdischen Staates war eine Reaktion auf die jahrhundertelange, fast ununterbrochene und zum Teil äußerst gewaltsame Verfolgung und Diffamierung der Juden als Sündenböcke. Im Russischen Reich beispielsweise waren die Juden das Ziel von Pogromen – staatlich organisierten Kampagnen mit tödlichen Übergriffen. Zwischen der arabischen und der jüdischen Gemeinde kam es insbesondere wegen des Zugangs zum Tempelberg zu ernsten Spannungen, die wiederum zu Ausschreitungen und Kämpfen sowie zu Scharmützeln mit den britischen Streitkräften führten, die die eskalierende Gewalt nicht verhindern konnten.

Kurz bevor das britische Mandat 1948 auslief, verkündeten die Vereinten Nationen einen Teilungsplan für Palästina, der die Verwaltung Jerusalems als internationale Stadt vorsah. Dieser Plan wurde nie in Kraft gesetzt. 1948 wurde der Staat Israel proklamiert, und es kam zum Krieg mit den arabischen Nachbarstaaten. Die Feindseligkeiten endeten ein Jahr später mit dem Waffenstillstandsabkommen, das die Grenzen Israels festlegte und Jordanien die Kontrolle über Ostjerusalem, einschließlich des Tempelbergs, übertrug. Diese Situation blieb bis 1967 bestehen, als israelische Truppen Jerusalem im Sechstagekrieg eroberten, was Anlass zu großen Jubelstürmen gab. Die religiösen Strukturen des Tempelbergs blieben jedoch in den Händen eines jordanischen »Waqf«, also einer islamischen Wohltätigkeitsstiftung, die den Zugang kontrolliert. Juden konnten den Tempelberg besuchen, durften dort aber nicht beten. Stattdessen durften sie sich an der Westmauer versammeln und dort religiöse Zeremonien abhalten. Dabei handelt es sich um die Überreste einer großen, von Herodes errichteten Stützmauer, die entlang einer Seite des Tempelbergs verläuft. Trotzdem bleibt der Tempelberg eine Quelle der Spannung und ein Brennpunkt für Zusammenstöße zwischen Palästinensern und Israelis.

Der Apadana bei Parsa

Auf dem Höhepunkt ihrer Macht herrschte die Achämeniden-Dynastie, die nach ihrem sagenumwobenen Gründer Achämenes benannt ist, über ein riesiges, multinationales Reich, das zu dieser Zeit das größte der Welt war. Ihre zeremonielle Hauptstadt war Parsa, oder, wie die alten Griechen es nannten, Persepolis.

Um 1000 v. Chr. hatten sich indoeuropäische Stämme von Zentralasien aus in den Nahen Osten ausgebreitet und sich auch in Europa, Anatolien und Indien niedergelassen; zu ihnen gehörten die Meder und Perser, verwandte Gruppen, die in den heutigen Iran eingewandert waren. Zu diesem Zeitpunkt hatten die Assyrer die Babylonier als dominierende Macht in der Region abgelöst. Das assyrische Reich fiel 612 v. Chr. nach einer Reihe von Bürgerkriegen und Aufständen und wurde von den wiedererstarkten Babyloniern verdrängt. Um 558 v. Chr. trat Kyros II. (ca. 600–530 v. Chr.) die Nachfolge seines Vaters als König von Persien an, doch musste er zunächst die Meder als seine Oberherren anerkennen. Er rebellierte gegen sie und erlangte 548 v. Chr. die Kontrolle über den gesamten Iran, bevor er eine Reihe von Feldzügen unternahm, die von Anatolien bis nach Afghanistan reichten. Im Jahr 539 v. Chr. besiegte er die Babylonier und rief sich selbst zum »König von Babylon, König von Sumer und Akkad, König der vier Weltgegenden« aus. Kyros der Große starb 530 v. Chr. im Kampf gegen nomadische Räuber an der Nordgrenze seines Reiches und wurde von seinem Sohn Kambyses II. (gest. 522 v. Chr.) abgelöst, der 525 v. Chr. Ägypten eroberte. Unter Kambyses' Schwiegersohn Dareios I. (550–486 v. Chr.), der 521 v. Chr. den Thron bestieg, erreichte das Reich seinen Höhepunkt und erstreckte sich über 3000 Kilometer von der Westküste des Schwarzen Meeres bis zum Indus. Dieses riesige Gebiet war in Verwaltungsbezirke, sogenannte Satrapien, unterteilt, die von einem Beamten, dem Satrapen, regiert wurden, der für die Besteuerung, die öffentliche Ordnung und die Justiz zuständig war. Dareios I., dessen Taten ihm auch die Bezeichnung »der Große« einbrachten, schaffte den Spagat zwischen der Zentralisierung des Reiches (insbesondere durch den Ausbau der Straßen und die Vereinheitlichung der Währung und der Maße) und der Achtung der lokalen Bräuche sowie der Förderung religiöser und kultureller Toleranz. Dareios' imperialistische Ambitionen in Anatolien brachten ihn in Konflikt mit den griechischen Stadtstaaten, die dort mehrere Kolonien hatten. Um jegliche Einmischung zu verhindern, marschierte Dareios I. 492 v. Chr. in Griechenland ein, musste sich aber nach der Niederlage in der Schlacht von Marathon 490 v. Chr. zurückziehen. Der zweite (weitaus größere) persische Versuch, die Griechen zu unterwerfen, wurde zehn Jahre später ebenfalls vereitelt.

Die Achämenidenherrscher hatten mehrere Hauptstädte, darunter Babylon, Susa, Pasargadae (das 545 v. Chr. von Kyros II. gegründet worden war) und Ekbatana, ihre Sommerresidenz. Die Stadt, die das geistige Zentrum der Dynastie bildete, hieß Parsa. Sie lag im Süden Irans, ziemlich weit von den anderen Hauptstädten entfernt, in denen der Großteil der Verwaltung untergebracht war. Parsa bestand aus einem Komplex von Denkmälern und königlichen Residenzen, was die Größe und Majestät des Achämenidenreiches repräsentieren sollte. Die erste Phase der Arbeiten in Parsa fand zwischen etwa 520 und 480 v. Chr. unter Darius I. und seinem Sohn und Nachfolger Xerxes I. (519–465 v. Chr.) statt. Anschließend gab es eine Unterbrechung von etwa 13 Jahren. Daraufhin nahm Xerxes die Arbeiten wieder auf und sein Sohn und Nachfolger Artaxerxes I. (gest. 424 v. Chr.) schloss sie um 450 v. Chr. ab. Parsa wurde auf dem Ausläufer eines Berges

Die Thermopylen

Im Jahr 480 v. Chr. fiel Xerxes I. mit etwa 250 000 Mann in Griechenland ein. Die Griechen setzten sich bei den Thermopylen, einem Bergpass, zur Wehr. Die 7000 Griechen an den Thermopylen hielten eine Woche lang stand, bevor sie besiegt wurden. Obwohl die Perser daraufhin nach Süden vorrückten, konnten sich die Griechen dank des Opfers bei den Thermopylen neu formieren. Einen Monat später vernichtete eine Flotte unter athenischer Führung die persische Flotte in der Schlacht von Salamis. Xerxes zog sich mit dem Großteil seines Heeres nach Asien zurück, und ein Jahr später besiegten die Griechen die verbliebenen persischen Truppen.

auf einer Felsterrasse errichtet, die sich bis zu 12 Meter über die umliegenden Ebenen erhob. Die Plattform konnte über eine monumentale Doppeltreppe erreicht werden, deren Stufen so groß waren, dass man sie mit Pferden hinaufreiten konnte. Am oberen Ende der Treppe befand sich das »Tor aller Länder«, dessen 12 Meter hohe Holztüren zu mehreren Gebäuden führten. Sämtliche Gebäude, darunter ein Thronsaal, eine Schatzkammer, ein Ratssaal, ein Harem und königliche Paläste, bestanden aus Steinblöcken, die aus dem benachbarten Berg gehauen worden waren.

Das beeindruckendste Gebäude in Parsa war der Apadana, eine 3660 Quadratmeter große Audienzhalle mit einem Dach, das von sechs Reihen von sechs 21 Meter hohen Säulen getragen wurde, die von doppelköpfigen Stieren, Löwen und Adlern gekrönt wurden. Auf den Treppen, die zum Apadana hinaufführten, befanden sich steinerne Schnitzereien von Adligen, Beamten und königlichen Wachen auf dem Marsch sowie Darstellungen von Vertretern aus 23 weit entfernten Untertanenstaaten des Reiches. Diese trugen lokale Trachten, brachten Waren als Tribut und kamen von so weit her wie Äthiopien und Indien. Tatsächlich fand eine solche Prozession am persischen Neujahrstag statt, der auf die Tagundnachtgleiche im Frühling fällt. Allerdings ist nicht bekannt, ob die Delegierten tatsächlich nach Parsa reisten oder ob es sich um eine zeremonielle Veranstaltung handelte, die von Soldaten aus diesen Ländern durchgeführt wurde, die in der multinationalen kaiserlichen Armee dienten. Der Apadana konnte bis zu 10 000 Menschen fassen, obwohl die Säulenreihen und der Mangel an natürlichem Licht die Sicht auf den König erschwerten – möglicherweise war dies eine bewusste Entscheidung, um seine Unnahbarkeit zu wahren. Überall in Parsa werden die achämenidischen Könige als halbgöttliche Helden dargestellt, die den Staat verkörpern und im Mittelpunkt der Opfergaben und der Loyalität ihrer Untertanen stehen.

Im Jahr 330 v. Chr. fiel das Achämenidenreich, das langsam an Macht verloren hatte, schließlich unter der Invasionsarmee von Alexander dem Großen (356–323 v. Chr.) zusammen. Nachdem er Babylon und Susa erobert hatte, marschierte Alexander im selben Jahr nach Parsa. Obwohl die Stadt sich ihm friedlich ergab, erlaubte Alexander seinen Männern, sie zu plündern. Sie zogen mit Gold, Silber und anderen Schätzen im Wert von 120 000 Talenten ab; die Beute wog über 1,2 Millionen Kilogramm und erforderte 10 000 Maultiere und 500 Kamele, um sie zu transportieren. Alexander verbrannte Parsa schließlich als Strafe für die Zerstörungen, die die Achämeniden bei ihrer Invasion in Griechenland 150 Jahre zuvor angerichtet hatten. Ironischerweise trug die Masse an verbranntem Schutt und Staub dazu bei, die Ruinen für Archäologen zu erhalten, da sie die Menschen davon abhielt, die Steine wegzutragen, um sie anderswo als Baumaterial zu verwenden. Offizielle Ausgrabungen begannen 1878.

Parsa behielt zunächst einen gewissen Status als Provinzhauptstadt, verfiel dann aber unter dem Seleukidenreich, der von einem der Generäle Alexanders gegründeten Dynastie, die bis 63 v. Chr. den größten Teil der ehemaligen Gebiete der Achämeniden beherrschte. Schließlich wurde Parsa zu einem Schatten dessen, was es einmal gewesen war.

Die Akropolis von Athen

Es gibt nur wenige Orte, die einen so langen historischen Einfluss haben wie Athen, das zum Symbol für den Höhepunkt der antiken griechischen Kultur wurde. Die Akropolis – was auf Griechisch nichts anderes als »höchste Stadt« heißt – überragt die Stadt seit ihrer Gründung bis zum heutigen Tag.

Ab etwa 2200 v. Chr. wanderten indoeuropäische Völker nach Griechenland ein, gründeten Stammesmonarchien und errichteten befestigte Siedlungen, von denen die bedeutendste Mykene war, nach der ihre Zivilisation benannt ist. Von 1250 bis 1100 v. Chr. brach das mykenische Griechenland infolge fremder Invasionen, interner Kriege und Naturkatastrophen zusammen. Es dauerte bis 800 v. Chr., bis sich Griechenland stabilisierte. Es entstanden Stadtstaaten, die als *Poleis* (Plural von *Polis*) bekannt waren, von denen Athen der berühmteste war.

Athen war ein Zentrum der mykenischen Zivilisation und seit dem 13. Jahrhundert v. Chr. Standort einer Akropolis, einer ummauerten Palastanlage, die auf einer Anhöhe errichtet wurde, von der heute jedoch bis auf einen Säulensockel und einige Stufen nichts erhalten ist. Die Akropolis von Athen nahm 7 Hektar auf dem Gipfel eines 70 Meter hohen Hügels ein und wurde zur Keimzelle der Stadt, die sich um sie herum entwickelte. Im siebten Jahrhundert v. Chr. wuchsen die Macht und der Wohlstand Athens, nicht zuletzt weil es die Kontrolle über die benachbarte Region Attika erlangte. Um zu verhindern, dass die Spannungen zwischen Arm und Reich zu einem Bürgerkrieg eskalierten, nahm Athen 594 v. Chr. eine demokratische Verfassung an, die allen freien Menschen ein Mitspracherecht bei der Regierung einräumte – obwohl das System den wohlhabenderen Bürgern mehr Befugnisse einräumte. Als Athen wuchs, wurden neue Stadtmauern um seine Außenbezirke errichtet, sodass die Akropolis nicht mehr so sehr der Verteidigung diente. Sie wurde mehr zu einer zeremoniellen Stätte, die Athene, der Schutzpatronin Athens, gewidmet war. Im sechsten Jahrhundert v. Chr. wurde dort ein monumentaler Tempel errichtet, der ihr gewidmet war.

Die Akropolis wurde zu einem heiligen Ort; weder Geburten noch Todesfälle durften dort stattfinden, und Menschen, die kürzlich Geschlechtsverkehr hatten, mussten sich einer Reinigungszeremonie unterziehen, bevor sie die Stätte betraten. Hunde und Ziegen durften nicht in die Nähe des Geländes, da sie den Boden verschmutzen könnten. Auf der Akropolis wurde eine Statue der Athene aufbewahrt, die so alt war, dass die Athener ihren wahren Ursprung nicht kannten; einige glaubten, sie stamme vom Himmel, während andere glaubten, sie sei von einem legendären König der Stadt geschaffen worden. Es handelte sich um das lebensgroße Abbild einer Frau aus Olivenholz, die alle vier Jahre in ein neues, mit Safran gefärbtes Wollgewand gekleidet wurde, das von jungen Priesterinnen angefertigt wurde. Die Statue selbst wurde im frühen fünften Jahrhundert n. Chr. entweder zerstört oder zerfiel aufgrund ihres Alters.

Athen und andere griechische Stadtstaaten waren auch außerhalb ihrer Grenzen aktiv, betrieben Handel und gründeten Kolonien im gesamten Mittelmeerraum. In Anatolien gerieten sie dadurch in Konflikt mit dem Persischen Reich, das 490 v. Chr. in Griechenland einfiel. Daraufhin schloss Athen ein Bündnis mit anderen *Poleis*, von denen Sparta die wichtigste war, und schlug die Perser zurück. Im selben Jahr wurde der alte Athenatempel auf der Akropolis abgerissen und mit dem Bau eines neuen Tempels begonnen. Als der Krieg mit Persien 480 v. Chr. wieder aufflammte, war er immer noch nicht fertiggestellt. Die Perser plünderten Athen und verwüsteten die Akropolis, brannten die Gebäude nieder, zerstörten heilige Gegenstände und nahmen wertvolle Metalle mit, um sie einzuschmelzen. Die hölzerne Athenastatue war zuvor hinausgeschmuggelt worden. Im Jahr darauf schworen die Athener Führer vor der Schlacht von Plataiai, die Akropolis nicht wieder aufzubauen, bevor die Perser nicht besiegt seien. Obwohl die verbündeten Griechen daraufhin einen großen Sieg errangen, der die Perser zum Rückzug zwang, wollten die Athener den Krieg fortsetzen, um sicherzustellen, dass sie sich nicht in ihre Angelegenheiten einmischen würden. Dadurch gerieten sie in Konflikt mit Verbündeten wie Sparta, die Frieden wünschten. Athen bildete ein Bündnis gleichgesinnter Poleis, den Delischen Bund, der weiter gegen Persien kämpfte. Ein weiterer Konflikt begann 460 v. Chr., als die Spannungen zwischen den ehemaligen griechischen Verbündeten zum Krieg zwischen dem Delischen Bund und dem von Sparta geführten Peloponnesischen Bund führten. Nach jahrzehntelangen Kämpfen schloss Athen 449 v. Chr.

Frieden mit Persien und 445 v. Chr. mit dem Peloponnesischen Bund. Zu diesem Zeitpunkt hatten die Wiederaufbauarbeiten auf der Akropolis bereits begonnen. Sie waren Teil eines stadtweiten Programms, das von Perikles (ca. 495–429 v. Chr.) überwacht wurde, dem Staatsmann, der Athen seit 461 v. Chr. regierte. Zu den neuen Gebäuden auf der Akropolis gehörte vor allem der Parthenon, der 432 v. Chr. vollständig fertiggestellt wurde und sich durch seinen rechteckigen Hof, das Peristyl mit 46 Säulen auszeichnete. Er ersetzte den zerstörten Athenatempel und diente als Schatzkammer für den Delischen Bund sowie als Aufbewahrungsort für die wertvollsten kultischen Gegenstände Athens. Perikles gab auch die Propyläen in Auftrag, ein monumentales Tor, das den Zugang zur Akropolis kontrollierte.

Die Platonische Akademie

Der vielleicht größte langfristige Einfluss Athens ging von seinen Philosophen aus. Ein Grund, warum die griechischen Philosophen so einflussreich waren, war, dass sie Akademien schufen. Die wichtigste wurde von Platon (428/7–348/7 v. Chr.) ins Leben gerufen, einem Anhänger von Sokrates (ca. 470–399 v. Chr.). 388 v. Chr. gründete Platon eine Schule in einem heiligen Hain außerhalb Athens. Sie wurde bis zu ihrer Zerstörung im Jahr 86 v. Chr. betrieben, als eine römische Armee Athen plünderte.

Der Krieg mit dem Peloponnesischen Bund wurde 431 v. Chr. wieder aufgenommen. Sparta fiel in Attika ein und zwang die Athener, sich hinter ihren Mauern zu verschanzen, während das Umland verwüstet wurde. Perikles wurde dafür kritisiert, dass er den Feind nicht angriff. Im Jahr 429 v. Chr. starb er an den Folgen einer Seuche, der auch etwa die Hälfte der Einwohner Athens zum Opfer fiel. Trotzdem gelang es den Spartanern und ihren Verbündeten nicht, die Mauern von Athen zu durchbrechen. Trotz Seuchen und Krieg wurde die Arbeit an der Akropolis fortgesetzt. Im Jahr 420 v. Chr. wurde der Tempel der Athena Nike fertiggestellt, ein Heiligtum zu Ehren der Siegesgöttin. Der letzte Tempel auf der Akropolis war das Erechtheion, das Athene und Poseidon gewidmet war und 406 v. Chr. fertiggestellt wurde. Zwei Jahre später wurde Athen besiegt, sodass Sparta die dominierende Kraft in Griechenland wurde.

Athen erlangte nie wieder den Einfluss, den es im fünften Jahrhundert v. Chr. gehabt hatte. Um 350 v. Chr. geriet es unter die Vorherrschaft Makedoniens, das Sparta als führende Kraft in Griechenland ablöste. Die nächste Macht, die Athen beherrschte, war Rom, das Griechenland im Jahr 146 v. Chr. eroberte. Der römische Einfluss war auf der Akropolis spürbar; um 19 v. Chr. wurde vor dem Parthenon ein kleines rundes Heiligtum errichtet, das Rom und Kaiser Augustus (63 v. Chr. bis 14 n. Chr.) gewidmet war. Nach der Eroberung Griechenlands durch das Osmanische Reich in der Mitte des 15. Jahrhunderts beherbergte die Akropolis eine türkische Garnison. Währenddessen wurde der Parthenon, der zuvor als Kirche gedient hatte, in eine Moschee und später in ein Lager für Schießpulver umgewandelt. Dadurch wurde die Akropolis im Jahr 1687 schwer beschädigt, als Venedig Athen belagerte, eine seiner Kanonenkugeln das Gebäude traf und eine gewaltige Explosion auslöste.

Nach jahrelangen kriegerischen Auseinandersetzungen mit dem Osmanischen Reich wurde die griechische Unabhängigkeit 1832 offiziell anerkannt. Athen wurde zur Hauptstadt; die Akropolis wurde von allen türkischen Artefakten befreit und im Laufe der Jahrzehnte als Symbol des nationalen Stolzes auf das goldene Zeitalter der hellenischen Zivilisation restauriert.

Das Haus des Konfuzius

Im sechsten und fünften Jahrhundert v. Chr. wurde China von internen Konflikten heimgesucht, bei denen lokale Herrscher die königliche Autorität infrage stellten und um die Vorherrschaft kämpften. Diese unruhigen Zeiten zwangen die Gelehrten, sich Gedanken darüber zu machen, wie man Ordnung schaffen könnte. Der berühmteste dieser Männer war Kongfuzi (551–479 v. Chr.), was »Meister Kong« bedeutet. Konfuzius, wie er in der westlichen Welt heißt, sollte zu einem der einflussreichsten Philosophen der Weltgeschichte werden.

Konfuzius wurde im Staat Lu geboren, der im heutigen Nordostchina liegt, etwas außerhalb der Hauptstadt Qufu. Seine Herkunft war nicht besonders vornehm – seine Familie gehörte zum niederen Adel, zu den sogenannten Shi, und stand knapp über dem Rang eines einfachen Bürgers. Als junger Mann trat Konfuzius in die Verwaltung des örtlichen Herrschers, des Fürsten von Lu, ein, wo er als einfacher Beamter begann und sich bis zum Minister hocharbeitete. Obwohl er ein gelehrter und moralisch aufrechter Mann war, fiel es ihm schwer, Einfluss auf den Fürsten zu gewinnen. Dieser ignorierte Konfuzius' Vorschläge für Reformen konstant. Frustriert trat Konfuzius mit Mitte fünfzig von seinem Posten zurück, verließ sein Elternhaus in Qufu und machte sich auf die Suche nach einem Herrscher, der auf seinen Rat hören würde. Mehr als zwölf Jahre lang reiste er durch China, konnte aber immer noch keine leitende oder anderweitig einflussreiche Position finden. Deshalb kehrte er um 484 v. Chr. in seine Heimat Lu zurück, wo er nicht als Politiker, sondern als Lehrer und Philosoph berühmt werden sollte.

Zurück in Qufu gründete Konfuzius, der während seines Aufenthalts viele Anhänger gewonnen hatte, in seinem Haus eine Schule, in der er junge Menschen unterrichtete, um eine neue Generation von tugendhafteren politischen Führern und Bürgern heranzubilden. Konfuzius war bereit, jeden zu unterrichten, ungeachtet seines sozialen Ranges, und nahm sowohl Reiche als auch Arme als Schüler auf. Anstatt sie zu zwingen, Fakten auswendig zu lernen, unterrichtete er sie durch Diskussionen und Debatten, und es war ihm ein großes Anliegen, dass seine Schüler ein hohes moralisches Verhalten an den Tag legten und eine gute und verantwortungsvolle Regierungsführung praktizierten. Konfuzius wies seine Schüler an, Poesie und Musik schätzen zu lernen, da ihm zufolge die Kenntnis dieser Künste ein Zeichen für einen kultivierten Menschen sei. Er legte auch großen Wert auf den Geschichtsunterricht, damit die Menschen sich am Beispiel großer Persönlichkeiten aus der Vergangenheit orientieren und deren Weisheit auf die Gegenwart anwenden konnten. Konfuzius starb 479 v. Chr. Zu diesem Zeitpunkt hatte er bereits Hunderte von Anhängern aus ganz China, von denen viele ihre eigenen Schulen gründeten. Während seiner letzten Krankheit wies er seine Schüler sanft zurecht, weil sie ihn wie einen großen Herrscher behandelt hatten, und mahnte sie, dass er nur ein einfaches Begräbnis wollte.

Nach dem Tod von Konfuzius diente sein bescheidenes Drei-Zimmer-Haus in Qufu als Grundlage für eine weitläufige Tempelanlage, die 1994 zum UNESCO-Weltkulturerbe erklärt wurde. Im Laufe der Jahrhunderte wuchs sie auf mehrere Gebäude und Hunderte von Räumen an. Die mit Schnitzereien und Skulpturen reich verzierte Anlage wurde häufig von Kaisern besucht, die das Andenken an Konfuzius ehren wollten. Im siebten Jahrhundert n. Chr. wurde das Haus selbst, in dem Konfuzius gelebt hatte, an einen benachbarten Ort verlegt. Seine Nachkommen lebten weiterhin in dem Haus, das zu einer weitläufigen Residenz mit Dutzenden von Gebäuden umgebaut wurde. Immerhin 152 von ihnen sind noch erhalten. Es erstreckt sich heute über 7 Hektar und beherbergt eine umfangreiche Sammlung historischer Artefakte und Dokumente. Das Grab von Konfuzius, das an sein Haus angrenzt, ist heute Teil eines Friedhofs, auf dem sich auch die Gräber von Tausenden seiner Nachfolger befinden. Überall auf dem Friedhof stehen Bäume; viele von ihnen stammen aus der Antike, denn nach dem Tod von Konfuzius hielten seine Schüler an seinem Grab Wache und brachten Bäume von zu Hause mit, um sie dort zu pflanzen.

Nach dem Tod ihres Mentors trugen einige der ehemaligen Schüler des Konfuzius dessen Weisheiten und Sprüche zu-

Das Mausoleum des Quin Shin Huang

Der Mann, der die chinesischen Reiche einte, die miteinander im Krieg standen, war Zheng (259–210 v. Chr.), Prinz von Qin. Nachdem er die anderen sechs Staaten besiegt hatte, ernannte er sich 221 v. Chr. zum Kaiser von China und nahm den königlichen Namen Qin Shi Huang (»Erster Kaiser von Qin«) an. Qin führte ein zentralisiertes bürokratisches System ein, vereinheitlichte Gesetze, führte eine neue gemeinsame Schrift ein und förderte die Verwendung von Münzen. Eines seiner größten Vermächtnisse war die Verbindung der verschiedenen Verteidigungsmauern, die gebaut worden waren, um eindringende Stämme aus dem Norden fernzuhalten. Diese bildeten die Grundlage für die Chinesische Mauer. Von Qins Mauer ist nur noch wenig übrig – die meisten der heutigen Befestigungsanlagen stammen aus der Ming-Dynastie (1368–1644). Qin starb an einer Quecksilbervergiftung, nachdem er Quecksilber in der Hoffnung eingenommen hatte, dass es ihm zu ewigem Leben verhelfen würde.

Er wurde in einem riesigen unterirdischen Grab in der Nähe der modernen Stadt Xi'an beigesetzt, zusammen mit Tausenden von lebensgroßen bewaffneten Soldaten aus Terrakotta sowie Modellen von Pferden, Streitwagen, Bürokraten, Dienern und Unterhaltern. Qins Grab blieb mehr als 2000 Jahre ungestört. 1974 schließlich fanden Arbeiter beim Graben eines Brunnens Fragmente von Terrakotta, was zu archäologischen Ausgrabungen führte, die das Mausoleum freilegten.

sammen mit den Lehren seiner führenden Schüler in einem Buch zusammen, das als *Lunyu*, also sogenannte Analekten bekannt ist und eines der wichtigsten philosophischen Werke der Weltgeschichte darstellt. Der Konfuzianismus war letztlich praxisorientiert und konzentrierte sich darauf, wie persönliche Beziehungen und die Gesellschaft im Allgemeinen zu ordnen sind. Konfuzius glaubte, dass dies durch die Regierung von *junzi*, den »höhergestellten Personen«, die gebildet und aufrecht waren, erreicht werden konnte. Er glaubte zudem, dass man den Menschen beibringen könne, wohlwollend und freundlich zu handeln, ihren Vorgesetzten gegenüber Respekt zu zeigen und ihre Eltern zu achten. Damit würden sie ein Beispiel geben, dem andere folgen könnten. Im zweiten und ersten Jahrhundert v. Chr. gewann der Konfuzianismus zunehmend an Bedeutung, da seine Lehren von der chinesischen kaiserlichen Regierung als leitende politische und soziale Philosophie übernommen wurden. Auch Jahrhunderte nach dem Tod von Konfuzius blieben seine Philosophien wichtig und äußerst einflussreich, nicht nur in China, sondern auch in Korea, Japan und Vietnam.

Der Bodhibaum in Bodhgaya

Siddhartha Gautama begründete den Buddhismus, der sich zu einer der größten Religionen der Welt entwickelte. Nachdem er bei der Meditation unter einem Bodhibaum spirituelle Erleuchtung erlangt hatte, wurde er zwischen dem sechsten und vierten Jahrhundert v. Chr. durch seine Predigten in Nordindien bekannt.

Siddhartha Gautama wurde im nordöstlichen Teil des indischen Subkontinents geboren, möglicherweise in Lumbini im heutigen Nepal. Er stammte aus einer wohlhabenden hinduistischen Fürstenfamilie; seine Mutter starb eine Woche nach seiner Geburt, und sein Vater versuchte, ihn vor der Härte der Außenwelt zu schützen. Siddhartha verbrachte die ersten 29 Jahre seines Lebens in einem ummauerten Palastkomplex. Mit 16 Jahren heiratete er eine Prinzessin namens Yasodhara; einigen Quellen zufolge hatten sie einen Sohn, Rahula. Siddharthas Leben veränderte sich, als er begann, sich aus seinem Palast herauszuwagen. Er sah einen alten, einen kranken und einen toten Mann und erkannte das Leiden, das der menschlichen Existenz innewohnte. Siddhartha begegnete auch einem Bettelmönch; von dessen Beispiel inspiriert, verzichtete er auf sein Luxusleben und ging mit fünf anderen Bettelmönchen auf Wanderschaft. Sie zogen durch die Lande und führten ein Leben in äußerster Askese, sodass Siddhartha abmagerte.

Nach sechs Jahren auf Wanderschaft setzte sich Siddhartha am Ufer des Lilajan-Flusses im Nordosten Indiens, im heutigen Staat Bihar unter besagten Bodhibaum – eine Art Pappelfeige, *Ficus religiosa*, die sich durch ihre herzförmigen Blätter auszeichnet. Er erkannte, dass sein Lebensstil ihm nicht helfen würde, spirituelle Erfüllung zu finden. Er nahm eine Schale Milchreis von einem Dorfmädchen namens Sujata an, woraufhin die anderen Bettelmönche ihn verließen. Nun allein, aß Siddhartha und beschloss, unter dem Baum zu bleiben, bis er Erleuchtung erlangt hatte. Ein böses Wesen namens Mara, der Gott der Begierde, griff ihn an und versuchte, ihn zu verführen, um seine Meditation zu unterbrechen, aber es gelang ihm nicht. Nach tagelangem Nachdenken erfuhr Siddhartha schließlich die Erleuchtung. Er erkannte, dass die Menschen das Nirwana erlangen konnten, das es ihnen ermöglichte, aus dem karmischen Kreislauf von Tod und Wiedergeburt auszubrechen, und wurde so zum Buddha, »dem Erwachten«.

Der Buddha blieb sieben Wochen lang unter dem Baum und dachte über seine Erfahrungen nach. Dann traf er seine fünf ehemaligen Weggenossen wieder und hielt ihnen im Hirschpark in Sarnath, nahe der Stadt Varanasi, seine erste Predigt. Sie wurden seine ersten fünf Schüler. Im Mittelpunkt von Buddhas Lehren standen die vier edlen Wahrheiten: dass es Leiden gibt, dass es eine Ursache hat, dass es beseitigt werden kann und dass der Weg dorthin der Achtfache Pfad ist – rechte Ansicht, rechte Absicht, rechte Rede, rechtes Handeln, rechte Lebensweise, rechte Anstrengung, rechte Achtsamkeit und rechtes Meditieren. Der Buddha nahm dann seine Reisen wieder auf, die ihn hauptsächlich durch die Ganges-Ebene führten, und verbrachte mehr als vierzig Jahre damit, seine Botschaft zu predigen und Anhänger zu sammeln. Auf Anraten des Buddhas schlossen sich diese Anhänger zu Sanghas, also Mönchsgemeinschaften, zusammen, die in den frühen Tagen eine wichtige Rolle bei der Verbreitung der Religion spielten. Im Gegensatz zu vielen anderen Religionen durften auch Frauen den Sanghas beitreten, und es war ihnen auch möglich, Nirwana zu erreichen. Siddhartha sprach zudem über Kastengrenzen hinweg – seine Botschaft war für alle offen. Der Buddha starb im Alter von etwa achtzig Jahren und ging ins Nirwana über.

Die Figur, die am meisten dafür verantwortlich war, den Buddhismus in eine Weltreligion zu verwandeln, war Kaiser Ashoka (gest. ca. 232 v. Chr.), Herrscher des Maurya-Reiches, dessen Territorium schließlich den größten Teil des indischen Subkontinents umfassen sollte. Ashoka wurde nicht als Buddhist geboren, und tatsächlich war sein frühes Leben von Gewalt und Blutvergießen geprägt. Er bestieg den Thron um 268 v. Chr. nach einem vierjährigen Erbfolgestreit, in dem er 99 seiner Brüder getötet und nur einen verschont haben soll. Um 262 v. Chr. begann er einen erfolgreichen Feldzug gegen das rivalisierende Königreich Kalinga im östlichen Küstenland Indiens, der so blutig war, dass Ashoka ein spirituelles Erwachen erlebte und zum Buddhismus konvertierte. Anfangs war er nicht immer eifrig bei der Befolgung seiner neuen Religion – viele seiner »Säulen-Edikte«, eine Reihe von über dreißig Inschriften, die über sein ganzes Reich verteilt sind, beschreiben seine anfänglichen persönlichen Schwierigkeiten, nach den Lehren des Buddhas zu leben. Ashoka unterstützte die Religion jedoch in vollem Umfang, indem er versuchte, die Einheit zwischen den verschiedenen Sanghas herzustellen und indem er Tausende von Klöstern und Gedenkstätten mit Reliquien, sogenannte Stupas, baute und Missionare förderte, die bis nach Sri Lanka und Myanmar reisten. Trotz seiner Konversion zwang Ashoka seinen Untertanen nie den Buddhismus auf – in seinem gesamten Reich herrschte Religionsfreiheit; er verlangte lediglich, dass seine Untertanen ein friedliches und moralisches Leben führten. Nach Ashokas Tod zersplitterte das Maurya-Reich unter fremden Angriffen und Bürgerkriegen; 185 v. Chr. brach es schließlich auseinander.

Der Ort der Erleuchtung des Buddhas und der Bodhibaum selbst wurden schnell zu einem Schrein und einer Pilgerstätte. Im dritten Jahrhundert v. Chr. baute Kaiser Ashoka den Mahabodhi-Tempel um ihn herum. Neben dem Bodhibaum errichtete er eine Plattform, die Vajrasana, »Diamantenthron«, genannt wird und von der es heißt, dass sie sich genau an der Stelle befindet, an der Buddha meditiert hat. Die ältesten Teile des heutigen Tempelkomplexes, der 2002 zum UNESCO-Weltkulturerbe erklärt wurde, stammen aus dem fünften Jahrhundert n. Chr. Seit dem 14. Jahrhundert ist er auch ein Wallfahrtsort für Hindus, und es gab Kontroversen zwischen ihnen und Buddhisten über den Zugang zu der Stätte. Im Laufe der Jahrhunderte wurde der Bodhibaum mehrmals gefällt, aber jedes Mal wuchs er auf wundersame Weise wieder nach. Im Mahabodhi-Tempel steht noch immer ein Bodhibaum, der möglicherweise ein Ableger des ursprünglichen Exemplars ist, unter dem Buddha meditiert hat. Die Samen und Abschnitte seiner Äste werden zur Herstellung von Gebetsperlen verwendet, die sehr geschätzt werden. Darüber hinaus wurden Setzlinge des Baumes entnommen und an anderen Orten gepflanzt. Einer davon gelangte bis nach Sri Lanka, wo Ashokas Tochter ihn dem dortigen König schenkte. Im Jahr 288 v. Chr. wurde er in Anuradhapura gepflanzt, der Hauptstadt der Nord-Zentralprovinz in Sri Lanka. Der Baum, der als *Jaya Sri Maha Bodhi* bekannt ist, gilt als der älteste lebende Baum, der von einem Menschen gepflanzt wurde, und ist eine heilige Reliquie.

Der Kanon der Lehren des Buddhas, der als *Tripitaka* bekannt ist, wurde nach seinem Tod gesammelt und erst mindestens 200 Jahre später niedergeschrieben. Darüber hinaus wurden Konzile abgehalten, um seine Lehren zu definieren und Fragen zur Lehre zu beantworten. Im Laufe der Generationen, als die Religion wuchs, spaltete sie sich mehrmals auf und gründete verschiedene Zweige in ganz Asien. Sie hatte auch einen großen Einfluss auf andere Religionen wie den Konfuzianismus und den Shintoismus.

Die Bibliothek von Alexandria

Alexandria war eine der größten Städte der antiken Welt und ein unvergleichliches Zentrum des Wissens. Im Mittelpunkt des intellektuellen Lebens stand die große Bibliothek, die mit dem hochgesteckten Ziel gegründet wurde, alle Schriftstücke der Welt zusammenzufassen.

Im Jahr 336 v. Chr. wurde Philipp II. von Makedonien (382–336 v. Chr.) ermordet. Zuvor hatte er sein kleines Königreich zur größten Macht in Griechenland gemacht. Sein Nachfolger wurde sein Sohn Alexander (356–323 v. Chr.), der in die Geschichts-

Die Flüsse Hydaspes und Hyphasis

Im Jahr 326 v. Chr. rückte Alexander der Große in den Punjab vor, ein Gebiet in Indien, das von dem Kriegerkönig Porus regiert wurde. Die beiden Herrscher trafen in der Schlacht am Fluss Hydaspes (heute Jhelum) aufeinander. Alexander gewann die Schlacht; er wollte den Rest Nordindiens erobern, aber seine makedonischen Veteranen kamen nur bis zum Fluss Hyphasis (heute Beas), bevor sie sich weigerten, weiter zu marschieren. Obwohl er in der Schlacht unbesiegt blieb, hatte Alexander das Limit seiner Eroberungen erreicht.

schreibung als »der Große« eingehen sollte. Er festigte seine Herrschaft über Griechenland, bevor er sich dem Perserreich der Achämeniden zuwandte, das einen Großteil Zentralasiens, des Nahen Ostens und Nordafrikas kontrollierte. Alexander führte seine Armee 334 v. Chr. über die Dardanellen und eroberte Anatolien und Syrien. Sein nächstes Ziel war 332 v. Chr. Ägypten; die lokale Bevölkerung, die unter der Herrschaft der Achämeniden unzufrieden war, begrüßte Alexander bei seiner Ankunft als Befreier. Der örtliche Gouverneur unterwarf sich friedlich; Alexander wurde zum Pharao gekrönt. Als er in Ägypten überwinterte, segelte er auf dem Nildelta und stieß auf einen idealen Platz für eine Stadt. Die Siedlung war die erste von mehr als zwanzig von Alexander gegründeten

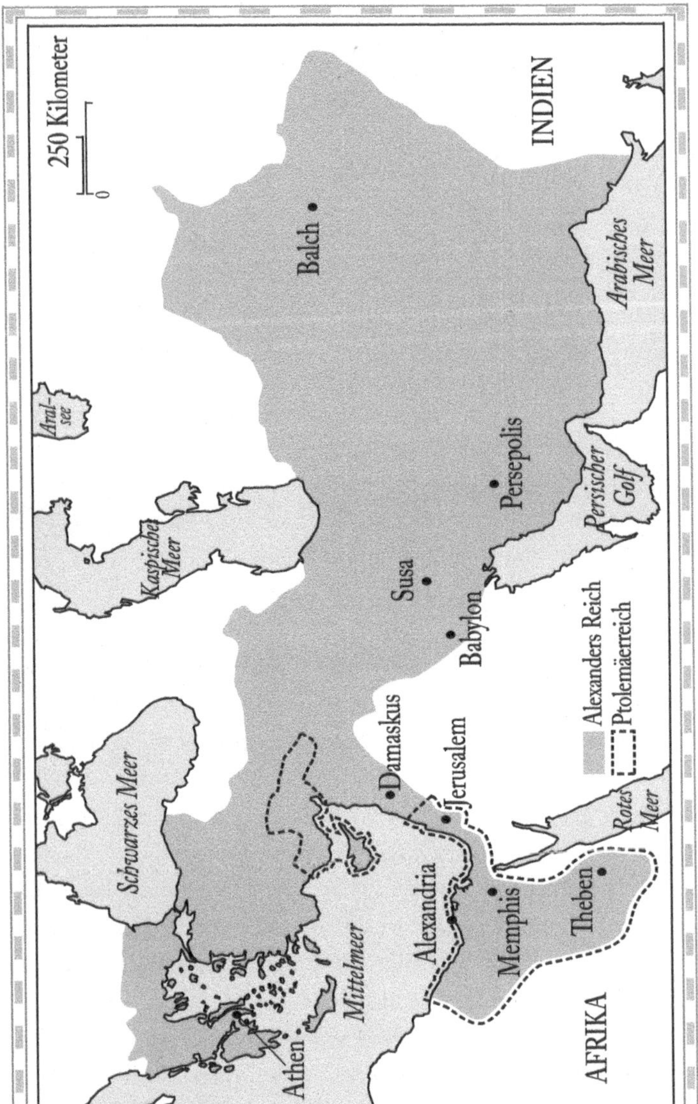

Das Reich von Alexander dem Großen, 323 v. Chr.

Siedlungen und trug seinen Namen: Alexandria. Alexander zeigte großes Interesse an der Gründung der Stadt und legte mithilfe seines Beraters, des Architekten Deinokrates von Rhodos, fest, wo die Agora, also der zentrale Versammlungsplatz, sowie die Tempel und die Mauern liegen sollten.

Alexandria war ideal gelegen; es befand sich in einer langen natürlichen Bucht am westlichen Zweig des Nildeltas und war damit hervorragend an das Mittelmeer und das übrige Ägypten angebunden. Alexander der Große war nicht der Erste, der die Nützlichkeit des Ortes zu schätzen wusste; zuvor befand sich dort eine ägyptische Siedlung namens Rhakotis. Im Jahr 331 v. Chr. verließ Alexander Ägypten. Er fiel in Mesopotamien ein und fügte den Achämeniden in den nächsten vier Jahren eine Reihe von Niederlagen zu, die zu ihrem Sturz führten, sodass er die Kontrolle über ihr Reich übernahm. Ägypten überließ er den lokalen Verwaltern, die allerdings von Dutzenden griechischen Beamten genau überwacht wurden. Alexandria, das nach einem Raster angelegt war, begann Gestalt anzunehmen. Es wurde hauptsächlich von Griechen besiedelt, aber es gab auch ägyptische und jüdische Einwohner.

Alexander starb 323 v. Chr. in Babylon. Er war nicht in der Lage gewesen, seine Nachfolge zu regeln, und so zersplitterte sein Reich in einem Bürgerkrieg zwischen seinen Generälen. Einer von ihnen, Ptolemäus (ca. 367–282 v. Chr.), ein enger Freund Alexanders, übernahm die Kontrolle über Ägypten und ernannte sich schließlich selbst zum König des Landes. Er machte Alexandria zu seiner Hauptstadt, und seine Nachkommen regierten Ägypten von dort aus fast drei Jahrhunderte lang. Ptolemäus trug zum Ansehen Alexandrias bei, indem er die Stadt zum Standort von Alexanders Grab machte; seine Truppen hatten den Leichenzug auf dem Rückweg nach Makedonien abgefangen. Ptolemäus' größter Plan für die Stadt war der

Bau eines *Museions*, eines Tempels zur Verehrung der Musen, der neun Göttinnen, die Kreativität und Studien in Kunst, Literatur und Wissenschaft inspirierten. Die Anlage sollte nicht nur einen Tempel, sondern auch einen Garten, einen Zoo und ein Observatorium

Antonius und Kleopatra

Caesar wurde 44 v. Chr. ermordet. Kleopatra blieb Herrscherin von Ägypten und ließ sich mit Marcus Antonius (83–30 v. Chr.), einem der wichtigsten Truppenführer Cäsars, ein, den sie heiratete. Im Jahr 32 v. Chr. geriet Ägypten in einen Bürgerkrieg zwischen Marcus Antonius und Octavian (63 v. Chr. bis 14 n. Chr.), dem Großneffen und Erben Cäsars. Octavians Streitkräfte fielen in Ägypten ein und zwangen Antonius im Jahr 30 v. Chr. zum Selbstmord. Anschließend marschierte Octavian in Alexandria ein und besetzte es, wo Kleopatra während der Kämpfe geblieben war. Kleopatra wurde am Leben gelassen, aber als sie Gerüchte hörte, dass sie nach Rom gebracht werden sollte, um als Octavians Gefangene vorgeführt zu werden, beging sie Selbstmord, um diesem Schicksal zu entgehen. Octavian, der den Namen Augustus annahm, wurde 27 v. Chr. der erste römische Kaiser.

beherbergen. Das berühmteste Bauwerk war seine Bibliothek. Ptolemäus starb 282 v. Chr. und wurde von seinem Sohn Ptolemäus II. (308/9–246 v. Chr.) abgelöst, der die Fertigstellung des Musenheiligtums und der Bibliothek leitete. Er beendete auch den Bau des großen Leuchtturms von Alexandria, der auf der vorgelagerten Insel Pharos errichtet wurde und über 106 Meter hoch war.

Das *Museion* wurde von den wohlhabenden ptolemäischen Königen, die intellektuelle Aktivitäten unterstützen wollten, großzügig finanziert. Es beherbergte eine Gemeinschaft von etwa vierzig Gelehrten, die Unterkunft und Verpflegung gewährt bekamen, von der Steuer befreit waren und ein Gehalt erhielten, um sich mit ihrem Fachgebiet zu befassen, öffentliche Vorträge zu halten und zu lehren. Der Schutz und die Finanzierung durch die Krone bedeuteten, dass die Gelehrten in Alexandria ein hohes Maß an akademischer Freiheit genossen. Alexandria blieb zwar in Poesie und Literatur hinter anderen griechischen Städten zurück, war aber führend im Studium der Wissenschaften, insbesondere der Medizin, Mathematik, Mechanik und Astronomie. Archimedes von Syrakus (ca. 287–212 v. Chr.), einer der großen Wissenschaftler der Antike, hat möglicherweise in der Bibliothek gearbeitet, ebenso wie der Mathematiker Euklid (ca. 300 v. Chr.) und der Astronom Aristarchos von Samos (ca. 310 bis ca. 230 v. Chr.), der 1800 Jahre vor dem Polen Nikolaus Kopernikus (1473–1543) ein heliozentrisches Sonnensystem entwarf. Die Bibliothek wurde von einem von der Krone ernannten Beamten beaufsichtigt und sammelte Texte aus der hellenischen, ägyptischen und mesopotamischen Welt. Die ptolemäischen Könige waren so sehr auf die Vollständigkeit ihrer Bibliothek bedacht, dass alle Schiffe, die in Alexandria anlegten, ihre Ladung auf noch nicht in der Sammlung enthaltene Werke überprüfen lassen mussten, die dann beschlagnahmt und kopiert wurden. Andere Werke wurden von Agenten der Krone in Städten wie Athen und Rhodos erworben. Geld spielte keine Rolle. Als Ptolemäus III. (ca. 280–222 v. Chr.) andere Staaten schriftlich um ihre Bücher zum Kopieren bat, schickte Athen mehrere wichtige Texte; die Bibliothek behielt daraufhin allerdings die Originale, obwohl der König damit seine Kaution von 15 Talenten (das entspricht etwa 150 Kilogramm Silber) einbüßte. Mitte des dritten Jahrhunderts v. Chr. befanden sich in der Bibliothek etwa 490 000 Rollen, von denen mehr als vier Fünftel den Text von mehr als einem Werk enthielten. (Zusätzlich wurden über 40 000 Werke im Serapeum aufbewahrt, einem Tempel, der dem Kult des Serapis gewidmet

Hypatia von Alexandria

Eines der letzten bekannten Mitglieder des Mouseion war Theon (ca. 335–405), der sich auf Mathematik und Astronomie spezialisierte. Seine Tochter Hypatia (ca. 350–415) war die größte Astronomin und Mathematikerin ihrer Zeit und unterrichtete auch Studenten in ihrer philosophischen Schule. Als Heidin wurde sie zur Zielscheibe des Hasses, und im Jahr 415 wurde sie von einem Mob christlicher Eiferer angegriffen und brutal ermordet. Der tragische Tod Hypatias war symptomatisch für den Niedergang Alexandrias als größtes Bildungszentrum der Welt.

war, einer griechisch-ägyptischen Gottheit, die Schutzherr von Alexandria war.)

Im späten zweiten Jahrhundert v. Chr. hatte die Bibliothek viel von ihrem Prestige eingebüßt. Da sie sich mehr auf die Pflege ihrer Sammlung konzentrierte, wurde sie weniger zu einem Ort der Innovation. Parallel dazu verlor die ptolemäische Dynastie an Macht, während die römische Republik immer mehr Einfluss auf sie gewann. Als 48 v. Chr. ein Erbfolgekrieg zwischen Ptolemäus XIII. (ca. 62–47 v. Chr.) und seiner Schwester Kleopatra VII. (69–30 v. Chr.) ausbrach, griff Rom in Gestalt von Gaius Julius Cäsar (100–44 v. Chr.) ein. Cäsar befand sich mitten in seinem eigenen Bürgerkrieg mit republikanischen Rivalen, die glaubten, er sei zu mächtig geworden. Er kam in Ägypten an, um Pompejus (106–48 v. Chr.) zu verfolgen, einen ehemaligen Freund, der zu seinem Hauptrivalen geworden war. Pompejus hatte versucht, bei Ptolemäus XIII. Zuflucht zu suchen, doch dieser ließ seinen Gast ermorden, weil er glaubte, dies würde Cäsar gefallen und seine Unterstützung sichern. Das Gegenteil war der Fall: Cäsar war untröstlich über den Tod seines ehemaligen Verbündeten. Kleopatra hatte mehr Erfolg mit ihren Bemühungen um Cäsar; nachdem sie sich getroffen hatten, wurden die beiden ein Liebespaar. Bei der Belagerung von Alexandria wurden die Truppen von Ptolemäus XIII. von Cäsar besiegt und Kleopatra der Thron gesichert. Dies war für die Bibliothek mit einem hohen Preis verbunden. Cäsars Soldaten hatten in den Kais ein Feuer gelegt, um die feindliche Schifffahrt zu blockieren, aber die Flammen griffen versehentlich auf die Bibliothek über, was zu ihrer teilweisen Zerstörung und dem Verlust von über 40 000 Schriftrollen führte. Die Bibliothek wurde daraufhin wieder aufgebaut, und Cäsar ergänzte die Sammlung, indem er Kleopatra 200 000 Werke aus Pergamon schenkte, einer Stadt in Anatolien, die eine eigene Bibliothek besaß.

Unter Augustus wurde Ägypten zu einer Provinz des Römischen Reiches, während Alexandria eine wohlhabende Handelsstadt blieb. Der Niedergang der Bibliothek verlief stetig. Im Jahr 215 plünderte Kaiser Caracalla (188–217) Alexandria brutal, um sich für die Kritik der Bürger zu rächen, und richtete dabei großen Schaden an der Bibliothek an. In den 390er-Jahren rief Kaiser Theodosius I. (347–395), der das Christentum zur Staatsreligion des Römischen Reiches erklärt hatte, eine Kampagne zur Verbrennung »heidnischer« Werke aus, was zur Zerstörung eines Großteils der Bibliothekssammlung führte. Als Alexandria 642 vom arabischen Reich erobert wurde, war die Bibliothek nur noch ein blasser Schatten ihres einstigen Glanzes, und von ihrer Sammlung war nur noch wenig oder gar nichts übrig. An die antike Institution und ihren Geist der Gelehrsamkeit erinnert ein neuer moderner Bibliotheks- und Museumskomplex, die Bibliotheca Alexandrina, die im Jahr 2002 errichtet wurde.

Das Pantheon von Rom

Das Römische Reich erreichte seine größte Ausdehnung im Jahr 117 n. Chr., während der Herrschaft Trajans (53–117). Sein Nachfolger Hadrian (76–138) leitete den Wiederaufbau des Pantheons, eines der größten erhaltenen Beispiele römischer architektonischer Raffinesse.

Der Legende nach wurde Rom 753 v. Chr. von Romulus gegründet, der der erste König der Stadt wurde. Tatsächlich wurde Rom aber schon vor diesem Datum errichtet, möglicherweise im zehnten Jahrhundert vor Christus. Könige regierten Rom bis 509 v. Chr., als führende Bürger rebellierten und die Monarchie abschafften, um

eine republikanische Regierung zu gründen. Die Römische Republik war nicht streng demokratisch; nur freie männliche Bürger konnten wählen, und das System gab den Wohlhabenden mehr Macht. Vom fünften bis zum dritten Jahrhundert v. Chr. wurde Rom die führende Macht in Italien. Dann begann Rom eine Reihe von Konflikten mit dem karthagischen Reich, das sich aus einer phönizischen Handelskolonie in der Nähe des heutigen Tunis entwickelt hatte und den größten Teil Nordafrikas sowie Südspanien, Korsika, Sardinien und Sizilien beherrschte. Der Erste Punische Krieg (benannt nach *Punicus,* dem lateinischen Wort für Karthager, das sich von »phönizisch« ableitet) brach 264 v. Chr. aus. Rom baute seine Seestärke aus, um Karthago herauszufordern, besiegte es 241 v. Chr. und eroberte Sizilien. Drei Jahre später annektierte Rom Korsika und Sardinien. Der Zweite Punische Krieg begann 218 v. Chr., als der karthagische General Hannibal Barkas (247–183/1 v. Chr.) über die Alpen in Italien einfiel. Obwohl er mehrere Siege davontrug und schwere Verluste erlitt, gelang es ihm nicht, Rom selbst einzunehmen. Im Jahr 202 v. Chr. war Hannibal gezwungen, nach Hause zurückzukehren, um sich einer römischen Armee zu stellen, die in Nordafrika einmarschiert war. Er wurde 129 Kilometer südwestlich von Karthago in der Schlacht von Zama besiegt. Dies bedeutete das Ende der Macht Karthagos; es verlor seine spanischen Gebiete und musste eine hohe Entschädigung zahlen. Hannibal wurde ins Exil gezwungen und starb in Anatolien, wo er Selbstmord beging, nachdem ein dortiger König beantragt hatte, ihn an Rom auszuliefern. Im Dritten Punischen Krieg (149–146 v. Chr.) eroberte und zerstörte Rom Karthago, versklavte die Bevölkerung und annektierte die restlichen Gebiete. Auf den römischen Sieg über die Karthager folgten Eroberungen in Griechenland, Anatolien und Syrien.

Im ersten Jahrhundert v. Chr. wurde Rom von inneren Konflikten heimgesucht. Gaius Julius Cäsar stieg durch das Werben um die Gunst des Volkes auf und führte von 58 bis 50 v. Chr. die Eroberung und Annexion Galliens (das heutige Frankreich) an. Der Senat, der befürchtete, dass Cäsar zu mächtig werden würde, befahl ihm, seine Armeen aufzugeben. Cäsar weigerte sich und marschierte 49 v. Chr. in Italien ein, was einen Bürgerkrieg auslöste, den er 44 v. Chr. für sich entschied. Cäsar erhielt weitreichende Vollmachten, wurde aber in Rom von einer Gruppe konservativer Senatoren erstochen. Durch die Ermordung wurde der Status quo nicht wiederhergestellt. Cäsars Adoptivsohn und Großneffe Gaius Octavian (63 v. Chr. bis 19 n. Chr.) setzte sich 27 v. Chr. als Kaiser von Rom durch und beendete damit formell die Republik. Er nahm den Namen Augustus an und leitete die weitere Expansion nach Iberien, Nordafrika und Mitteleuropa. Nach Augustus' Tod kam es im Römischen Reich regelmäßig zu Nachfolgestreitigkeiten und gewaltsamen Umstürzen von Kaisern; so waren im Jahr 69 vier verschiedene Herrscher im Amt. Doch dank seiner Institutionen wie der Armee, der Verwaltung, dem Rechtssystem, dem Münzwesen und der Verkehrsinfrastruktur konnte Rom trotz der politischen Umwälzungen seine Stärke bewahren.

Einer der engsten Verbündeten des Augustus war sein Schwiegersohn Marcus Vipsanius Agrippa (64/2–12 v. Chr.). Agrippa war nicht nur Staatsmann und Soldat, sondern beaufsichtigte auch mehrere Bauprojekte in Rom. Viele davon befanden sich auf dem Campus Martius, was auf Deutsch »Marsfeld« und ein meist offenes, sumpfiges Gelände vor den Toren Roms beschreibt. Agrippa verwandelte den Campus Martius in eine Parklandschaft und fügte zwei Komplexe für die Stimmabgabe der Bürger hinzu, das Diribitorium und die Saepta Julia (Letztere wurde von Cäsar begonnen). Ebenso errichtete er dort die Thermae Agrippae, ein riesiges öffentliches Bad, sowie zur Feier seiner Seesiege die Neptunbasilika. Schließlich baute Agrippa das Pantheon, einen rechteckigen, allen Göttern gewidmeten Tempel, der zwischen 27 und 25 v. Chr. fertiggestellt wurde und mit Statuen von Gottheiten wie Mars, Venus und Divus Julius, also dem vergöttlichten Julius Cäsar, ausgestattet war. Augustus weigerte sich, ein Bildnis von sich selbst im Hauptheiligtum aufzustellen, obwohl eine Statue von ihm in der Vorhalle aufgestellt wurde. Als Agrippa starb, wurde er im Mausoleum des Augustus beigesetzt, das sich auf dem Campus Martius nördlich des Pantheons befand, wo später auch der Kaiser selbst bestattet wurde.

Um 80 n. Chr. brannte Agrippas Pantheon ab, und an seiner Stelle wurde ein neuer Tempel errichtet, über dessen Bauweise jedoch wenig bekannt ist. Zu dieser Zeit verlangsamte sich der römische Expansionsdrang, und ab 100 n. Chr. vermieden die Römer weitgehend Expansionskriege und konzentrierten sich auf die Erhaltung ihrer Grenzen. Niemand verkörperte diese Politik des Rückzugs mehr als Hadrian (76–138), ein ehemaliger Soldat, der in Spanien geboren wurde und 117 zum Kaiser gekrönt wurde. Er verbrachte einen

Großteil seiner Regierungszeit damit, das Reich zu bereisen und zu versuchen, sein riesiges Territorium zusammenzuhalten. Hadrian war ein aktiver Baumeister, der viele Projekte leitete, darunter den gleichnamigen Grenzwall, der zur Verteidigung des römischen Britanniens errichtet wurde. Hadrian begann um 118 mit dem Bau des Pantheons, das zwischen 126 und 128 eingeweiht wurde. Sein Hauptmerkmal war seine Kuppel, die größte der antiken Welt. Sie und ein Großteil des übrigen Gebäudes wurden aus Beton errichtet, den die römischen Baumeister mindestens seit dem zweiten Jahrhundert v. Chr. verwendet hatten. Erst im späteren 18. Jahrhundert erreichten andere Länder eine den Römern vergleichbare Expertise

Der Petersdom

Im Jahr 64 n. Chr. wurde der Apostel Petrus in Rom gekreuzigt; er wurde von Jesus als der »Fels« bezeichnet, auf den er seine Kirche bauen würde, und wird als der erste Papst betrachtet. Im frühen vierten Jahrhundert wurde um das Grab und den Schrein des Petrus eine Basilika errichtet. Da sie im 15. Jahrhundert aufgrund ihres Alters bereits baufällig war, wurde der Grundstein für einen neuen Dom 1506 gelegt. 1626 wurde das Gebäude fertiggestellt. Mit seinen unschätzbaren Kunstwerken gilt der Petersdom als die bedeutendste Kirche der Welt.

in der Verarbeitung von Beton. Die Kuppel wurde in einem Stück gegossen, indem ein Holzrahmen mit Beton gefüllt wurde, um eine perfekte Halbkugelform zu schaffen. Der Rahmen wurde dann nach dem Trocknen des Betons entfernt. An der Spitze der Kuppel befand sich eine kreisförmige Öffnung, der sogenannte Oculus, der die einzige natürliche Lichtquelle darstellte. Der Boden war leicht gewölbt, damit Regen, der durch die Öffnung fiel, schneller abfließen konnte. Er war mit Marmor, Porphyr und farbigem Granit gepflastert, der in Steinbrüchen in Ägypten und Anatolien gewonnen wurde. Hadrian behielt die ursprüngliche Inschrift auf dem Frontgiebel seines Pantheons bei, die das Gebäude Agrippa zuschrieb.

Ab der Mitte des ersten Jahrhunderts gewann das Christentum in Rom zunehmend an Anhängern. Trotz gewaltsamer Verfolgung zog es immer mehr Konvertiten an. Der Mann, der den Status der Religion schließlich veränderte, war Konstantin I. (ca. 272–337). Er traf mit anderen römischen Kaisern im Jahr 313 die Mailänder Vereinbarung, die die staatliche Verfolgung des Christentums beendete und somit Religionsfreiheit versprach. Im Jahr 380 erklärte Theodosius I. (347–95) das Christentum zur Staatsreligion des Römischen Reiches. Dies bedeutete, dass der Papst, der auch als Bischof von Rom bezeichnet wurde, über ein enormes Ansehen verfügte und seinen Anspruch auf die höchste Autorität in der Kirche untermauern konnte. In dem Maße, wie Rom christlich wurde, schwand die Macht des Kaisers.

Im Jahr 609 wurde das Pantheon in eine Kirche umgewandelt und in Santa Maria Rotonda umbenannt. Damit wurde sichergestellt, dass es nicht wie viele andere römische Gebäude verfallen oder zur Gewinnung von Baumaterial abgebaut werden würde. Die »heidnischen« Dekorationen wurden entfernt und durch christliche Fresken, Gemälde und Skulpturen ersetzt. Am Pantheon wurden viele weitere Veränderungen vorgenommen, so wurden etwa Kapellen angebaut, vergoldete Bronzedachziegel entfernt, die Gebeine von Märtyrern im Inneren beigesetzt, eine Bleiverkleidung über der Kuppel angebracht und ein Glockenturm über der Fassade der Vorhalle gebaut, der aber später wieder entfernt wurde. Mit dem Aufkommen der Renaissance in Italien im späten 15. und 16. Jahrhundert, die sich später auch auf das übrige Europa ausbreitete, kam es zu einer Wiederentdeckung antiker Texte, Kunstwerke und Gebäude. Die Persönlichkeiten der Renaissance betrachteten die antiken Bauwerke mit Bewunderung und strebten danach, ihren Stil nachzuahmen; die Kuppel des Pantheons war eine Inspiration für

Die Plünderungen Roms

Im späteren vierten und fünften Jahrhundert wurde das Römische Reich von germanischen und hunnischen Stämmen angegriffen. Rom wurde zu einem Rückzugsgebiet, das von anderen Städten in Italien wie Ravenna und Mailand überschattet wurde. Rom wurde 410 von den Westgoten und 455 von den Vandalen geplündert. Im Jahr 476 plünderte der germanische Herrscher Odoaker (433–493) Rom und setzte sich selbst als König von Italien ein. Zwar bestand das Römische Reich im Osten als Byzanz fort, dennoch war dies das Ende des Weströmischen Reiches.

viele andere Bauwerke wie den Dom von Florenz und den Petersdom.

Trotz seines hohen Ansehens blieb das Pantheon nicht gänzlich unversehrt. Papst Urban VIII. (1568–1644) ließ die Bronzedecke des Portikus entfernen und das Metall zur Herstellung von Kanonen einschmelzen (ein Teil davon wurde auch für den großen Baldachin über dem Hauptaltar des Petersdoms verwendet). Urban fügte auch zwei Glockentürme an der Vorderseite des Pantheons hinzu, die jedoch im späteren 19. Jahrhundert abgerissen wurden. Zu dieser Zeit war Italien zum ersten Mal seit dem sechsten Jahrhundert wieder zu einem einzigen Königreich vereinigt worden. Da das Pantheon die sichtbarste Erinnerung an die glorreiche Vergangenheit Roms und Italiens war, war es nur folgerichtig, dass der erste König des neuen Königreichs Italien, Viktor Emanuel II. (1820–1878), und sein Sohn und Nachfolger, Umberto I. (1844–1900), hier begraben wurden.

Kapitel 4

Die Welt des frühen Mittelalters

Die türkischen Meerengen

Europa und Asien, das Mittelmeer und das Schwarze Meer werden durch zwei schmale Meerengen, den Bosporus und die Dardanellen, getrennt, die wiederum durch das Marmarameer miteinander verbunden sind. Besagte Meerengen waren jahrhundertelang von strategischer Bedeutung, insbesondere nachdem die große Metropole Konstantinopel, das heutige Istanbul, am Bosporus gegründet worden war.

Im siebten Jahrhundert v. Chr. gründeten griechische Kolonisten zwei Siedlungen am Bosporus: Byzanz auf der europäischen Seite und Chalkedon auf der asiatischen Seite. Die Kontrolle über Byzanz war für die Griechen während ihrer Kriege mit Persien im fünften Jahrhundert v. Chr. lebenswichtig, und die Stadt wurde zu einer bedeutenden Handelsstadt. Sie geriet unter römische Herrschaft, und im Jahr 324 wählte Kaiser Konstantin der Große sie als Standort seiner neuen kaiserlichen Hauptstadt und Residenz.

Die neue Stadt wurde im Jahr 330 als *Constantinopolis nova Roma* eingeweiht, war aber besser als Konstantinopel bekannt. Als sich das Machtzentrum des Römischen Reiches nach Osten verlagerte und seine Gebiete im Westen von einfallenden Stämmen erobert wurden, wuchs Konstantinopel in Bezug auf Größe, Reichtum und Bedeutung über Rom hinaus. Es wurde zur Hauptstadt des Byzan-

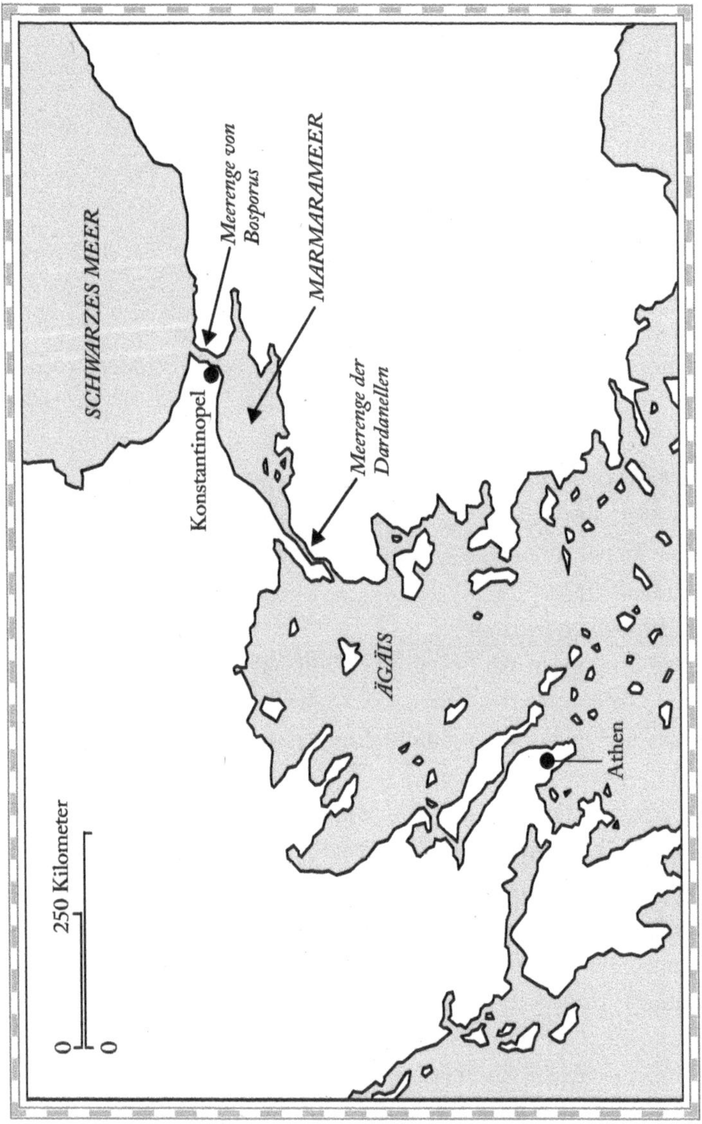

Die türkischen Meerengen um ca. 1400

tinischen Reiches. Das Byzantinische Reich stellte eine Fortsetzung der römischen Ostprovinzen dar und beherrschte auf seinem Höhepunkt im frühen sechsten Jahrhundert auch große Teile Italiens, Nordafrikas und Südspaniens.

Der Trojanische Krieg

Der Trojanische Krieg, der möglicherweise in der Mitte des 13. Jahrhunderts v. Chr. stattfand, wurde in Homers *Odyssee* und *Ilias* thematisiert, zwei der größten Werke der antiken griechischen Literatur. Im Mittelpunkt des Konflikts stand die Stadt Troja, die sich auf der asiatischen Seite der Dardanellen befunden haben könnte. Der Trojanische Krieg war somit der erste von vielen Konflikten, die entlang der türkischen Meerenge stattfanden.

Im Osten war Konstantinopel durch die Gewässer des Bosporus geschützt, aber die westlichen Zugänge waren bis zum Bau gewaltiger Festungsanlagen im frühen fünften Jahrhundert anfällig für Invasionen vom Land aus. So wurde Konstantinopel wiederholt von fremden Mächten angegriffen. Im Jahr 625 wurde ein gemeinsamer Angriff der Awaren, einer nomadischen Gruppe nördlich der Donau, die von Westen her auf dem Landweg vorrückte, und des persischen Reiches, das auf dem Seeweg eindrang, abgewehrt. Zwei Versuche der Araber, in den Jahren 677 und 717/718, wurden durch den Einsatz von Griechischem Feuer (einem Vorläufer von Napalm) gegen ihre Schiffe abgewehrt. Auch als die Rus (die aus dem heutigen Russland, der Ukraine und Weißrussland stammten) 941 vom Schwarzen Meer aus einfielen, wurden sie mit Griechischem Feuer zurückgeschlagen. Konstantinopel wurde schließlich im Jahr 1204 von einem katholischen Kreuzfahrerheer erobert, was zur Aufteilung des Byzantinischen Reiches führte. Zu diesem Zeitpunkt war die Macht des Reiches unter dem Druck der Seldschuken geschrumpft, die den größten Teil ihres Territoriums im Nahen Osten und in Anatolien eingenommen hatten. Die byzantinischen Kaiser eroberten Konstantinopel im Jahr 1261 zurück, doch ihre Macht schwand und wurde von einer neuen Macht verdrängt: dem Osmanischen Reich.

Die Osmanen waren ein muslimisches türkisches Volk, benannt nach dem Gründer ihrer Dynastie, Osman I. (gest. 1323/1324), der ein kleines Königreich in Anatolien regiert hatte. Nachdem sie die Kontrolle über ganz Anatolien erlangt hatten, dehnten die Osmanen ihre Macht über die türkischen Meerengen aus und gewannen Gebiete in Griechenland und auf dem Balkan. Es war ihnen nicht gelungen, Konstantinopel zu erobern, obwohl sie es von 1390 bis 1402 blockierten und noch einmal 1411 und 1422 belagerten. Unter Mehmed II. (1432–1481) kehrten die Osmanen ein viertes Mal mit einer gewaltigen Streitmacht von 160 000 Mann zurück, während Konstantinopel nur etwa 7000 Verteidiger aufbieten konnte. Mehmed schnitt Konstantinopel von Verstärkung und Versorgungsgütern ab, bevor er die Stadtmauern mit Geschützfeuer durchbrach und seinen Männern den Einzug in die Stadt ermöglichte. Der letzte byzantinische Kaiser, Konstantin XI. Palaiologos (1405–1453), wurde bei den Kämpfen getötet. Mehmed benannte die Stadt, die zur osmanischen Hauptstadt wurde, in Istanbul um. Als Symbol für das neue Regime wandelte er zudem die große Hagia Sophia von einer Kathedrale in eine Moschee um. In den nächsten 200 Jahren dehnte sich das Osmanische Reich weiter nach Europa, Nordafrika und in den Nahen Osten aus.

Im 19. Jahrhundert waren Größe und Einfluss des Osmanischen Reiches stark geschrumpft, und äußere Feinde sowie nationalistische Bewegungen in den Provinzen drohten, das Reich weiter zu verkleinern. Im Jahr 1908 übernahmen die Jungtürken, eine Gruppe reformorientierter Offiziere, in einer Revolution die Kontrolle über das Osmanische Reich und zwangen den Sultan, eine parlamentarische konstitutionelle Monarchie einzuführen. Sie konnten die Niederlagen im Italienisch-Türkischen Krieg (1911–1912) und im Ersten Balkankrieg (1912–1913) allerdings nicht verhindern und so verlor das Osmanische Reich noch mehr Gebiete. Um der Seemacht Griechenland (das 1832 die volle Unabhängigkeit von den Osmanen erlangt hatte) etwas entgegenzusetzen und seine Präsenz in und um die türkischen Meerengen zu festigen, hatte das Osmanische Reich zwei moderne Kriegsschiffe im Vereinigten Königreich bestellt. Diese waren zum Teil durch Volksbeiträge aus dem ganzen Reich finanziert worden, sollten aber nie Teil der osmanischen Flotte werden. Am 1. August 1914, wenige Tage nach Ausbruch des Ersten Weltkriegs, wurden die beiden Schiffe von der britischen Regierung beschlagnahmt. Dies führte zu einem öffentlichen Aufschrei im Osmanischen Reich und zwang es zu einer Annäherung an Deutschland. Am nächsten Tag unterzeichneten Deutschland und die Osmanen ein Bündnis, in dem die Deutschen militärische Unterstützung anboten und ihnen im Gegenzug die Durchfahrt durch osmanisches Gebiet erlaubt wurde. Am 10. August trafen zwei deutsche Kriegsschiffe in den Dardanellen ein; ihnen wurde die Durchfahrt durch die Meerenge gestattet und sie wurden anschließend in die osmanische Marine eingegliedert. Das Osmanische Reich trat am 29. Oktober in den Ersten Weltkrieg ein, als die beiden Schiffe russische Häfen am Schwarzen Meer angriffen. Daraufhin erklärten Russland, das Vereinigte Königreich und Frankreich den Osmanen im November den Krieg. Deutschland leistete den Osmanen umfangreiche Unterstützung, indem es ihnen Geld, Versorgungsgüter und militärisches Personal schickte. Deutsche Ingenieure errichteten neue Geschützbatterien an den Dardanellen, leistungsstarke Suchscheinwerfer zur Erkennung feindlicher Schiffe, Unterwassernetze zur Abschreckung von U-Booten und ein Funktelegrafiesystem zur Koordinierung der Verteidigungsmaßnahmen. Die Gewässer um die Dardanellen und den Bosporus wurden noch stärker vermint und abgesichert.

Im Februar und März 1915 griff eine britisch-französische Flotte die Meerenge an, in der Hoffnung, die Vorherrschaft über die Route zum Schwarzen Meer zu erlangen, um Russland leichter mit Hilfslieferungen versorgen zu können. Die Operation verlief für die Alliierten katastrophal, denn die osmanische Artillerie und die Minen richteten verheerende Schäden an. Da die Marineoperation scheiterte, starteten die Alliierten eine amphibische Invasion der Dardanellen, für die sie eine multinationale Truppe von 75 000 Mann aus Großbritannien, Neufundland, Neuseeland, Australien, Indien und Frankreich sowie aus den französischen Kolonien in Afrika aufstellten. Die erste Landung fand am 25. April statt, als die Alliierten zwei Brückenköpfe auf der europäischen Seite der Dardanellen, konkret auf der Halbinsel Gallipoli (heute Gelibolu), errichteten. In Australien und Neuseeland wird dieses Datum als Anzac Day (Akronym für Australian and New Zealand Army Corps) begangen, um an den Einsatz und die Opferbereitschaft der Soldaten beider Länder zu erinnern. In dem felsigen Gelände kam es dann zu erbitterten Grabenkämpfen; trotz der im August eintreffenden Verstärkung konnten die Alliierten nicht dauerhaft über ihre beiden Brückenköpfe hinaus vorrücken. Ende des Jahres begannen die Alliierten mit dem Rückzug aus Gallipoli und schafften es wie durch ein Wunder, ohne tödliche Verluste davonzukommen. Die letzten alliierten Soldaten verließen Gallipoli am 9. Januar 1916. Insgesamt waren 142 500 Männer in diesem Feldzug gefallen; mehr als die Hälfte von ihnen waren Türken.

Die osmanischen Streitkräfte setzten die Kämpfe auf dem Balkan, im Kaukasus und im Nahen Osten fort und führten gleichzeitig eine völkermörderische Kampagne mit Tötungen und Deportationen gegen Armenier, Griechen und Assyrer durch, die ebenfalls staatlicher Gewalt ausgesetzt waren. Die Osmanen unterzeichneten schließlich am 30. Oktober 1918 einen Waffenstillstand und erklärten sich bereit, den Alliierten den Zugang durch die Meerenge zu gestatten. Am 13. November fuhren 42 alliierte Schiffe durch die Dardanellen nach Istanbul, das daraufhin besetzt wurde. 1920 unterzeichnete das Osmanische Reich den Vertrag von Sèvres, der die Unabhängigkeit seiner nicht türkischen Gebiete festschrieb. Die alliierten Truppen blieben in Istanbul, und die Meerenge wurde einer internationalen Kommission unterstellt, der das Osmanische Reich nur beitreten konnte, wenn es in den Völkerbund aufgenommen wurde. Als Reaktion auf diese Bedingungen führte der Offizier Mustafa Kemal (1881–1938) einen bewaffneten nationalistischen Aufstand an, der Sèvres ablehnte. Dieser türkische Unabhängigkeitskrieg führte zum Sturz des Osmanischen Reiches und zur Ausrufung der Türkischen Republik im Jahr 1923. Ihre Grenzen wurden von den Alliierten im Rahmen des Vertrags von Lausanne anerkannt, in dem auch erklärt wurde, dass die Meerenge eine internationale Zone sein würde, die von einer Kommission unter dem

Vorsitz eines Türken verwaltet würde – außerdem wurde sie bis auf eine kleine Garnison in Istanbul entmilitarisiert.

Kemal wurde Staatspräsident und amtierte bis zu seinem Tod 1938. Er verabschiedete eine Reihe von Modernisierungsreformen und erhielt später den Beinamen Atatürk, was »Vater der Türken« bedeutet. Er leitete das Übereinkommen von Mon-

Der Meerengenvertrag

Obwohl das Osmanische Reich im 19. Jahrhundert unterging, behielt es die Kontrolle über die strategisch wichtigen türkischen Meerengen. Im Jahr 1833 unterzeichneten die Osmanen jedoch den Vertrag von Hünkâr Iskelesi mit Russland, in dem sie sich bereit erklärten, die Meerenge für ausländische Kriegsschiffe zu sperren, falls die Russen dies verlangten. Die Möglichkeit, dass Russland die Route vom Schwarzen Meer zum Mittelmeer dominieren könnte, beunruhigte andere Großmächte und führte 1841 zum Londoner Übereinkommen über die Meerenge. Diese Konvention stellte die osmanische Macht wieder her, indem sie die Meerenge in Friedenszeiten für alle ausländischen Militärschiffe sperrte und nur ihren Verbündeten erlaubte, sie in Kriegszeiten zu benutzen.

treux über die Regelung der Meerenge von 1936. Damit erhielt die Türkei die volle Kontrolle über die Meerenge, konnte sie remilitarisieren und garantierte allen Handelsschiffen aus Ländern, die sich nicht im Krieg mit der Türkei befanden, ungehinderten Zugang. Dieses Abkommen ist weiterhin maßgebend für die türkischen Meerengen, die noch immer zu den wichtigsten Seewegen der Welt gehören.

Die Kirche der Heiligen Maria von Zion

Das Aksumitische Reich, das seinen Ursprung im heutigen Äthiopien hat, war eine der größten mittelalterlichen Mächte in Afrika. Es war der angebliche Hüter der Bundeslade, einer Reliquie, die sowohl den Juden als auch den Christen heilig ist und die in der Kirche St. Maria von Zion aufbewahrt wurde.

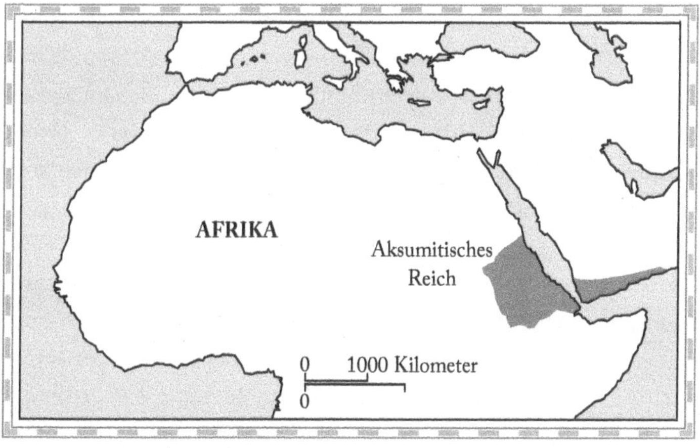

Aksumitisches Reich, Mitte des sechsten Jahrhunderts n.Chr.

Im zehnten Jahrhundert v. Chr. soll die fast schon mythische Königin von Saba nach Jerusalem gereist sein, wo sie König Salomon traf und ihn mit ihren wundervollen Gaben und ihrem Intellekt beeindruckte, bevor sie zum Judentum konvertierte und nach Hause zurückkehrte. Äthiopischen Quellen zufolge hieß sie Makeda, stammte aus Äthiopien und hatte mit Salomon einen Sohn namens Menelik. Als junger Erwachsener reiste dieser nach Jerusalem, um seinen Vater zu treffen, bevor er nach Hause zurückkehrte, um Äthiopien zu regieren und eine Dynastie zu gründen, die fast drei Jahrtausende lang Bestand hatte. Es wird behauptet, dass Menelik die Bundeslade mitbrachte, eine goldbedeckte Holztruhe, die die Steintafeln mit den Zehn Geboten enthielt.

Aksum liegt im Hochland von Tigray im Norden Äthiopiens. Einst war es das Zentrum eines Königreichs, das im zweiten und dritten Jahrhundert zu großer Bedeutung gelangte. Eine der Voraussetzungen für das Wachstum war der Handel; aksumitische Kaufleute knüpften Verbindungen zur griechisch-römischen Welt und zu so weit entfernten Orten wie Indien. Sie beherrschten damit die Handelsrouten, die Waren aus dem Inneren Afrikas zu ihren Häfen am Roten Meer brachten. Die Könige von Aksum, die sich darauf beriefen, von Menelik abzustammen, nahmen während der Herrschaft von Ezana ab dem Jahr 325 das Christentum an. Ezana (gest. ca. 360) war von einem syrischen Christen namens Frumentius (gest. ca. 383) erzogen worden, einem freigelassenen Sklaven, der in der Gunst des Hofes gestiegen war und seinen Glauben verbreiten durfte. Frumentius reiste daraufhin in den Norden nach Alexandria, um den Patriarchen zu treffen, der ihn zum Bischof ernannte. Er kehrte nach Aksum zurück, wo er Ezana taufte. Äthiopien war damit das zweite Land, das das Christentum zur Staatsreligion erhob – nach Armenien, das dies im Jahr 301 getan hatte. Die äthiopisch-orthodoxe Kirche behielt ihre eigenen Traditionen bei und unterschied sich stark vom Katholizismus, zumal sie die päpstliche Oberhoheit nicht anerkannte. Die äthiopische Bevölkerung wurde christianisiert, als Missionare den Glauben im ganzen Land verbreiteten. Da Frumentius seinen Bischofssitz in der Stadt Aksum eingerichtet hatte, wurde dort eine Kathedrale gebaut, die Kirche der Heiligen Maria von Zion. Es handelte sich um ein 595 Quadratmeter großes Gebäude im Zentrum eines ummauerten Komplexes, in dem die Bundeslade aufbewahrt worden sein soll.

Mitte des sechsten Jahrhunderts hatte Aksum seine Grenzen über das heutige Äthiopien und Eritrea hinaus ausgedehnt und beherrschte Teile im südlichen arabischen Raum, im Sudan, in Ägypten, in Dschibuti und in Somalia. Im siebten und achten Jahrhundert schwand jedoch die Macht der aksumitischen Könige, als das islamische Kalifat in ihr Gebiet eindrang, ihre Ländereien im arabischen Raum eroberte und ihre Handelswege unterbrach. Die Stadt Aksum verlor an Wohlstand, blieb jedoch dank der Kathedrale ein wichtiges religiöses Zentrum. In der Mitte des zehnten Jahrhunderts griff eine fremde, möglicherweise jüdische Königin namens Gudit Aksum an, zerstörte die Kirche St. Maria von Zion und beendete damit das Aksumitische Reich. Erst 1137 erlangte eine andere Dynastie, die Zagwe, die Kontrolle über Äthiopien. Im Jahr 1270 wurde der letzte Zagwe-König jedoch von einem Prinzen gestürzt, der behauptete, von den Königen von Aksum und damit von Salomon und der Königin von Saba abzustammen, woraufhin das Äthiopische Reich entstand. Die wiederaufgebaute Kirche St. Maria von Zion wurde zum traditionellen Krönungsort der äthiopischen Herrscher.

Für die Europäer blieb Äthiopien ein Land voller Geheimnisse: Im Mittelalter glaubten einige, dass dort der reiche und mächtige

»Priesterkönig Johannes« lebe. Selbst als portugiesische Entdecker und Händler im späten 15. Jahrhundert in Äthiopien eintrafen, brachten viele den äthiopischen Kaiser immer noch mit dem sagenumwobenen verlorenen Monarchen in Verbindung. Im Jahr 1529 wurde das äthiopische Reich vom Adal-Sultanat überfallen, einem muslimischen Staat im heutigen Somalia. Sein Anführer, Ahmad ibn Ibrahim (ca. 1506–1543), besetzte und annektierte den größten Teil des Landes, griff Aksum an und verbrannte die Kirche St. Maria von Zion. Erst 1543 gelang es den äthiopischen Kaisern, die Kontrolle über ihr Land zurückzugewinnen, als sie Ahmad in einer Schlacht besiegten und töteten. Im Zuge dessen verbündeten sie sich mit Portugal, das wiederum seine Interessen in der Region schützen wollte. 1563 feierte Kaiser Sarsa Dengel (1550–1597) seine Krönung in Aksum und baute anschließend eine kleine Kirche in den Ruinen der Kirche St. Maria von Zion. Sie wurde 1611 von den Oromo zerstört, die aus ihrem Heimatland im heutigen Südäthiopien und Nordkenia eingedrungen waren. Die Oromo destabilisierten die Position der äthiopischen Kaiser, die auch zunehmend von jesuitischen Missionaren beeinflusst wurden. Dies gipfelte darin, dass Kaiser Sissinios I. (1572–1632) im Jahr 1622 den Katholizismus zur Staatsreligion erklärte – eine höchst unpopuläre Entscheidung, die ihn mit seinen Untertanen in Konflikt brachte. Nach Unruhen war er 1632 gezwungen, zugunsten seines Sohnes Fasilides (1603–1667) abzudanken, der die äthiopische Orthodoxie wiederherstellte. Fasilides leitete auch den Bau der heutigen St. Maria von Zion, die viele portugiesische und indische Einflüsse aufweist und 1665 fertiggestellt wurde.

Das äthiopische Reich bewahrte seine Unabhängigkeit, als die europäischen Staaten im späten 19. und frühen 20. Jahrhundert den Rest Afrikas unter sich aufteilten. Unter dem Einfluss von Kaiser

Haile Selassie I. (1892–1975), der 1930 den Thron bestieg, nachdem er die vorangegangenen 15 Jahre als Regent gedient hatte, wurde Äthiopien modernisiert: Die Sklaverei wurde abgeschafft, die Infrastruktur wurde verbessert und das Land wurde Mitglied des Völkerbundes. Im Jahr 1935 marschierte Italien in Äthiopien ein. Mit Panzern, Flugzeugen und Giftgas bewaffnet, besiegten die Truppen innerhalb von zwei Jahren die äthiopischen Streitkräfte und annektierten das Land. Haile Selassie reiste nach Genf, um an den Völkerbund zu appellieren, doch dieser unternahm nichts, um die Souveränität eines seiner Mitgliedsstaaten zu schützen. Da sein Land unter feindlicher Besatzung stand, ging Haile Selassie ins Exil nach England. Er kehrte 1941 an der Spitze einer alliierten Armee nach Hause zurück, als Äthiopien als erstes Land von der Kontrolle der Achsenmächte befreit wurde. Haile Selassie setzte seine Herrschaft fort und errichtete 1965 eine neue, moderne Kathedrale mit einer Betonkuppel in Aksum in der Nähe des Standorts der ursprünglichen St. Maria von Zion. Haile Selassie wurde 1974 von der kommunistischen Militärdiktatur Derg gestürzt, die Äthiopien bis 1987 regierte. Aksum ist heute ein kleines Bezirkszentrum und nicht einmal eine Provinzhauptstadt, obwohl die Äthiopisch-Orthodoxe Kirche immer noch behauptet, es sei der wahre Aufenthaltsort der Bundeslade.

Die Höhle von Hira

Der Jabal al-Nour ist ein Berg im Westen Saudi-Arabiens am Rande von Mekka. An seinen Hängen befindet sich die Höhle von Hira, in der der Prophet Mohammed (ca. 570–632) eine göttliche Offenbarung erhielt, die ihn zur Gründung eines neuen Glaubens inspirieren sollte.

In Mekka befindet sich die Kaaba, ein würfelförmiges Gebäude, das angeblich von Abraham und seinem Sohn Ismael erbaut wurde und in dem ein heiliger schwarzer Stein aufbewahrt wurde, der heidnische Götzen enthielt und ein Pilgerzentrum für die polytheistischen Bewohner der Region war. Im sechsten Jahrhundert wurde Mekka vom Handelsstamm der Quraisch beherrscht, der die Stadt zu einem wichtigen Handelszentrum machte.

Mohammed, geboren um das Jahr 570, gehörte den Quraisch an. Im Alter von sechs Jahren verwaist, wurde er von seinem Onkel aufgezogen und arbeitete als Kaufmann. Mit Mitte zwanzig heiratete Mohammed Khadija (555–620), eine erfolgreiche Händlerin, die ihn angeheuert hatte, eine Karawane nach Syrien zu führen. Mit zunehmendem Alter zog sich Mohammed aus Mekka zurück, um in den Sirat-Bergen, die die Stadt umgeben, lange Zeit in Einsamkeit zu verbringen. Um 610 meditierte Mohammed in der Höhle von Hira, einer kleinen natürlichen Kammer im Jabal al-Nour (»Berg des Lichts«). In der sogenannten Nacht der Macht erschien ihm der Engel Gabriel und offenbarte ihm die ersten Verse des Korans; den Rest des heiligen Buches offenbarte er seinen Anhängern nach und nach bis zu seinem Todesjahr. Zunächst befürchtete Mohammed, dass er besessen sein könnte, wurde aber von Khadija beruhigt. Mohammed zog sich weiterhin in die Berge zurück, um zu spirituellen Erkenntnissen zu gelangen, und verbrachte oft mehrere Tage in der Höhle von Hira. Nach und nach bildeten sich die Glaubensvorstellungen heraus, die die Religion des Islam ausmachten. Zunächst sprach Mohammed nur im engsten Familienkreis über seine neue Offenbarung, doch nach drei Jahren begann er öffentlich zu predigen und gewann Anhänger in der Bevölkerung von Mekka. Der Reichtum von Khadija, die 620 starb, war in den Anfangsjahren des Islams eine wichtige Stütze für ihn.

Als Mohammed predigte, dass es keinen Gott außer Allah gibt, geriet er in Konflikt mit den heidnischen Herrschern von Mekka. Die kleine Gruppe von Muslimen wurde Opfer von Gewalt, und schließlich wurde die Situation so feindselig, dass Mohammed und seine Anhänger im Jahr 622 über 480 Kilometer nach Norden zogen und in der Stadt Medina Zuflucht suchten. Dort gewann Mohammed weiterhin Anhänger. Im Jahr 624 brach nach einigen Überfällen auf ihre Karawanen ein Krieg zwischen den Muslimen und Mekka aus. Nach sechs Jahren zwang Mohammed Mekka zu einem Friedensschluss, bevor er die Kontrolle über den größten Teil der arabischen Länder erlangte. Im Jahr 632 führte Mohammed die berühmte Abschiedswallfahrt nach Mekka an. Sie endete an der Kaaba, die, von Götzenbildern befreit, zur *Qibla* erklärt wurde – der Richtung, in die die Muslime beim Gebet schauen sollten. Dies begründete die Tradition der *Hadsch*, der Pilgerfahrt nach Mekka, die alle gläubigen Muslime unternehmen sollten. Mohammed starb ein paar Wochen später in Medina.

Mohammed hatte keine Söhne hinterlassen und nicht geklärt, wer den Islam nach seinem Tod führen sollte. Einer seiner engsten Berater, Abu Bakr (ca. 573–634), wurde zum ersten Kalifen (»Stellvertreter«) ernannt. Im weiteren Verlauf des siebten Jahrhunderts wuchs die Macht des Kalifats stetig; zunächst dehnte es sich auf Syrien und den Irak aus, bevor es gegen das byzantinische und das sasanidische Reich kämpfte und Gebiete in Persien, dem Kaukasus, Anatolien und Nordafrika eroberte. Im Jahr 661 gewannen die Umayyaden, ein mächtiger Clan aus Mekka, die Kontrolle über das Kalifat. Die Umayyaden führten eine erbliche Herrschaft ein und errichteten ihre Hauptstadt in Damaskus, Syrien. Die Spaltung des Islams in seine beiden Hauptzweige, die Sunniten und die Schiiten, lässt sich auf diese Zeit und die Debatte über die Nachfolge Mohammeds zurückführen. Im Jahr 656 war Mohammeds Vetter und Schwiegersohn Ali

(601–661) Kalif geworden, hatte aber Schwierigkeiten, seine Autorität durchzusetzen. Er wurde schließlich von einem politischen Gegner in Kufa im Irak ermordet. Sein Nachfolger war sein Rivale Muawiyya (ca. 602–680), der Gründer der Umayyaden-Dynastie. Ali hinterließ zwei Söhne, Hassan (624–670) und Hussein (626–680), die sich friedlich nach Medina zurückziehen durften. Hassan starb dort im Jahr 670, aber im Jahr 680 luden Gegner der Umayyaden in Kufa Hussein ein, eine Rebellion gegen sie anzuführen. Hussein ritt mit seiner Familie und seinen Anhängern nach Norden in den Irak, wurde jedoch von einer größeren Streitmacht der Umayyaden abgefangen. Er weigerte sich, sich zu ergeben, und wurde zusammen mit den meisten seiner Anhänger hingerichtet. Der Ort, an dem Hussein starb, wurde zu einem Heiligtum, und die Pilger, die er anlockte, führten dazu, dass der Ort zur Stadt Karbala heranwuchs. Im Verlauf des siebten und achten Jahrhunderts kam es zu weiteren Aufständen gegen die Umayyaden durch diejenigen, die glaubten, dass nur Alis Nachkommen den Islam führen sollten. Dies führte zu einer ideologischen Spaltung, in deren Verlauf die Schiiten (arabisch für »Partei Alis«) ihre eigenen Praktiken und Glaubensvorstellungen entwickelten. Heute machen die Schiiten über 10 Prozent der Muslime weltweit aus.

Trotz dieser internen Kämpfe wuchs das Kalifat weiter. Im achten Jahrhundert überquerten die Umayyaden nach der Eroberung des größten Teils Nordafrikas die Straße von Gibraltar und eroberten einen Großteil der Iberischen Halbinsel. Im Jahr 750 stürzte die Familie der Abbasiden, die von Mohammeds Onkel abstammte, die Umayyaden und beanspruchte die Kontrolle über das Kalifat. Um ihr Reich zu regieren, errichteten sie eine neue Hauptstadt namens Bagdad an der Stelle eines kleinen persischen Dorfes, das am Ufer des Tigris nördlich der antiken Metropole Babylon lag.

Um das Dorf herum wuchs Bagdad zu einer der größten, reichsten und kulturell bedeutendsten Städte der Welt heran. Die Autorität der Abbasiden schwand infolge ausländischer Invasionen und interner Unruhen immer mehr, bis schließlich das Mongolenreich in Mesopotamien einfiel und Bagdad 1258 plünderte.

Das Haus der Weisheit

Das Herz von Bagdad war die Madinat al-Salam, die »Stadt des Friedens«, die den abbasidischen Hof und die Bürokratie beherbergte. Die Abbasiden gründeten dort auch das Haus der Weisheit, ein Zentrum der Gelehrsamkeit, in dem Gelehrte wichtige Entdeckungen machten, neue Ideen aus Indien verbreiteten (etwa das indische Zahlensystem) und klassische griechische und lateinische Texte bewahrten, indem sie sie ins Arabische übersetzten. Im Jahr 1258 wurde Bagdad von den Mongolen geplündert, blieb aber eine wichtige Stadt und wurde 1920 zur Hauptstadt des neuen Staates Irak.

Trotz der religiösen Bedeutung Mekkas lag die politische Macht in der muslimischen Welt in anderen Städten, so etwa Medina, Damaskus, Bagdad, Kairo und Istanbul. Mekka, einst ein blühendes Handelszentrum, war auf die Pilger angewiesen, die dorthin reisten der Wikinger. Im zehnten Jahrhundert wurde die Stadt von den Scharifs von Mekka regiert, den direkten Nachfahren Mohammeds. Sie übten dieses Amt auch noch aus, nachdem das Osmanische Reich im 16. Jahrhundert die Kontrolle über die arabischen Länder übernommen hatte. Während des Ersten Weltkriegs verbündete sich der Scharif mit den Briten, um die arabische Revolte gegen die Osmanen anzuführen. Seine Hoffnungen, sich als Herrscher eines ausgedehnten arabischen Staates im Nahen Osten zu etablieren, wurden jedoch enttäuscht, und 1925 verdrängte das aus Zentralarabien stammende Haus Saud die Scharifs und eroberte Mekka. Die Sauds wurden die Herrscherfamilie des 1932 gegründeten Königreichs Saudi-Arabien. Mithilfe der Einnahmen aus ihren Erdölvorkommen haben sie in Mekka kräftig investiert und umfangreiche Bau- und Renovierungsarbeiten durchgeführt. Die Höhle von Hira ist noch genauso erhalten wie zur Zeit des Propheten und stellt eine Verbindung zum Gründungsmoment des Islam her.

THINGVELLIR

In den germanischen und nordischen Kulturen trafen sich die freien Männer häufig, um Streitigkeiten zu schlichten und Entscheidungen zu treffen. Diese Zusammenkünfte, »Things« genannt, entwickelten sich zu Gremien, die wiederum zu Volksversammlungen wurden. Das Älteste dieser Gremien ist das isländische Althing, das auf einer Ebene im Süden der Insel tagte und als Thingvellir bekannt wurde.

Die Wikinger stammten ursprünglich aus Skandinavien und überfielen ab dem späten achten Jahrhundert die europäischen Küstengebiete. In den folgenden drei Jahrhunderten waren ihre Langschiffe auf dem ganzen Kontinent gefürchtet. Sie knüpften

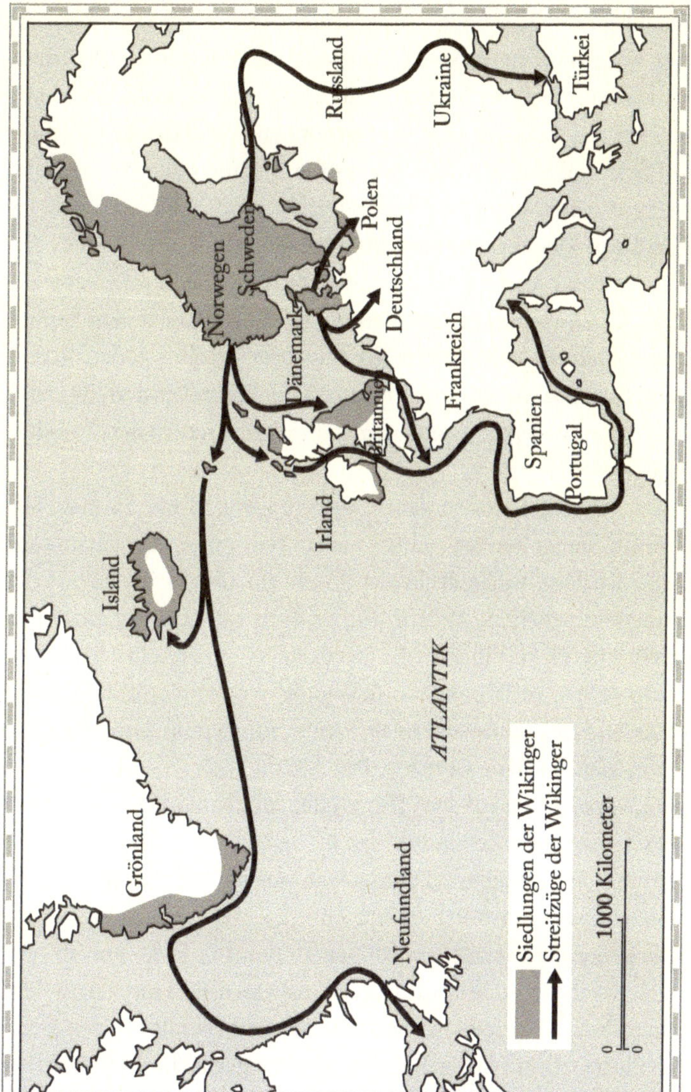

Ausbreitung der Wikinger, achtes bis zehntes Jahrhundert n. Chr.

Handelsbeziehungen bis in den Nahen Osten und nach Nordafrika und wanderten in andere Länder ein, insbesondere nach Britannien, Irland und in die Normandie. Als geschickte Seefahrer entdeckten die Wikinger neue Länder und kolonisierten Inseln in der Nordsee und im Atlantik. Ihre größte Kolonie bildete Island, das bis zum späten neunten Jahrhundert unbewohnt blieb, obwohl bereits zuvor kleine Gemeinschaften irischer Mönche und Einsiedler auf der Insel lebten und der griechische Entdecker Pytheas von Massalia im vierten Jahrhundert v. Chr. dort gelandet sein könnte. Um das Jahr 867 unternahm der Norweger Ingólfur Arnarson eine Reise nach Island; er kehrte 870 zurück und gründete dort die ersten Streifzüge der Wikingersiedlung, der sich mehrere andere Familien anschlossen.

Das Althing wurde im Jahr 930 gegründet und war die erste Einrichtung, deren Rechtsprechung sich auf ein ganzes Land erstreckte. Seine Existenz war entscheidend, um ein Gefühl der nationalen Einheit zu schaffen. Zudem trug es dazu bei, eine regionale Zersplitterung zu verhindern. Es ermöglichte ein gemeinschaftliches, landesweites Verfahren zur Beilegung von Streitigkeiten, wobei Gremien von Hausbesitzern als Richter fungierten; darüber hinaus gab es vier regionale Gerichte. Das Althing tagte jedes Jahr im Juni zwei Wochen lang auf dem Thingvellir, der »Thing-Ebene«. Das war eine der wenigen Zeiten im Jahr, in denen es genügend Tageslicht gab und das Wetter mild genug war, um die Versammlung abzuhalten. Alles fand unter freiem Himmel statt; die meisten Leute schlugen Zelte auf oder errichteten Hütten aus Torf, denn die einzigen festen Gebäude in der Umgebung waren zwei Kirchen und ein Bauernhof. Außerdem gab es Hausierer und Händler an den Ufern des Flusses Öxará (»Axt«), der durch Thingvellir floss. Obwohl die Teilnahme an den Versammlungen allen freien Männern gestattet war, wurden die gesetzgebenden Entscheidungen den lokalen Anführern, den sogenannten *godard*, überlassen, deren Zahl ab dem Jahr 965 auf 39 Männer begrenzt war. Sie bildeten die Mehrheit im Gesetzgebungsrat, der sogenannten *lögrétta*, die über Rechtsfragen debattierte und abstimmte sowie Verträge mit anderen Nationen abschloss. Die Teilnehmer saßen auf Bänken in drei konzentrischen Kreisen, wobei die Anführer in der Mitte saßen, damit sie von ihren Beratern flankiert werden konnten. In diesem System war keine einzelne Person mit der Exekutivgewalt ausgestattet. Der wichtigste und prestigeträchtigste Amtsträger war der Gesetzessprecher, der sogenannte *lögsögumadr*, der für eine dreijährige Amtszeit zum Vor-

Grönland und Vinland

Im zehnten Jahrhundert drangen die Wikinger über Island hinaus und besiedelten Südgrönland. Um das Jahr 1000 segelten die Wikinger weiter nach Westen und landeten in einer Region, die sie Vinland nannten. Sie waren damit die ersten Europäer, die auf dem amerikanischen Kontinent landeten. Der genaue Ort ihrer Landung ist nicht bekannt, aber wahrscheinlich lag er irgendwo am Sankt-Lorenz-Golf im heutigen Ostkanada. Spätere Versuche, in Vinland Wikingerkolonien zu gründen, wurden nach Scharmützeln mit der indigenen Bevölkerung aufgegeben

sitzenden des Gesetzgebungsrates gewählt wurde. Er hatte die Aufgabe, den Gesetzesrat zu beraten und die von ihm verabschiedeten neuen Gesetze zu verkünden. Jedes Jahr musste er ein Drittel der isländischen Gesetze öffentlich auf einem Felsen namens *Lögberg*, dem »Gesetzesfelsen« auswendig vortragen.

Im späteren zehnten Jahrhundert begann der christliche König von Norwegen, Missionare nach Island zu schicken. In Island angekommen, wurden sie angefeindet, woraufhin der norwegische König drohte, die Handelsbeziehungen zu Island abzubrechen. Als das Althing im Jahr 1000 zusammentrat, diskutierten seine Mitglieder darüber, ob Island den traditionellen heidnischen Glauben beibehalten oder zum Christentum übertreten sollte. Da weder Island noch Norwegen bereit waren, sich zu beugen, beschloss man, die Angelegenheit in die Hände des Gesetzessprechers Thorgeir Ljosvetningagodi (geb. um 940) zu legen. Obwohl dieser ein heidnischer Priester war, entschied er, dass Island das Christentum annehmen müsse, um seine Zukunft zu sichern. Seine Entscheidung wurde beherzigt, und Island trat zum Christentum über. Während des 13. Jahrhunderts brach in Island ein Bürgerkrieg zwischen rivalisierenden Anführern aus. Um Frieden zu finden, stimmte Island ab 1262 zu, sich Norwegen anzuschließen. Gemäß dem vom Althing beschlossenen Unionsvertrag wurde das isländische Volk Untertan der norwegischen Krone und zahlte Steuern an diese. Im Jahr 1397 schloss sich Norwegen mit Schweden und Dänemark zur Kalmarer Union zusammen. Schweden trat 1523 aus der Union aus, wodurch Island Teil von Dänemark-Norwegen wurde. Im Jahr 1662 erklärte der isländische König Friedrich III. (1609–1670) im Rahmen seiner Bestrebungen, absoluter Monarch zu werden, dass er die alleinige Befugnis habe, Gesetze für Island zu erlassen. Das Althing wurde zwar nicht abgeschafft, aber sein Einfluss nahm ab, da es zu einem Berufungsgericht verkam, an dem nur noch einige wenige lokale Bauern teilnahmen. Ab den 1690er-Jahren tagte der Rechtsrat in einem kleinen Zelthaus, bevor er in der zweiten Hälfte des 18. Jahrhunderts in ein undichtes und zugiges Holzgebäude umzog. Die letzte Sitzung des Althing in Thingvellir wurde 1798 abgehalten, und 1800 wurde es abgeschafft. Im Jahr 1814 wurde die dänisch-norwegische Union aufgelöst, und Dänemark erhielt Island zugesprochen. Im Jahr 1844 wurde das Althing in Reykjavik als beratendes Gremium, das die dänische Krone beriet, wieder ins Leben gerufen. Nachdem Island 1874 eine begrenzte Selbstverwaltung erlangt hatte, erhielt das Althing die Befugnis, Gesetze zu innenpolitischen Fragen zu erlassen. Im Jahr 1881 zog es in sein heutiges Gebäude, das Althingishusid, um. Es sollte bis 1918 dauern, bis Island die volle Unabhängigkeit erlangte, was bedeutete, dass das Althing wieder als echtes nationales Parlament fungierte.* Das letzte Mal trat das Althing am 17. Juni 1944 in Thingvellir zusammen, als Island sich zur Republik erklärte.

GROSS-SIMBABWE

Um das Jahr 1000 hatten sich die Bantu-Völker in ganz Afrika südlich der Sahara niedergelassen und viele regionale Gemeinwesen gegründet. Einer der größten und mächtigsten Staaten war das Königreich Simbabwe, dessen Hauptstadt, bekannt als Groß-Simbabwe, zwischen dem elften und 15. Jahrhundert ihre Blütezeit erlebte.

Die Bantu entstanden um 2000 v. Chr. in Westafrika und breiteten sich in den folgenden 3000 Jahren über den gesamten Kontinent südlich der Sahara aus. Dabei verdrängten oder vereinnahmten sie Jäger- und Sammlervölker und führten in den von ihnen besiedelten

---

* Anm. d. Red.: Im Jahr 1920 wurden zum ersten Mal Frauen beim Althing zugelassen. Island war damit Vorreiter in punkto Geschlechtergleichstellung.

Gebieten Landwirtschaft und Eisenverarbeitung ein. Da sie über ein so großes Gebiet wanderten, entwickelten die Bantu eine Vielzahl unterschiedlicher Kulturen und Staatswesen.

Eine der größten Bantu-Gruppen waren die Shona, die sich im südlichen Afrika niederließen und das Königreich Simbabwe gründeten, das schließlich durch Eroberung ein Gebiet von rund 2500 Quadratkilometern beherrschte. Simbabwe ist ein Shona-Wort, das eine Zusammenziehung von *dzimba dza mabwe* (»Haus aus Stein«) oder *dzimba woye* (»verehrte oder respektierte Häuser«) ist. Die Hauptstadt des Königreichs Simbabwe lag im heutigen Südosten Simbabwes, in der Nähe der heutigen Stadt Masvingo. Sie wurde Groß-Simbabwe genannt und ist heute die größte von etwa 150 Ruinenstädten im gleichen Stil, die in der Region existieren. Sie wurde um das Jahr 1000 erbaut und war zunächst recht bescheiden und von begrenzter Größe. In der Zeit zwischen 1300 und 1450 jedoch erreichten der Wohlstand und die Macht der Herrscher ihren Höhepunkt, was zu zahlreichen neuen Bauten führte, die das Gelände auf etwa 800 000 Quadratmeter ausdehnten. Zu dieser Zeit dürfte die Bevölkerung von Groß-Simbabwe und den umliegenden Siedlungen zwischen 10 000 und 20 000 Menschen betragen haben.

Groß-Simbabwe ist in drei Hauptbereiche unterteilt: den Hügelkomplex, die große Anlage und die dazwischenliegenden Talruinen. Der Hügelkomplex, der älteste Teil der Stätte, liegt auf einem steilen Hügel und war wahrscheinlich das religiöse Zentrum der Stadt. Er enthält sechs mit Vögeln gekrönte Pfähle, die möglicherweise für Rituale verwendet wurden, und war auch die Begräbnisstätte der erblichen Herrscher von Simbabwe und möglicherweise zunächst ihre Residenz. Südlich davon befindet sich die im 14. Jahrhundert errichtete Große Einfriedung. Es ist eines der größten erhaltenen vorkolonialen Bauwerke in Afrika südlich der Sahara mit einer über

244 Meter langen Außenmauer, die teilweise aus riesigen Granitblöcken besteht. Die Mauern dienten nicht der Verteidigung, da sie weder das Gelände umschlossen noch viele militärische Merkmale aufwiesen. Vielmehr waren sie durch ihre massive Größe Ausdruck der Macht der Stadt. Eines der wichtigsten Bauwerke in diesem Bereich ist der 10 Meter hohe »konische Turm«, der möglicherweise ein symbolischer Getreidespeicher war und die Großzügigkeit des Königs gegenüber seinen Untertanen zum Ausdruck brachte. Innerhalb der Großen Einfriedung befanden sich auch die Residenzen des Königs und seiner nächsten Angehörigen. Sie lebten

Das Königreich Kongo

Das größte Reich der Bantu war das Königreich Kongo, das um das Jahr 1390 gegründet wurde und einen Großteil des westlichen Zentralafrikas beherrschte. Im Jahr 1483 nahm Portugal kommerzielle und diplomatische Beziehungen zum Kongo auf und tauschte Industriegüter gegen Kupfer, Elfenbein und Sklaven. Im Laufe des 17. und 18. Jahrhunderts ging die Macht des Kongo aufgrund von Konflikten mit Portugal und Bürgerkriegen zurück. Im Jahr 1857 wurde der Kongo zum portugiesischen Vasallen; 1914 wurde die Monarchie abgeschafft und die verbleibenden Gebiete wurden Teil des portugiesischen Kolonialreichs.

in ummauerten Bereichen, die zwei gemauerte Behausungen und einen Küchenbereich enthielten. Schließlich gab es noch den Tal-Komplex, der höchstwahrscheinlich mit dem Wachstum der Stadt entstanden war. Er enthielt hauptsächlich Wohnhäuser, in denen die Großfamilie des Königs, Beamte und andere Bürger der Stadt lebten. Neben den Wohnhäusern wurde in Groß-Simbabwe auch produziert, und es gibt Belege für die Herstellung von Töpferwaren und das Schmelzen von Metall.

Die Hauptquelle des Reichtums und der Macht des Königreichs Simbabwe war zunächst die Viehzucht. Dementsprechend wurde als Standort Groß-Simbabwe gewählt: Es lag auf einer Hochebene im Landesinneren, die ein gemäßigtes Klima und hervorragendes Land für Ackerbau und Weiden bot. Die Region um die Stadt war jedoch reich an Gold, das sich zu einem wichtigen Handelsgut entwickeln sollte. Im 14. Jahrhundert tauschte Simbabwe Waren, insbesondere Gold und Elfenbein, mit den Küstenstädten Ostafrikas aus. Dadurch gelangten Gegenstände wie Glasperlen, Salz, Kaurimuscheln und Messingdraht in die Hauptstadt. Außerdem wurden dort Scherben chinesischer und persischer Keramik gefunden, was darauf hindeutet, dass die Stadt Teil eines blühenden Fernhandelsnetzes mit Asien war.

Trotz seines Reichtums wurde Groß-Simbabwe um das Jahr 1500 aufgegeben, und die Einwohner zogen nach Süden. Dies lag wahrscheinlich daran, dass das Land um die Stadt herum den Bedarf an Nahrungsmitteln nicht mehr decken konnte. Der Einfluss des Königreichs Simbabwe nahm rasch ab, da andere Mächte in der Region aufstiegen und es verdrängten. Obwohl portugiesische Händler, die im frühen 16. Jahrhundert in die Region kamen, von Groß-Simbabwe wussten, wurden die Ruinen erst im 19. Jahrhundert von europäischen Forschern besucht. Einige von ihnen vermuteten, dass es sich um die mythischen Minen von König Salomon oder die Hauptstadt der Königin von Saba handelte, oder dass sie von einer fremden Zivilisation wie Griechenland, Ägypten oder Phönizien erbaut worden war. In den 1890er-Jahren fiel das ehemalige Gebiet des Königreichs Simbabwe unter britische Kolonialherrschaft und wurde nach dem britischen Geschäftsmann, Politiker und Imperialisten Cecil Rhodes (1853–1902) Südrhodesien genannt. Das Land erklärte 1965 als Rhodesien seine Unabhängigkeit, und die weiße Minderheit regierte bis zum Jahr 1980. Die Nation wurde in Simbabwe umbenannt, nach dem alten Shona-Königreich, das zu einem wichtigen Symbol für die schwarzen Nationalisten geworden war, die für die Mehrheitsherrschaft gekämpft hatten. Groß-Simbabwe spielt für die Identität der Nation eine große Rolle: Es wurde zum nationalen Denkmal erklärt und 1986 zum Weltkulturerbe ernannt, und die in den Ruinen gefundenen Specksteinfiguren von Vögeln wurden in die Nationalflagge, das Wappen und die Banknoten aufgenommen.

Die Universität von Timbuktu

Timbuktu ist in der westlichen Vorstellungswelt zu einem Synonym für ferne Exotik geworden, aber in Wirklichkeit war es jahrhundertelang ein blühendes Zentrum des Wissens und des Handels und der wichtigste »Hafen« am großen Wüstenmeer der Sahara.

Die Sahara, die größte Wüste der Welt, erstreckt sich über 7,8 Millionen Quadratkilometer in Afrika. Im Norden grenzt sie an die Mittelmeerküste des Kontinents und im Süden an die halbtrockene Sahelzone, die in eine tropische Savanne übergeht. Aufgrund des rauen Klimas in der Sahara gab es während eines Großteils der Menschheitsgeschichte kaum regelmäßige Kontakte zwischen Westafrika und Eurasien. Die Durchquerung einer so großen Fläche war gefährlich, zeitaufwendig und kostspielig, und es gab einfach keinen Anreiz, dies regelmäßig zu tun, bis im vierten Jahrhundert n. Chr. Menschen von außerhalb Westafrikas von den reichen Goldvorkommen in der Region erfuhren und Karawanen begannen, die Wüste zu durchqueren. Der Handel wurde von den Berbern dominiert, deren Kamele die einzigen Tiere waren, die die etwa dreimonatige Reise bewältigen konnten. Die Berber kauften nicht nur Gold, sondern auch Sklaven, Häute, Elfenbein, Straußenfedern, Kolanüsse und Kautschuk. Das wichtigste Handelsgut, das die Berber mitbrachten, war Salz, das in Westafrika relativ knapp war; aber sie importierten auch Pferde, Kaurimuscheln, Metallwaren, Gewürze, Parfüm, luxuriöse Textilien und Trockenfrüchte. Der Handel wurde durch den Aufstieg des ghanaischen Reiches erleichtert, da es für Frieden und Stabilität in Westafrika sorgte. Im siebten und achten Jahrhundert eroberten die muslimischen Araber Nordafrika und führten ihre Sprache und Religion ein. Die Berber konvertierten zum Islam und führten ihn ihrerseits in Westafrika ein, wo er viele neue Anhänger fand, insbesondere in den Städten.

Rund 1100 nomadische Tuareg, die zur Volksgruppe der Berber gehören, gründeten ein Lager am südlichen Rand der Sahara. Sie nannten es Timbuktu, was »Mutter mit dem großen Nabel« bedeutet, nach der älteren Frau, die das Lager leitete. Es lag etwa 9,5 Kilometer nördlich des Flusses Niger, der Westafrika in einem 4200 Kilometer langen, großen Halbmond durchfließt. Der Fluss war für Timbuktu lebenswichtig, da er eine zuverlässige Wasserquelle und eine Transportmöglichkeit für Waren aus und in das übrige Westafrika darstellte. Entscheidend ist, dass Timbuktu weit

Das Reich von Ghana

Das um 700 gegründete Reich von Ghana erstreckte sich über Teile des heutigen Mauretaniens, Malis und Senegals. Gold bildete die Grundlage für dessen Reichtum und zog Händler aus Nordafrika an, die durch die Sahara reisten. Im Laufe der Zeit zersplitterte das Reich, und um 1240 wurde das verbliebene Gebiet in das Reich von Mali eingegliedert. Das Erbe des ghanaischen Reiches blieb jedoch mächtig. Als die britische Kolonie Goldküste (Hunderte von Kilometern südlich gelegen) 1957 ihre Unabhängigkeit erlangte, benannte sie sich in Ghana um.

genug vom Niger entfernt lag, um bei dessen Überlaufen nicht überflutet zu werden. Im Laufe des 12. und frühen 13. Jahrhunderts entwickelte sich Timbuktu zu einer wichtigen Marktstadt. Seit ihrer Gründung wurde sie durch den Kontakt mit nordafrikanischen Händlern mit dem Islam in Berührung gebracht, und die Stadt rühmt sich, dass sie in ihrer gesamten Geschichte nie durch »die Anbetung von Götzen besudelt« wurde.

Das Mali-Reich, dessen Herrscher in der Mitte des elften Jahrhunderts zum Islam konvertierten, entwickelte sich von einem unbedeutenden Königreich zur wichtigsten Macht in Westafrika und verdrängte zu Beginn des 13. Jahrhunderts das Reich von Ghana. Der bedeutendste *Mansa*, also »Sultan« oder »Kaiser«, des Mali-Reiches war Musa I. (ca. 1280 bis ca. 1337), der um 1307 den Thron bestieg. Er dehnte sein Reich durch Eroberungen aus und erlangte enormen Reichtum, indem er den Handel in seinem Gebiet kontrollierte. Nach seiner Pilgerreise nach Mekka im Jahr 1324/1325, auf der ihn 60 000 Höflinge und Bedienstete begleiteten, wurde er zu einer berühmten Persönlichkeit in der muslimischen Welt. Musas großzügige Ausgaben führten dazu, dass sein Besuch den Wert des Goldes in Kairo um ein Fünftel sinken ließ. Auf seinem Rückweg kam Musa durch Timbuktu und gliederte die Stadt seinem Reich an. Timbuktu behielt ein hohes Maß an Autonomie und wurde von einer Gruppe der dortigen führenden Familien regiert, unterstützt von lokalen Richtern, Gelehrten und Imamen. Diese politische Situation setzte sich auch fort, nachdem Timbuktu im Jahr 1468 an das Songhai-Reich fiel, das Mali als dominierende Macht in der Region ablöste. Zu diesem Zeitpunkt waren bereits Generationen von Siedlern aus ganz Afrika und dem Nahen Osten nach Timbuktu geströmt, wodurch die Einwohnerzahl auf einen Höchststand von etwa 100 000 anstieg und die Stadt damit größer war als London zu dieser Zeit. Die Zugehörigkeit zu kaiserlichen Mächten wie Mali und Songhai verlieh Timbuktu Status und Prestige und sorgte für Frieden und Sicherheit, was wiederum den Handel schützte.

Im 14. und 15. Jahrhundert wurden in Timbuktu drei Moscheen gebaut: Djinguereber (die von Musa I. persönlich in Auftrag gegeben wurde), Sankoré und Sidi Yahya. Wie die anderen Gebäude der Stadt wurden auch diese meist aus Lehmziegeln errichtet, die aus einer Mischung von Wasser und Erdreich hergestellt wurden. Dieses Material war billig und einfach herzustellen, es musste jedoch regelmäßig ein Verputz aus feuchter Erde aufgetragen werden, um das Aussehen und die Unversehrtheit des Gebäudes zu erhalten. Handwerker und Architekten kamen aus der ganzen islamischen Welt, unter anderem aus dem Jemen und Granada, um die Moscheen zu bauen und zu verzieren. Die drei Moscheen dienten als Gebetsstätten und Wohltätigkeitseinrichtungen, doch den größten Ruf erlangten sie als Bildungszentrum, das zusammen die »Universität« der Stadt bildete. Da Gelehrte aus so weit entfernten Ländern wie Ägypten

und Orten wie Mekka nach Timbuktu reisten, wurde die Stadt mit Erkenntnissen aus der gesamten muslimischen Welt konfrontiert, und die umfangreichen Bibliotheken enthielten Hunderttausende von Büchern und seltenen Manuskripten. Neben den *Madrassas*, also den Religionsschulen, die in den drei Moscheen untergebracht waren, gab es über 150 kleinere Bildungseinrichtungen. Außer dem Studium des Islams konnte man auch in anderen Bereichen wie Recht, Philosophie, Wissenschaft und Rhetorik fachkundigen Unterricht erhalten. Timbuktu spielte eine zentrale Rolle bei der Verbreitung des Islams in Afrika südlich der Sahara und machte den Islam in vielen Teilen der Region zur vorherrschenden Religion.

Ab dem späten 15. Jahrhundert nahmen die europäischen Mächte, beginnend mit Portugal, über den Atlantik direkten Handel mit Westafrika auf. Infolgedessen verloren die langsameren Transsahararouten an Bedeutung, sodass Timbuktu an Größe und Reichtum verlor. Im Jahr 1591 wurde die Stadt von den Truppen des marokkanischen Sultans besetzt. Unter dessen Herrschaft wurden viele Gelehrte wegen des Verdachts auf Illoyalität verhaftet, und die Stadt wurde regelmäßig von räuberischen Stämmen geplündert, insbesondere von den Tuareg-Völkern. Die marokkanische Herrschaft endete im Jahr 1620, und Timbuktu kehrte zur Selbstverwaltung zurück. Die »Universität« von Timbuktu blieb bestehen, aber die Stadt war nur noch ein Schatten ihrer selbst. Im Jahr 1894 wurde Timbuktu von Frankreich annektiert und blieb bis 1960 Teil des französischen Kolonialreichs, bis es Teil der unabhängigen Republik Mali wurde. Timbuktu und seine Bibliotheken wurden 1988 in die Liste des UNESCO-Weltkulturerbes aufgenommen. Dabei wurden große Anstrengungen unternommen, die baufälligen Moscheen zu erhalten. Erschwerend kommt hinzu, dass Timbuktu in den Bürgerkrieg zwischen der malischen Regierung und Tuareg- und islamistischen Rebellen verwickelt ist. Als islamistische Kämpfer 2012/2013 die Kontrolle über Timbuktu erlangten, zerstörten oder beschädigten sie viele der historischen Denkmäler, Gräber (die Stadt gilt als Ruhestätte von 333 muslimischen Heiligen) und Artefakte, weil sie sie für götzendienerisch hielten. Die Bemühungen, Timbuktu in seinem früheren Glanz wiederherzustellen und seinen Bestand an wertvollen Manuskripten zu bewahren, dauern an, sind aber angesichts der Armut und der inneren Unruhen schwierig.

Kapitel 5

Die Welt des späten Mittelalters

Samarkand

Seit dem zweiten Jahrhundert v. Chr. waren Europa und Asien durch die Seidenstraße verbunden, einem Netz von Handelswegen, das die beiden Kontinente bis zur Mitte des 15. Jahrhunderts verknüpfte. Eine der wichtigsten Stationen auf dieser Route war Samarkand, das zu einer der prächtigsten Städte Zentralasiens wurde.

Die Geschichte von Samarkand reicht bis ins siebte Jahrhundert v. Chr. zurück, als es Teil von Sogdien war, einer alten zentralasiatischen Zivilisation. In der Mitte des sechsten Jahrhunderts v. Chr. wurde es vom Achämenidenreich erobert, und die Apadana in Persepolis zeigt, wie die Sogdianer den Persern Tribut zollen. Nachdem Sogdien 400 v. Chr. kurzzeitig seine Unabhängigkeit erlangt hatte, wurde es 329 v. Chr. von Alexander dem Großen erobert. Mit dem Anschluss an die hellenische Welt wurde Samarkand zu einem Knotenpunkt der Seidenstraße, da man von dort aus nach Westen in den Nahen Osten oder nach Süden in Richtung Indien reisen konnte. Sogdische Kaufleute trugen dazu bei, China und Indien miteinander zu verbinden, und bahnten Wege zum Byzantinischen Reich. Sie handelten mit einer breiten Palette von Waren, darunter Gold, Silber, Safran, Pfeffer, Kampfer, Leinen und vor allem Seide. Die Sogdier trugen dazu bei, den Buddhismus von Nordindien aus in Ostasien zu verbreiten; auch in Samarkand wurde der Buddhismus praktiziert (ebenso wie der Zoroastrismus, der Hinduismus,

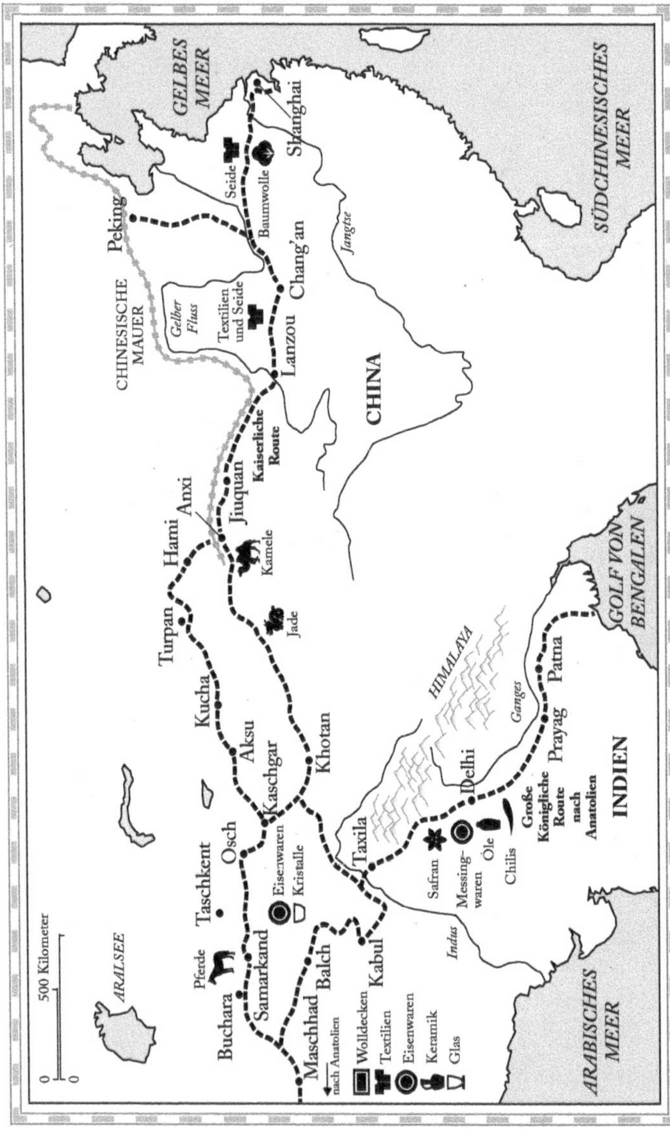

Die wichtigsten Routen der Seidenstraße und die verschiedenen Handelswaren zwischen

das Judentum, der Manichäismus und das Christentum). Die Obstgärten von Samarkand wurden berühmt, und die Pfirsiche von dort waren sogar in China sehr begehrt, wo man sie wegen ihrer Größe und goldenen Farbe schätzte.

Vom dritten bis zum siebten Jahrhundert n. Chr. fiel Samarkand in die Hände vieler Eroberer, darunter die nomadischen Hephthaliten, die Göktürken und die sassanidischen Perser; zudem war es ein Protektorat der chinesischen Tang-Dynastie. Im frühen achten Jahrhundert eroberte das Umayyaden-Kalifat Samarkand. Dadurch wurde die Stadt in ein weit verzweigtes kulturelles und wirtschaftliches Netzwerk integriert, das bis zur Atlantikküste Nordafrikas reichte. Die meisten Einwohner waren Muslime, und Samarkand wurde zu einem wichtigen Zentrum der islamischen Gelehrsamkeit. Die meiste Zeit des neunten und zehnten Jahrhunderts war Samarkand Teil des Samanidenreichs, einer muslimischen iranischen Dynastie, bevor es von verschiedenen Turkvölkern regiert wurde.

Im frühen 13. Jahrhundert erreichte eine neue Großmacht Samarkand: die Mongolen. Sie waren ein Nomadenvolk, das aus der eurasischen Steppe stammte, einem Graslandgürtel, der sich über 8000 Kilometer von Osteuropa bis zur Mandschurei erstreckt.

Die Mongolen waren geschickte Reiter und berühmt für ihre Verwendung des Kompositbogens, den sie mit tödlicher Präzision vom Pferd aus schossen. Während des größten Teils ihrer Geschichte waren die Mongolen keine geeinte Gruppe, sondern eine Ansammlung getrennter kriegerischer Stämme. Ab 1190 begann Temujin (1162–1227), der Sohn eines berühmten Kriegers, die Stämme mit einer Mischung aus Gewalt und Diplomatie zu vereinen, was 1206 darin gipfelte, dass eine Versammlung von Häuptlingen ihn zum »Dschingis Khan«, also zum »universellen Führer« ernannte.

Kaffa und der Schwarze Tod

Über die Seidenstraßen wurde Yersinia pestis eingeschleppt, das Bakterium, das den Schwarzen Tod verursachte. Die Pandemie hatte ihren Ursprung irgendwo in Asien und wurde möglicherweise in Kaffa (heute Feodossija), einem Handelshafen auf der Krim, nach Europa eingeschleppt. Einem zeitgenössischen Bericht zufolge belagerten die Mongolen die Stadt im Jahr 1346 und schleuderten pestinfizierte Leichen über die Stadtmauern, wodurch die Verteidiger infiziert wurden. Einige derjenigen, die aus Kaffa entkamen, trugen die Pest nach Italien, von wo aus sie sich nach Nordafrika und Europa ausbreitete. Der Ausbruch dauerte bis ins Jahr 1351 und forderte weltweit über 100 Millionen Todesopfer.

Obwohl Dschingis Khan und die Mongolen für ihre Reiterhorden berühmt waren, rekrutierten sie auch Militäringenieure und Spione, um Informationen zu gewinnen. Der Grund dafür war, dass bei einer längeren Belagerung von Städten eine Erschöpfung der lokalen Weideflächen drohte, was zu Versorgungsproblemen führen würde. Nachdem er China überfallen und benachbarte Gebiete erobert hatte, nahm Dschingis Khan im Jahr 1219 das muslimische Zentralasien ins Visier. Im folgenden Jahr erreichte er Samarkand und metzelte den Großteil der dortigen Garnison nieder. Die Stadt kapitulierte, wurde aber dennoch geplündert und verwüstet. Eine solche Behandlung war gang und gäbe; die Mongolen gingen mit Städten, die sich ihnen widersetzten, hart um, um andere zur freiwilligen Kapitulation zu »ermutigen«.

Nach dem Tod von Dschingis Khan im Jahr 1227 trat sein Sohn Ögedei (1186–1241) die Nachfolge an. Er dehnte das Mongolenreich nach Ostasien aus, machte Korea zu einem Vasallenstaat und griff China an, bevor er sich nach Westen wandte, um in Persien und im Kaukasus Feldzüge zu unternehmen. Unter seiner Herrschaft hatte die Seidenstraße einen einzigen Herrscher, und der Handel wurde erleichtert. Im Jahr 1236 fielen die Mongolen in Europa ein und drangen bis nach Polen und Ungarn vor, bevor der Tod von Ögedei im Jahr 1241 ihren Vormarsch stoppte. Es dauerte sieben Jahre des Bürgerkriegs, bis mit Möngke (1209–1259) ein neuer, starker Khan an die Macht kam, aber die Einheit des Mongolenreichs begann zu bröckeln. Im Westen spaltete es sich ab und bildete die Goldene Horde, die die Oberhoheit über die russischen Fürstentümer erlangte, sie zu Tributzahlungen zwang und sie so lange beherrschte, bis die Fürsten von Moskau in den 1480er-Jahren schließlich einen Widerstand anführten, der das »Mongolenjoch« abschüttelte. Im Nahen Osten gründeten die zum Islam konvertierten Mongolen das Ilkhanat, das Mitte des 14. Jahrhunderts zerfiel. Schließlich eroberte Dschingis Khans Enkel Kublai Khan (1215–1294) große Teile Chinas und etablierte sich als erster Kaiser der Yuan-Dynastie, die bis zum Jahr 1368 bestand.

Samarkand wurde Teil des vierten mongolischen Nachfolgestaates, des Chagatai Khanats. Nach der ersten Plünderung investierten die Mongolen kräftig in Samarkand, um seinen Wert zu steigern, und ermutigten qualifizierte Handwerker, dorthin zu ziehen. Insbesondere holten sie Arbeiter, um die vernachlässigten Obstgärten und Felder rund um die Stadt zu bewirtschaften. Als die mongolische Herrschaft im 14. Jahrhundert zusammenbrach, hinterließ sie jedoch ein Machtvakuum, das von anderen Steppenvölkern gefüllt wurde. Einer der furchterregendsten Herrscher war Timur, auch bekannt als Tamerlane (1336–1405), ein Muslim mongolischer und türkischer Herkunft, der im heutigen Usbekistan geboren wurde. In den 1360er- und 1370er-Jahren eroberte er große Teile Zentralasiens und Persiens. Nachdem er Samarkand erobert hatte, machte er es zur Hauptstadt seines Timuridenreiches. Zur Verschönerung seiner Residenzen holte er Handwerker und Kunsthandwerker aus dem fernen Damaskus. An seinem Hof standen goldene Zierbäume, so dick wie das Bein eines erwachsenen Mannes, mit »Früchten« aus Edelsteinen und Perlen und »Blättern« aus Gold. Außerdem ließ er eine zentrale, von Geschäften gesäumte Hauptstraße anlegen und zahlreiche Moscheen errichten. Im Jahr 1398 fiel Timur in Indien ein und zerstörte und plünderte Delhi, bevor er sich 1400 nach Westen wandte, um in den Nahen Osten und Anatolien einzumarschieren. Sein nächstes Ziel war die Eroberung Chinas, aber er starb an Fieber, bevor er seinen Plan in die Tat umsetzen konnte. Samarkand blieb Teil des Timuridenreichs und beherbergte ein großes Observatorium, das in den 1420er-Jahren errichtet wurde. Leider wurde es 1449 von religiösen Fanatikern zerstört. Letztendlich war das Timuridenreich ein locker organisiertes Staatswesen, das auf der Erhebung von Tributen beruhte, aber von einem Erbfolgekrieg heimgesucht wurde und zu Beginn des 16. Jahrhunderts unterging. Samarkand verfiel daraufhin und wurde bis zum frühen 18. Jahrhundert weitgehend aufgegeben. Mitte des 19. Jahrhunderts wurde die Stadt jedoch als Garnisonsstadt und Verwaltungszentrum des nach Zentralasien expandierenden Russischen Reiches teilweise wiederbelebt, und 1888 wurde sie zu einer Zwischenstation der neu errichteten Transkaspischen Eisenbahn, die sie erneut zu einem wichtigen Handelszentrum machte. Im Jahr 1924 wurden Samarkand und der Rest Usbekistans formell Teil der Sowjetunion, bevor beide 1991 ihre Unabhängigkeit erlangten.

Der Itsukushima-Schrein

Der shintoistische Itsukushima-Schrein ist eine der am meisten geschätzten und verehrten Sehenswürdigkeiten in Japan. Seine zinnoberroten Bauten, die auf dem Wasser zu schweben scheinen, sind ein beständiges Symbol für die Kunstfertigkeit der Architektur des Landes.

Das Seto-Binnenmeer ist ein Gewässer, das Honshū, Kyūshū und Shikoku, drei der fünf Hauptinseln Japans, voneinander trennt. Vor der Nordküste, in der Nähe der Stadt Hiroshima, liegt eine kleine Insel mit einer Größe von etwa 31 Quadratkilometern. Sie heißt Itsukushima und ist wegen der vielen Tempel, die sich dort befinden, als Miyajima bekannt geworden, was »Schreininsel« bedeutet.

Shinto, auf Deutsch etwa »Weg der Götter«, ist die Hauptreligion Japans. Ihr wichtigstes Merkmal ist die Verehrung von Geistern (*kami*), die in der Natur vorkommen und zu denen auch die verehrten Vorfahren gehören. Sie werden in großen öffentlichen Schreinen verehrt, die ihnen zu Ehren errichtet werden und in denen man ihren Schutz sucht. Die Insel Itsukushima wird vom Berg Misen überragt. Es ist ein heiliger Berg, der teilweise von Urwald bedeckt ist und für wundersame Ereignisse bekannt ist, die sich dort ereignet haben sollen. Daher war es naheliegend, hier einen Schrein zu errichten, und dies wurde im Jahr 593 umgesetzt. In seiner heutigen Form wurde der Schrein fast 600 Jahre später unter der Schirmherrschaft des Feudalherrn (*daimyō*) Taira no Kiyomori (1118–1181) wiederaufgebaut, der zum De-facto-Herrscher Japans aufstieg und mächtiger war als der Kaiser.

Die Kaiser Japans regierten seit dem siebten Jahrhundert v. Chr. und bezeichneten sich selbst als Nachkommen der mächtigsten *Kami*; in diesem Sinne wurden sie *Tenno*, also »himmlischer Herrscher« genannt. Trotz dieses Status wurden die Kaiser oft zu Galionsfiguren degradiert. Ab dem zehnten Jahrhundert begannen die Adelsfamilien, ihre Macht auszubauen, indem sie bezahlte Krieger, die Samurai, anheuerten und um die Vorherrschaft über den Kaiser und die Kontrolle über das Land kämpften. Dies führte in Japan zu einer Machtverschiebung vom etablierten Adel am Hof in Kyoto (Hauptstadt von 794 bis 1869) hin zu den Klans in den Provinzen, deren Macht auf ihren Landgütern und persönlichen Armeen beruhte.

Kiyomori gehörte zu einem dieser Clans, den Taira. Er war willensstark und rücksichtslos, hatte sich durch den Sieg über Banditen einen Namen gemacht und wurde zum Gouverneur von Aki ernannt, einem Bezirk, zu dem Itsukushima gehörte. Als er das Amt 1146 antrat, erschien ihm im Traum ein Priester und riet ihm, auf Itsukushima einen Schrein zu errichten, um Erfolg und Wohlstand zu sichern. Der Schrein sollte das Paradies darstellen, und sein eleganter Stil spiegelt den der Adelssitze wider. Die Gebäude des Schreins sind durch 4 Meter breite Gänge miteinander verbunden, die sich über eine Länge von fast 304 Metern erstrecken. Das auffälligste Merkmal des Schreins ist das *O-Torii-Tor* (das jetzige wurde 1875 erbaut), das auf Steinplatten steht, sodass es aussieht, als würde es aus dem Wasser emporragen. Das Tor befindet sich auf einer Art Achse, die durch einen Raum zur rituellen Reinigung, eine Halle der Anbetung, das Offertorium und das Hauptheiligtum führt, bevor es zum Berg Misen weitergeht. Kiyomori war ein großer Sammler von religiöser Kunst und heiligen Schriften und machte viele Schenkungen an religiöse Stiftungen. In Itsukushima stiftete er das *Heike nōkyō*, eine Sammlung von 32 Schriftrollen, auf denen er und andere Familienmitglieder *Sutras* abgeschrieben hatten. Jede Schriftrolle war üppig mit Gold verziert und reichhaltig illustriert. Kiyomori unternahm zahlreiche Pilgerreisen nach Itsukushima, um für seinen Erfolg zu danken. Seine Besuche hatten auch einen praktischen Nutzen, denn sie ermöglichten es ihm, seine Handelsinteressen am Binnenmeer zu überwachen und vom Handel mit China zu profitieren. Um den Handel zu fördern, baute er neue Häfen und verbesserte die bestehenden, wodurch der Seehandel im Westen Japans stark zunahm.

Der Bau des Itsukushima-Schreins fiel mit Kiyomoris Aufstieg als politischer Herrscher zusammen. Im Jahr 1153 wurde er Anführer des Taira-Klans und besiegte 1160 eine rivalisierende Familie, die Minamoto. Dadurch wurden die Taira zur dominierenden Kraft in Japan, und 1167 wurde Kiyomori zum obersten Minister ernannt, dem höchsten Amt des Landes. Symbolisch für den neuen Status seines Klans war die Heirat von Kiyomoris Tochter mit Kaiser Takakura (1161–1181) im Jahr 1171. Ihr Sohn, Antoku, wurde 1178 geboren. In den folgenden zwei Jahren besetzte Kiyomori die kaiserliche Regierung mit Rivalen und ließ Takakura inhaftieren, sodass dieser 1180 abdanken und den Thron an seinen gerade einmal zweijährigen Sohn Antoku (1178–1185) übergeben musste. Für viele war dies inakzeptabel, und als Kiyomori im folgenden Jahr an einem Fieber starb, freuten sich viele. Zu diesem Zeitpunkt war das Land in einen Krieg zwischen den Familien Taira und Minamo-

Der Hafen von Uraga

Im Jahr 1543 nahmen portugiesische Händler als erste Europäer Kontakt mit Japan auf. Westliche Händler trieben bis in die 1630er-Jahre Handel mit Japan, als das Shogunat eine Politik namens Sakoku verordnete, die den ausländischen Einfluss stark einschränkte. Dies änderte sich 1853, als Commodore Matthew Perry (1794–1858) von der US-Marine eine Flotte von vier dampfgetriebenen Kriegsschiffen in den Hafen von Uraga am Eingang zur Bucht von Tokio führte. Es war die klassische Kanonenbootdiplomatie; die japanische Regierung wurde gezwungen, die Isolation des Landes zu beenden und sich dem Westen zu öffnen.

to verwickelt. Die Minamoto setzten sich 1185 durch. Als sich die Niederlage abzeichnete, soll Antokus Großmutter das Kaiserkind ertränkt haben, um zu verhindern, dass es in die Hände des Feindes fiel. Ein anderer von Takakuras Söhnen wurde Kaiser, doch der Minamoto-Führer Yoritomo (1147–1199) wurde der eigentliche Herrscher Japans. Im Jahr 1192 erhielt er den Titel »Shogun«, der ursprünglich erfolgreichen Generälen verliehen wurde, aber zu einem Titel für die Person wurde, die für den Kaiser regierte. Die Shogune behielten die Kontrolle über Japan bis zum Jahr 1868, als die Macht des Kaisers wiederhergestellt wurde.

Trotz des Sturzes der Taira blieb Itsukushima wichtig, denn viele Adlige (und auch Bürgerliche, insbesondere Fischer, Seeleute und Händler) verehrten die Insel und unterstützten sie durch Schenkungen oder die Finanzierung von Gebäuden. Die Insel selbst wurde als heilig angesehen, was bedeutete, dass dort keine Geburten und Todesfälle erlaubt waren. Werdende Mütter wurden aufgefordert, zum Festland zu reisen, wenn der Geburtstermin näher rückte. Im Jahr 1571 erneuerte der Kriegsherr Mōri Motonari (1497–1571) den Hauptschrein in Itsukushima und machte ihn zu einem der größten in Japan. Er tat dies als einen Akt der Buße: Im Jahr 1555, als das Land von einem Bürgerkrieg heimgesucht wurde, hatte er auf Itsukushima eine Schlacht ausgetragen und den heiligen Boden geschändet.

Im späten 19. und frühen 20. Jahrhundert begann Japan, sich rasch zu modernisieren, nachdem es 1853 zu einer Öffnung gegenüber dem Westen gezwungen worden war. Japan wurde zu einer Kolonialmacht und beherrschte ein Reich, das Korea, Taiwan und Teile der Mandschurei umfasste. In den 1930er-Jahren wuchs sein Territorium weiter, und nachdem Japan 1941 auf der Seite der Achsenmächte in den Zweiten Weltkrieg eingetreten war, dehnte es sich weiter nach China, Südostasien und in den Pazifik aus. Nach den Atombombenabwürfen auf Hiroshima und Nagasaki im August 1945 wurde Japan endgültig besiegt. Als Teil der Kapitulation verzichtete Kaiser Hirohito (1901–1989) auf den kaiserlichen Anspruch auf Göttlichkeit. Glücklicherweise überstand Itsukushima den Krieg unversehrt und wurde sorgfältig erhalten. Im Jahr 2004 wurde der Schrein durch einen Taifun beschädigt, aber seither wurde er repariert und restauriert.

TENOCHTITLAN

Während des 15. Jahrhunderts beherrschte das Aztekenreich von seiner Hauptstadt Tenochtitlan aus große Teile Mexikos. Im Jahr 1521 wurden sowohl das Reich als auch Tenochtitlan selbst durch die Ankunft einer neuen europäischen Macht zerstört: Spanien.

Das Tal von Mexiko ist ein großes Binnenbecken, das von vulkanischen Bergen umgeben ist und über reiche Böden und Salzseen verfügt. Eine Gruppe namens Mexica wanderte um 1250 aus dem Norden ein und ließ sich zunächst auf dem Chapultepec nieder, einem kahlen Hügel in der Nähe eines Sumpfes. Nach einem Streit mit einem einheimischen König waren die Mexica gezwungen weiterzuziehen, und wanderten auf der Suche nach einer neuen Heimat umher. Der Legende nach wurde ihnen prophezeit, dass sie wissen würden, dass sie den richtigen Ort erreicht hatten, wenn sie einen Adler auf einem Kaktus sähen, der eine Schlange frisst. Um 1325 sahen sie das Zeichen auf einer Insel inmitten des sumpfigen Texcoco-Sees, woraufhin sie dort Tenochtitlan (»Ort der Kaktusfrucht«) gründeten.

Die Gegend war vielversprechend, denn das salzige Sumpfland verfügte über eine reichhaltige Flora und Fauna. Sie war ideal für eine Art der Landwirtschaft, die *Chinampa* genannt wurde. *Chinampas* sind landwirtschaftliche Flächen, die durch das geschickte Anlegen von Pfählen im Seeboden und das anschließende Aufschütten von Erde gewonnen wurden. Die Bevölkerung wuchs rasch an, und ab 1367 wurden die Tenochtitlaner zu Untertanen der Tepaneken, des damals dominierenden Königreichs in der Region. Im Jahr 1372 ernannte Tenochtitlan seinen ersten König (*tlatoani*), einen Adligen namens Acamapichtli (gest. 1391), der den Thron an seinen Sohn Huitzilihuitl (gest. 1415) weitergab.

Um 1427 wurde Huitzilihuitls Halbbruder Itzcoatl (gest. 1440) König. Im folgenden Jahr schloss er ein Dreierbündnis mit zwei anderen Stadtstaaten, Texcoco und Tlacopan. Gemeinsam bekämpften und besiegten sie die Tepaneken, bevor sie einen Großteil des Tals von Mexiko und einige angrenzende Gebiete eroberten. Tenochtitlan und die Mexica waren die dominierende Kraft in dem Staatsgebilde, das als Aztekenreich berühmt wurde. Das Wort »Azteke« bedeutet so viel wie »Mensch aus Aztlan«, welches der mythische Herkunftsort der Mexica und vieler anderer Gruppen in der Region war. Die Mexica nannten sich selbst nicht Azteken, sie werden jedoch seit dem frühen 19. Jahrhundert gewöhnlich so bezeichnet.

Da Tenochtitlan nun eine imperiale Hauptstadt war, wurde die Stadt immer prächtiger, und der architektonische Wandel setzte sich bis ins späte 15. Jahrhundert fort. Nach dem Vorbild von Teotihuacan (siehe Kastentext Seite 153) wurden die Straßen in einem regelmäßigen Rastersystem angelegt, wobei die Stadt von langen Kanälen durchzogen wurde. Sie war mit dem Festland durch drei Hauptdämme verbunden, die einerseits in regelmäßigen Abständen unterbrochen wurden, um Kanus die Durchfahrt zu ermöglichen, und andererseits von Brücken überspannt wurden, die bei einem Angriff auf die Stadt entfernt werden konnten. Über den westlichen

Damm führte ein gemauertes Aquädukt frisches Quellwasser in die Stadt. Zudem wurde ein Deich gebaut, um Tenochtitlan vom salzigen Wasser im Osten des Sees abzuschotten. Im Jahr 1473 annektierte Tenochtitlan die benachbarte Stadt Tlatelolco, die von einer anderen Gruppe der Mexica gegründet worden war und die sich auf der gleichen Insel im Norden befand. Sie wurde Tenochtitlan einverleibt und war für ihren Marktplatz bekannt, auf dem sich bis zu 60 000 Menschen versammelt haben sollen, um Produkte wie Federn, Tabak und Sklaven zu kaufen und zu verkaufen. Zu den verwendeten Währungen gehörten Kakaobohnen, Baumwollmäntel und mit Goldstaub gefüllte Federkiele; Transaktionen und Preise wurden von Inspektoren überwacht, und Diebe wurden mit dem Tod durch Prügel bestraft. Im Zentrum von Tenochtitlan befand sich auf einer Anhöhe ein heiliger Bezirk, der von einem Bauwerk namens »Schlangenmauer« umgeben war. Es war das spirituelle Herz des Aztekenreichs, von dem aus sich die Hauptstraßen in die vier Himmelsrichtungen erstreckten. Im Inneren befanden sich mindestens 78 Gebäude, von denen das größte der *Templo May*or war, eine große Pyramide, deren aztekischer Name *Huey Teocalli* war, was »großer Tempel« bedeutet. Diese Pyramide war gemeinsam Tlaloc, der obersten Gottheit des Regens und des Ackerbaus, und Huitzilopochtli, dem Kriegsgott und Schutzpatron der Stadt, geweiht; ihre Doppeltreppe war mit dem Blut von Menschenopfern rot gefärbt. Darunter befand sich das sogenannte *tzompantli*, ein Schädelgestell, das Tausende von abgetrennten Köpfen enthielt.

Zu Beginn des 16. Jahrhunderts zählte Tenochtitlan rund 200 000 Einwohner und war damit eine der größten Städte der Welt. Die Macht, die sie repräsentierte, wurde jedoch durch den spanischen Eroberer Hernán Cortés (1485–1547) gebrochen. Im Jahr 1518 hatte ihm der Gouverneur von Kuba die Erlaubnis erteilt, eine Expedition nach Mexiko zu unternehmen. Cortés brach im Februar 1519 auf, obwohl der Gouverneur in letzter Minute seinen Segen für die Mission zurückzog. Cortés verfügte über eine Truppe von etwa 500 Mann, die mit Schießpulver und Waffen ausgerüstet war und über Rüstungen aus Stahl und Kavallerie verfügte – Dinge, die den Azteken unbekannt waren.

Teothihuacan

Teothihuacan lag 48 Kilometer nordöstlich von Tenochtitlan. Die Stadt erlebte ihre Blütezeit zwischen 100 v. Chr. und 600 n. Chr., erreichte über 100 000 Einwohner und beherbergte viele beeindruckende Monumente. Die genaue Identität ihrer Erbauer ist unklar, und es ist ungewiss, warum sie ab dem siebten Jahrhundert v. Chr. aufgegeben wurde und verfiel. Auch ihr ursprünglicher Name ist unbekannt: Teothihuacan, was »Geburtsstätte der Götter« bedeutet, war der Name, den die Azteken ihr gaben, für die sie eine wichtige Pilgerstätte war.

Nach seiner Landung in Mexiko marschierte Cortés auf Tenochtitlan zu, errang unterwegs mehrere Siege und zog am 8. November 1519 in die Stadt ein. Der regierende König Moctezuma II. (ca. 1466–1520) begrüßte die Spanier zunächst und überhäufte sie mit Geschenken, in der Hoffnung, sie später zu besiegen, fand sich aber bald als Geisel von Cortés wieder, der versuchte, ihn zum Marionettenherrscher zu machen. Im darauffolgenden April verließ Cortés Tenochtitlan, um sich mit einer Expedition zu treffen, die von Kuba aus entsandt worden war, um ihn in die Knie zu zwingen, und ließ einen Leutnant und 80 Mann in der Stadt zurück. Am 22. Mai massakrierten die Spanier Hunderte von aztekischen Adligen, die gerade ein religiöses Fest feierten, was zu einem Aufstand der Bevölkerung führte. Die Spanier wurden fast einen Monat lang belagert und entkamen am 30. Juni im Schutz eines mitternächtlichen Regenschauers. Etwa um diese Zeit wurde Moctezuma II. getötet, möglicherweise durch seine eigenen Untertanen.

Die Spanier hatten die Pocken zurückgelassen, eine Krankheit, gegen die die Bevölkerung keine natürliche Resistenz besaß. Folglich zog eine Epidemie über die Stadt und tötete den neuen König Cuitláhuac (ca. 1476–1520), der nur 80 Tage regierte. Im Mai 1521 kehrte Cortés mit spanischer Verstärkung und einer Koalition lokaler Verbündeter, die die Azteken besiegen wollten, nach Tenochtitlan zurück. Er belagerte die Stadt, schnitt ihre Wasser- und Lebensmittelversorgung ab und rückte nach und nach vor. Der endgültige Angriff fand am 13. August statt; König Cuauhtémoc (ca. 1495 bis ca. 1525) wurde gefangen genommen, und die siegreichen Truppen verbrachten vier Tage damit, die Stadt zu plündern und die Bevölkerung zu massakrieren. Das Aztekenreich war vernichtet; Tenochtitlan lag in Trümmern. Cortés wurde der erste Vizekönig von Neuspanien, dem Kolonialgebiet, das bis 1821 über das heutige Mexiko sowie über die Gebiete nördlich und südlich davon herrschen sollte. Obwohl die Stadt in Trümmern lag, wurde Tenochtitlan als Standort für die Hauptstadt gewählt, die sich zu Mexiko-Stadt entwickelte.

Huis Ter Beurse

Einige der frühesten Wurzeln des westlichen Kapitalismus lassen sich bis ins Mittelalter zurückverfolgen; eines der größten Handelszentren jener Zeit war Brügge, das Kaufleute aus ganz Europa anlockte. Viele kamen im Huis ter Beurse zusammen, einem Gasthaus, in dem sie sich trafen und Geschäfte abwickelten.

Die flämische Stadt Brügge, die im Jahr 1128 ihre Stadtrechte erhielt, war ein Knotenpunkt der mittelalterlichen Wirtschaft mit Handelsverbindungen zur Ostsee, zum Mittelmeer und zur Nordsee. Das wichtigste Standbein der Wirtschaft in der Region war die Tuchherstellung: Brügge verkaufte die Textilien, die in Städten wie Ypern, Gent und Douai hergestellt wurden. Brügge konnte als Handelsknotenpunkt fungieren, da es über eine Gezeitenmündung direkten Zugang zur Nordsee hatte und so Wolllieferungen aus England einführen konnte.

Zahlreiche Gasthäuser wurden eröffnet, um die Kaufleute, die nach Brügge kamen, zu bewirten. Sie boten Essen, Trinken und Unterkunft, waren aber auch Foren für den Austausch von Nachrichten über Preise, Wechselkurse und die neuesten politischen Entwicklungen. Sie standen zudem in Verbindung mit Geldwechslern und begannen, Einlagen von ihren Gästen anzunehmen und ihnen Kredite zu gewähren. So wurden diese Gasthäuser in Brügge zu einer Zeit, als es noch keine formellen Bankmechanismen gab, zu wichtigen Förderern des Handels. Diese Gasthäuser ersetzten die zeitweiligen Handelsmessen, die bis dahin die wichtigsten Treffpunkte für die Kaufleute waren.

Auch die Hanse zog es nach Brügge, das zum wichtigsten Endpunkt ihrer Ost-West-Handelsroute wurde, die bis nach Nowgorod im Nordwesten Russlands reichte. Die Hanse richtete dort ein *Kontor*, einen Handelsposten, ein und machte es zum wichtigsten Markt für den Verkauf ihrer Waren in den Niederlanden. Ab dem späten 13. Jahrhundert kamen italienische Kaufleute nach Brügge, angefangen bei den Genuesen. Sie ließen sich vor allem am Beursplein nieder, einem Platz am Ende der Vlamingstraat, im Herzen der Stadt. Benannt wurde er nach der Familie van der Beurse; der Name bedeutete wörtlich: »des Geldbeutels«. Sie waren Makler und Gastwirte, die seit der Mitte des 13. Jahrhunderts auf dem Platz, der ihren Namen trug, einen Komplex von Häusern errichteten. Ihr Gasthaus, das Huis ter Beurse, trug ihr in Stein gemeißeltes Symbol der drei Geldbeutel und wurde zu einem wichtigen Treffpunkt für italienische Kaufleute.

Die Familie van der Beurse verließ Brügge Ende des 14. Jahrhunderts und zog nach Antwerpen, das für den Handel mit Deutschland viel besser geeignet war und über die Schelde immer noch Zugang zur Nordsee hatte. Ihr Haus wurde an die Venezianer ver-

Die Hanse

Ab Mitte des 13. Jahrhunderts schlossen sich über 200 norddeutsche Städte zusammen, um den Handel entlang der Ostsee zu kontrollieren und zu regeln. Sie bildeten ein Bündnis namens Hanse, das den Ostseehandel monopolisieren sollte. Die zentrale Drehscheibe war Lübeck, wo das Regelwerk des Bündnisses festgelegt wurde. Angesichts der Konkurrenz durch Polen, Russland und Schweden schrumpfte die Hanse ab dem späten 15. Jahrhundert und hielt 1669 ihre letzte Sitzung ab.

kauft, die es bis 1505 als Hauptquartier ihrer Handelskolonie in Brügge nutzten, bevor es wieder als Gasthaus genutzt wurde. Die Flucht der van der Beurses aus Brügge war symptomatisch für den Niedergang der Stadt im Laufe des 15. Jahrhunderts, als viele Kaufleute die Stadt ebenfalls verließen. Der Standort war nicht mehr attraktiv, weil der Eingang zur Nordsee verschlammte und damit der direkte Zugang zur Küste verloren ging. Selbst die Hanse, die Brügge in seiner Blütezeit so sehr unterstützt hatte, gab die Stadt auf, indem sie ihr 1477 den Status als wichtigsten Markt in Nordwesteuropa entzog.

Während Brügge im Niedergang begriffen war, wurde Antwerpen zum wichtigsten Wirtschaftszentrum in Nordwesteuropa. Das merkantile Erbe von Brügge sollte dort weiterleben. Ab dem Jahr 1531 wurden auf den offenen Plätzen Antwerpens Galerien gebaut, um den Kaufleuten Obdach zu gewähren. Nach dem Gasthaus in Brügge wurden diese Galerien als »Börse« bezeichnet. Dort wurden sowohl Wertpapiere als auch Waren gekauft und verkauft. Später wurden organisierte Handelsplätze oder Märkte in ganz Europa oft »Börse« genannt. Wie Brügge verlor auch Antwerpen seinen Status, allerdings aus einem anderen Grund. Mitte des 16. Jahrhunderts befanden sich die meisten niederländischen Länder unter der Kontrolle der spanischen Habsburger, die mit der lokalen Bevölkerung in Konflikt gerieten, weil sie versuchten, der Region eine zentralisierte Autorität aufzuerlegen. Darüber hinaus hatte der Protestantismus in den Niederlanden viele Anhänger gewonnen, was die Beziehungen zu den streng katholischen Habsburgern weiter belastete. Im Jahr 1568 brach eine Rebellion gegen die Habsburger aus. Antwerpen, das den Aufstand weitgehend unterstützte, wurde in die Kämpfe verwickelt, 1576 von den Spaniern geplündert und 1585 endgültig eingenommen. Tausende von Protestanten flohen, und die niederländischen Rebellen blockierten die Schelde und schnitten den Zugang zur Nordsee ab. Trotzdem behielt Antwerpen ein gewisses Maß an wirtschaftlicher Bedeutung, wurde aber bald von Amsterdam in den Schatten gestellt. Die niederländische Stadt nahm viele Bürger auf, die aus Antwerpen geflohen waren, und auch Juden, die aus Portugal vertrieben worden waren. Sie wurde zum Zentrum des von der niederländischen Republik errichteten Seeimperiums und zu einer der dynamischsten Handelsstädte der Welt.

Nach seinem mittelalterlichen »goldenen Zeitalter« verlor Brügge an wirtschaftlicher Bedeutung. Die mittelalterliche Altstadt blieb erhalten und erinnert an den einstigen Ruhm der Stadt. Im Jahr 1907 wurde der Hafen von Zeebrügge eröffnet, der durch einen Kanal mit Brügge verbunden war. Dies verhalf Brügge zu einem gewissen Aufschwung und förderte auch den Tourismus. Die Stadt wurde in beiden Weltkriegen von deutschen Truppen besetzt, blieb aber glücklicherweise von Zerstörungen verschont, und ihr historisches Zentrum, einschließlich des Huis ter Beurse, wurde im Jahr 2000 in die Liste des UNESCO-Weltkulturerbes aufgenommen.

Venedig

Im mittelalterlichen Mittelmeerraum war die Republik Venedig die größte Handelsmacht. Sie errichtete Handelsrouten, die bis nach Indien und China reichten, und knüpfte damit an die Seidenstraße an. Die Venezianer erwarben auch Besitzungen in anderen Teilen Italiens und an der östlichen Adriaküste sowie die Herrschaft über einige griechische Inseln und Zypern. Im 16. Jahrhundert verloren sie die meisten ihrer überseeischen Besitzungen, und 1797 wurde die Republik aufgelöst und zwischen Frankreich und Österreich aufgeteilt.

Gyeongbokgung

Die Yi-Dynastie herrschte über 500 Jahre lang über Korea und baute eine hochentwickelte Verwaltungsstruktur auf, während sie gleichzeitig die Bildung und den Handel förderte. Sie gründete auch eine neue Hauptstadt in Seoul, dem Standort ihres königlichen Hauptpalastes, des Gyeongbokgung.

Das Goryeo-Königreich hatte die koreanische Halbinsel seit seiner Gründung im Jahr 918 beherrscht, doch im späten 14. Jahrhundert war seine Position durch Kriege und Mongoleneinfälle untergraben worden. Im Jahr 1392, als das Land im Chaos versank, übernahm General Yi Seong-gye (1335–1408) die Macht. Heute bekannt unter dem Königsnamen Taejo, gründete er eine neue Dynastie und benannte das Königreich in Joseon um. Er begründete sein Handeln damit, dass die vorherige Dynastie unmoralisch gewesen sei und somit das Mandat des Himmels verloren habe, das er nun für sich beanspruchte.

Taejo und seine Söhne setzten Reformen durch, die sich langfristig auf die koreanische Kultur und Gesellschaft auswirken sollten. Sie waren Befürworter des Neokonfuzianismus, einer Denkschule, die auf der von Konfuzius geförderten Ethik der sozialen Harmonie und Ordnung aufbaute, sich aber stärker auf Rationalismus und Säkularismus konzentrierte. Taejo konfiszierte daher den Landbesitz der buddhistischen Tempel und verteilte ihn an seine Anhänger.

Im Jahr 1394 verlegte Taejo seine Hauptstadt nach Hanyang. Sie wurde später in Seoul umbenannt, was auf das koreanische Wort für »Hauptstadt« zurückgeht; der Name wurde erst 1948 offiziell geändert. Im Jahr 1395 begann Taejo dort mit dem Bau eines Palastes: Gyeongbokgung, der »vom Himmel gesegnete Palast« sollte zur wichtigsten Residenz seiner Dynastie werden. Es handelte sich um einen weitläufigen Komplex mit über 400 Gebäuden, den größten der fünf Paläste, die die Yi in ihrer Hauptstadt errichteten. Er war in einer Nord-Süd-Konfiguration gebaut und von einer Steinmauer mit Toren in den vier Himmelsrichtungen umgeben. Der Haupteingang befand sich im Süden und wurde aufgrund der drei in den Granitsockel eingelassenen Bogenportale als »dreifaches Regenbogentor« bezeichnet. Hanyang wurde zu einer großen Hauptstadt ausgebaut. Mehr als 100 000 Zwangsarbeiter wurden eingesetzt, um die Stadt nach dem Vorbild chinesischer kaiserlicher Hauptstädte auf einem Raster zu errichten und Paläste, Gebäude, Mauern und Tore zu bauen.

Der bedeutendste der Joseon-Könige war Taejos Enkel Sejong (1397–1450), der 1418 den Thron bestieg. Er wurde von einer hoch entwickelten Bürokratie unterstützt. Die Verwaltungsbeamten wurden in neun Ränge eingeteilt, die in eine untere und eine obere Ebene gegliedert waren, wobei Gesetze ihr Verhalten und ihren Status regelten. Eine Abteilung namens Zensorat wachte über das moralische Verhalten der Nation und überwachte das öffentliche und private Leben der Beamten genau. Über die Besetzung von Regierungsposten wurde durch öffentliche Prüfungen entschieden, bei denen die Kenntnisse der klassischen chinesischen und konfuzianischen Texte abgefragt wurden. Symbolisch für die Ordnung, die die Yi schaffen wollten, waren die *hopae* – Erkennungsmarken, die mit dem Siegel eines Regierungsbeamten versehen waren und die alle Männer anfertigen und tragen mussten, die älter als 15 Jahre waren. In der Praxis wurde dieses ehrgeizige System, das 1413 eingeführt wurde, nicht immer durchgesetzt.

Obwohl er ein absoluter Monarch war, beriet sich Sejong oft mit seinen Untertanen, damit diese ihre Probleme an ihn herantragen konnten. Eines seiner Hauptziele war die Verbesserung der Landwirtschaft; er versammelte gelehrte Männer, um ein Handbuch mit nützlichen Anweisungen für die Bauern zu verfassen, damit sie produktiver arbeiten konnten. Dieses Handbuch wurde 1429 an die regionalen Beamten verteilt. Dies führte unter anderem dazu, dass mehr Land kultiviert wurde, wobei sich die bewirtschaftete Fläche zwischen den Jahren 1400 und 1550 verdoppelte. Sejong vereinheit-

Hangul

Im Rahmen seiner Bemühungen, die Nation zu stärken, gründete Sejong ein Gremium von Gelehrten und Forschern: die Halle der Ehrwürdigen. Seine größte Errungenschaft war ein neues Alphabet. Vor Sejong hatten die Koreaner chinesische Schriftzeichen zum Schreiben verwendet, die für ihre Sprache nicht geeignet waren. Sejong beaufsichtigte die Entwicklung eines neuen, einfacheren Alphabets namens Hangul, was so viel wie »große Schrift« oder »koreanische Schrift« bedeutet. Dieses wurde 1446 verkündet und bestand aus nur 24 Buchstaben, die leichter zu erlernen und zu verwenden waren.

lichte seine Reiche, indem er im Gyeongbokgung eine Wasseruhr und standardisierte Messgeräte einrichtete und ständig weiter ausbaute, die als nationales Vorbild dienten. Er hinterließ 18 Söhne, was nach seinem Tod im Jahr 1450 zu einem großen Nachfolgekampf führte, der das Reich schwächte.

Gyeongbokgung wurde im späten 16. Jahrhundert von schweren Schicksalsschlägen heimgesucht. Im Jahr 1553 wurde es durch einen Brand verwüstet und musste umfassend wieder aufgebaut werden. Schlimmeres sollte 1592 folgen, als japanische Truppen, bewaffnet mit westlichen Waffen, auf der koreanischen Halbinsel einfielen. Da ihre Streitkräfte überwältigt wurden, gaben die Joseon-Könige Hanyang auf. Die in der Hauptstadt zurückgelassenen Sklaven rebellierten und brannten Regierungsgebäude nieder, um die Register zu zerstören, in denen ihr unfreier Status verzeichnet war. Diese Brandstiftung und die von den Invasoren verursachten Schäden führten zur Zerstörung des Gyeongbokgung. Der Krieg dauerte bis 1598, als Joseon mit der Unterstützung Chinas die Japaner zum Rückzug zwang. Die königliche Familie wählte einen anderen Palast in Hanyang, Changdeokgung, als ihre Residenz, und Gyeongbokgung wurde aufgegeben.

Gyeongbokgung wurde von 1865 bis 1869, während der Herrschaft von Gojong (1851–1919), wieder aufgebaut. Der restaurierte Palast umfasste mehr als 300 Gebäude und 7225 Räume und wurde erneut zum Sitz der Macht der Joseon-Könige. Gyeongbokgung war jedoch von den Plänen Japans zur Ausdehnung der japanischen Macht über die koreanische Halbinsel betroffen. Im Jahr 1895 wurde Myeongseong (1851–1895), eine der Ehefrauen Gojongs, die eine entschiedene Gegnerin des japanischen Einflusses war, im Gyeongbokgung ermordet. Das Verbrechen wurde von japanischen Agenten verübt, die in den Palast eingedrungen waren. Gojong und seine Erben verließen Gyeongbokgung und verlegten ihren Hof in einen anderen Palast, Deoksugung. Um die Unabhängigkeit des Landes zu demonstrieren und seine Souveränität vor Japan zu schützen, rief Gojong 1897 das koreanische Kaiserreich aus und nahm einen kaiserlichen Titel an. Dies konnte die japanischen Übergriffe jedoch kaum aufhalten, und 1905 errichteten die Japaner ein Protektorat über Korea, bevor sie es fünf Jahre später annektierten und damit die Herrschaft der Yi formell beendeten.

Gyeongbokgung war auch später schweren Verwüstungen ausgesetzt. Im Jahr 1915 wurden viele der dortigen Pavillons abgerissen und durch provisorische Bauten für eine Industrieausstellung ersetzt. Um ihre Macht zu symbolisieren, errichteten die japanischen Kolonialbehörden ihr zentrales Verwaltungsgebäude in der Nähe des Haupttors des Palastes; erst 1995 wurde es abgerissen. Als die japanische Herrschaft 1945 endete, war nur noch eine Handvoll der Gebäude des Gyeongbokgung vollständig erhalten.

Heute befindet sich im Gyeongbokgung das Nationale Palastmuseum Koreas, das 1908 gegründet wurde und Artefakte und Schätze aus der königlichen Vergangenheit des Landes enthält. Auf dem Gelände befinden sich auch das Nationale Volkskundemuseum Koreas und Nachbildungen buddhistischer Tempel aus dem ganzen Land. Dies ist allerdings etwas umstritten, da die Yi-Dynastie den Neokonfuzianismus bevorzugte. Die südkoreanische Regierung hat viel in den Wiederaufbau von Gyeongbokgung investiert; die laufende Restaurierung ist ein wichtiges Symbol des nationalen Stolzes auf die Geschichte des Landes.

Cusco

Das Inkareich war der Höhepunkt von 3000 Jahren komplexer Zivilisationen, die in den Anden entstanden sind. Im Volksmund als *Tawantinsuyu* (»Die vier zusammengehörigen Teile«) bezeichnet, erstreckte es sich über 4000 Kilometer im Westen Südamerikas und hatte eine Spitzenbevölkerung von über 10 Millionen Menschen, die von seiner Hauptstadt Cusco aus regiert wurden.

Der Legende nach stammte das Volk der Inka aus dem Dorf Paqari-tampu, 24 Kilometer südlich von Cusco, wo sich drei Höhlen befanden. Aus der mittleren Höhle stammte der mythische Gründer der Inka-Dynastie, Manco Cápac, zusammen mit seinen drei Brüdern und vier Schwestern. Ihr Volk kam aus den Höhlen, die sich jeweils

Das Inkareich im frühen 16. Jahrhundert

rechts und links der mittleren Höhle befanden. Manco Cápac erlangte die Herrschaft über seine Brüder und führte das Volk auf der Suche nach einer neuen Heimat über die Anden. Er war als *Sapa Inca*, also als »der einzige Inka« bekannt, und alle nachfolgenden Anführer stammten von ihm ab. Schließlich ließen sich die Inka in Cusco nieder, wo sie die einheimische Bevölkerung verdrängten. Ungeachtet des Wahrheitsgehalts ihres Schöpfungsmythos besiedelten die Inka Cusco im zwölften Jahrhundert. Die Stadt lag am oberen Ende eines grünen Bergtals auf einer Höhe von über 3353 Metern und wurde von Bergquellen gespeist. Für den Namen gibt es zahlreiche Interpretationen, darunter die Bedeutung »Felsvorsprung«, »ausgetrocknetes Seebett« oder »Zentrum«; er könnte sich auch auf eine steinerne Grenzmarkierung namens *Cozco* beziehen.

Nach der Gründung von Cusco erlangten die Inka die Herrschaft über das Tal, besiegten die benachbarten Dörfer und zwangen sie zu Tributzahlungen. Anfang bis Mitte des 14. Jahrhunderts wagten sich die Inka aus dem Cusco-Tal heraus und besiegten mehrere Stämme. Unter dem *Sapa Inca* Pachakuti (1418–1471/2) wurden die Inka zu einer kaiserlichen Macht und expandierten nach Süden zum Titicacasee und nach Norden ins heutige Ecuador. Während Pachakutis Herrschaft erreichte Cusco seine endgültige Form, dehnte sich über die umliegenden Siedlungen aus und erreichte eine Einwohnerzahl von etwa 150 000. Der Kern der Stadt war 40 Hektar (0,4 Quadratkilometer) groß und wurde wahrscheinlich von Pachakuti selbst angelegt, angeblich in Form eines Pumas. Die Wasserversorgung der Einwohner erfolgte über mit Steinen gepflasterte Kanäle, die entlang der gepflasterten Straßen verliefen, und die Vorratskammern wurden alle vier Tage aufgefüllt.

Im Zentrum von Cusco befand sich ein großer Platz, der vom Fluss Huatanay in zwei Bereiche geteilt wurde: den *Awkaypata* (»Ort des Weinens«) und den *Kusipata* (»Ort des Jubels«). Der *Awkaypata* war mit Sand von der Pazifikküste bedeckt, in dem Gold- und Silberfiguren vergraben waren, und enthielt häufig die mumifizierten Überreste verstorbener Herrscher (oder ihrer Ikonen), die je nach Rang aufgestellt waren. Am nördlichen Stadtrand von Cusco befand sich der *Saqsawaman*, der die Stadt überblickte und über massive Terrassenmauern verfügte. Er war eine Kombination aus Zitadelle, Schrein und zeremoniellem Zentrum. Als kaiserliche Hauptstadt war Cusco die Residenz des *Sapa Inca* und seiner Familie. Jeder

Herrscher baute sich einen neuen Palast, der ihm nach seinem Tod als ewige Ruhestätte diente; seine Einrichtungsgegenstände blieben an ihrem Platz, und seine Mumie oder sein Bildnis wurde von Dienern gepflegt. Um das Reich zusammenzuhalten, sollten die Oberhäupter der eroberten Stämme Häuser in Cusco beziehen und vier Monate im Jahr dort verbringen, wobei ein Sohn den ständigen Wohnsitz beibehalten sollte.

Cusco spielte eine tragende Rolle in der Religion der Inka. *Coricancha,* das größte religiöse Gebäude der Stadt, war ihrer Schutzgottheit, dem Sonnengott Inti, gewidmet. Unter der Schirmherrschaft von Pachakuti wurde es umfangreich umgebaut und mit Goldplatten verziert. Das Inkareich erreichte seine größte Ausdehnung (über 1,8 Millionen Quadratkilometer) im frühen 16. Jahrhundert während der Herrschaft von Pachakutis Enkel Huayna Capac (1464/8–1524), der eine zentralisierte Regierung und ein gut ausgebildetes stehendes Heer von etwa 200 000 Mann hatte. Die Ankunft der Europäer führte zu einer gefährlichen Destabilisierung des Inka-Reiches und schließlich zu dessen Untergang.

Francisco Pizarro (ca. 1475–1541) war der uneheliche Sohn eines Soldaten und hatte Spanien 1509 verlassen und sich in Panama niedergelassen. Er hatte in den Jahren 1526 und 1529 Expeditionen in das Gebiet der Inka geführt und dort deren enormen Reichtum kennengelernt, was ihn dazu veranlasste, 1532 eine groß angelegte Invasion zu starten – wenn auch nur mit 168 Mann. Trotz der geringen Größe seiner Truppe verfügte Pizarro über Waffen und Rüstungen aus Stahl und Eisen, Schießpulver und Pferde. Außerdem war das Inka-Gebiet geschwächt, weil sich der *Sapa Inca* Atahualpa (ca. 1502–1533) erst kürzlich als Herrscher etabliert hatte, nachdem er seinen Bruder in einem kostspieligen Bürgerkrieg besiegt hatte. Pizarro traf am 16. November bei Cajamarca auf Atahualpa. Er überfiel die Truppen der Inka, tötete über 7000 Menschen, nahm Atahualpa gefangen und forderte ein Lösegeld für dessen Freilassung. Obwohl das Lösegeld gezahlt wurde, hielt Pizarro es für riskant, Atahualpa am Leben zu lassen, und ließ ihn am 26. Juli 1533 hinrichten. Damit war das Ende des Inka-Reiches besiegelt. Anschließend führte Pizarro seine Männer nach Cusco und besetzte die Stadt am 15. November. *Coricancha* wurde seiner Wertsachen beraubt und dem Dominikanerorden übergeben, der um die Stadt herum ein Kloster errichtete. Cusco wurde offiziell als spanische Stadt neu gegründet. Dennoch beschloss Pizarro, seine Hauptstadt an der Küste zu errichten und gründete die Stadt Lima. Pizarro hielt Manco Inca (ca. 1533 bis ca. 1544), einen Cousin Atahualpas, in Cusco fest und setzte ihn als Marionettenkönig ein. Im November 1535 versuchte der zum ersten Mal zu fliehen, wurde jedoch wieder eingefangen und weiterhin festgehalten; angeblich urinierte man auf ihn und brannte seine Wimpern ab. Im darauffolgenden April entkam Manco Inca, nachdem er seinen Entführern mitgeteilt hatte, dass er aufs Land gehen würde, um Zeremonien durchzuführen, und dass er mit einer lebensgroßen goldenen Statue seines Vaters zurückkehren würde. Er führte einen Aufstand gegen die spanische Herrschaft an und erreichte Cusco im Mai 1536 mit über 200 000 Soldaten. Die Spanier überlebten die folgende zehnmonatige Belagerung, obwohl sie nur über ein paar Hundert Soldaten und etwa 1000 lokale Verbündete verfügten. Manco Inca zog sich in die Dschungel des Landesinneren zurück, wo er einen Staat gründete, der bis 1572 Bestand hatte.

Nachdem Cusco nicht mehr die Hauptstadt war, verfiel sie zunehmlich. Teile der Stadt waren bereits während der Belagerung niedergebrannt worden, und die Spanier demontierten einen Großteil der Architektur – zum Beispiel zerstörten sie den größten Teil der *Saqsawaman*, obwohl viele der Steine in den Mauern zu groß waren, um sie zu versetzen, und bis heute an ihrem Platz geblieben sind. Um zudem den *Awkaypata* zu entweihen, entfernten die Spanier den Sand, der sie bedeckte, und verwendeten ihn für Bauarbeiten. Der Platz wurde zur Plaza de Armas und wurde von zwei Kathedralen gesäumt. Nachdem Cusco im Jahr 1650 durch ein Erdbeben schwer beschädigt worden war, wurde ein Großteil der Stadt im Barockstil wiederaufgebaut, sodass heute nur noch wenige Überreste der Vergangenheit als Hauptstadt eines einst großen Reiches vorhanden sind.

Das Amselfeld im Kosovo

Die im Kosovo ausgetragene Schlacht auf dem Amselfeld (1389) markierte den Beginn der osmanischen Vorherrschaft auf dem Balkan und sollte in den folgenden Jahrhunderten eine wichtige Rolle in der Region spielen.

Das im Entstehen begriffene Osmanische Reich gewann sein erstes Territorium in Europa, als seine Streitkräfte 1352 eine Festung auf der Halbinsel Gallipoli (heute Gelibolu) besetzten. Während das Byzantinische Reich im Niedergang begriffen war, eroberten die Osmanen bis 1369 die Stadt Adrianopel (das heutige Edirne) und ebneten damit den Weg für eine weitere Expansion auf dem Balkan. Zu diesem Zeitpunkt war der Balkan bereits von den Slawen bevölkert, einem indoeuropäischen Volk, das die Region im sechsten und siebten Jahrhundert besiedelt hatte. Sie hatten mehrere Staaten gegründet und waren zum Christentum konvertiert. Da sie jedoch über keine starke Zentralmacht verfügten, waren sie gegenüber den Osmanen verwundbar.

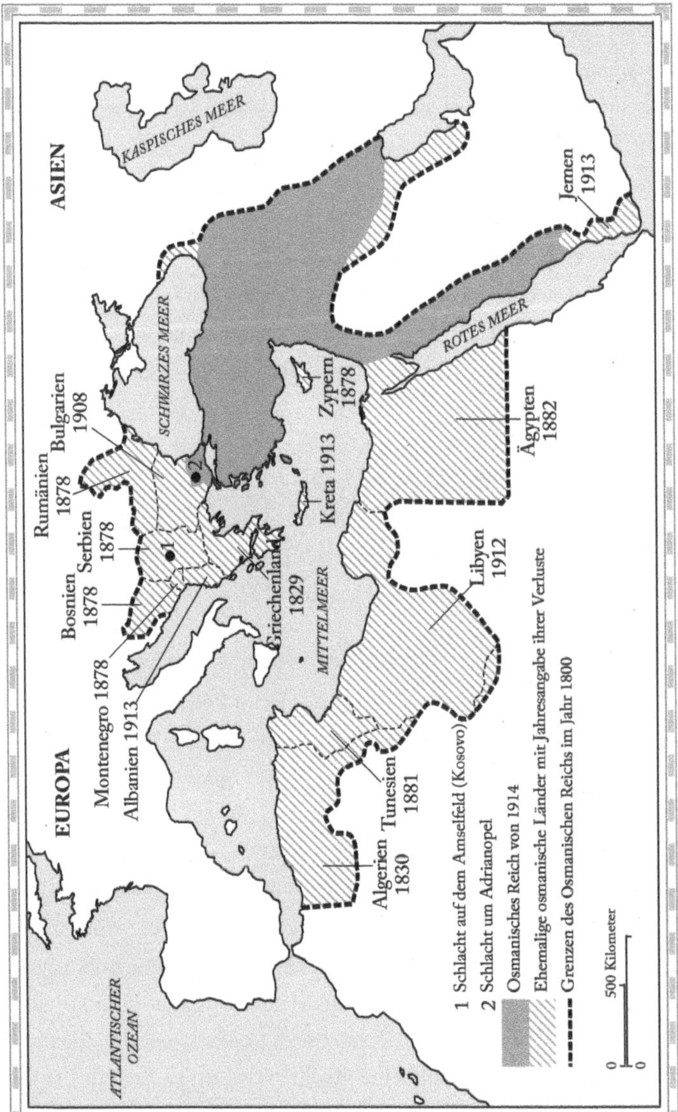

Das Osmanische Reich, ca. 1800 bis 1914

Von 1385 bis 1387 errang Sultan Murad I. (1326–1389) eine Reihe von Siegen, die die Osmanen bis nach Nordgriechenland und Südmazedonien vordringen ließen. Im Jahr 1388 wurde ihr Versuch, Bosnien zu erobern, jedoch vereitelt, als sie in der Schlacht von Bileća besiegt wurden. Murad I. reagierte auf diesen Rückschlag, indem er ein großes Heer zusammenstellte, dem auch einige verbündete Slawen angehörten. Im folgenden Jahr marschierte er nach Westen. Der mächtigste Slawenführer war Fürst Lazar Hrebeljanović (1329–1389), der einen großen Staat in Serbien regierte. Er organisierte eine Koalition, um die Osmanen zu besiegen, zu der Serben, Bosnier, Bulgaren, Walachen, Albaner und sogar einige Johanniter gehörten, ein während der Kreuzzüge gegründeter katholischer Militärorden.

Am 15. Juni trafen die beiden Armeen auf dem Amselfeld (Kosovo Polje), nordwestlich der Stadt Pristina, aufeinander. Die Berichte über die Schlacht gehen weit auseinander, aber wahrscheinlich war es eine Pattsituation, in der beide Seiten große Verluste erlitten. Darunter waren auch beide Anführer: Murad I. wurde von einem Serben getötet, der sich in seine Nähe geschlichen hatte, während Lazar gefangen genommen und hingerichtet wurde – möglicherweise nachdem er von einem Verbündeten verraten worden war. Die Osmanen, die immer noch auf bedeutende Verstärkungen aus Anatolien zurückgreifen konnten, waren besser in der Lage, die erlittenen Verluste zu verkraften. Die Serben verfügten nicht über die gleiche Mannstärke, und der Verlust von Lazar hatte sie ihres charismatischsten Anführers beraubt.

Obwohl die Schlacht auf dem Amselfeld nicht eindeutig entschieden wurde, ging sie für viele Serben als eine große Niederlage in das nationale Gedächtnis ein und signalisierte den Beginn des osmanischen Jochs. In späteren Jahrhunderten wurde das Kosovo zu einem Sammelbecken für die Serben, die ihre eigene nationale Unabhängigkeit anstrebten. Der Ort des Schlachtfelds wurde als Gazimestan bezeichnet, abgeleitet vom arabischen *ghazi*, was »Held« bedeutet, und dem serbischen *mesto*, was »Ort« heißt.

Der Sohn von Murad I., Bayezid I. (1360–1403), trat die Nachfolge seines Vaters an und machte Serbien zum osmanischen Vasallen, wobei er die Tochter von Lazar heiratete, um die Vereinbarung zu besiegeln. Ende des 14. Jahrhunderts kontrollierten die Osmanen den größten Teil des südlichen Balkans. Solange die Gebiete Steuern zahlten und loyal waren, wurde ihnen ein relativ hohes Maß an Autonomie zugestanden. Das Christentum blieb in den meisten Gebieten die Mehrheitsreligion, obwohl viele zum Islam konvertierten, insbesondere in Albanien und Bosnien. Die Region Kosovo wurde ein osmanisches Vilayet, also eine osmanische Provinz – die größte Bevölkerungsgruppe waren albanische Muslime. Im 15. und 16. Jahrhundert wurde das Osmanische Reich immer stärker. Im Jahr 1444 besiegte es ein verbündetes polnisch-ungarisches Heer und ebnete damit den Weg für die Expansion nach Bosnien und Herzegowina. Belgrad wurde 1521 erobert, und 1526 wurden die Ungarn in der Schlacht bei Mohács besiegt. Der Vorstoß der Osmanen nach Westen wurde 1529 gestoppt, als sie nach der gescheiterten Einnahme Wiens zurückgeschlagen wurden.

Die Osmanen sahen sich mit regelmäßigen Aufständen und zunehmenden nationalistischen Bestrebungen auf dem Balkan konfrontiert, und gegen Ende des 19. Jahrhunderts waren Griechenland, Montenegro, Rumänien und Serbien unabhängig geworden, während Bulgarien autonom war und 1908 seine formale Unabhängigkeit erklärte. Für die Panslawisten, die der Meinung waren, dass der gesamte Balkan zu einem einzigen Staat vereinigt werden sollte, der frei von jeglichem Einfluss von außen war, hatte die Schlacht auf dem Amselfeld weiterhin eine enorme Bedeutung. Das Ziel ihres Zorns war Österreich-Ungarn, das Kroatien und Bosnien-Herzegowina beherrschte. Als Erzherzog Franz Ferdinand (1863–1914), der österreichisch-ungarische Thronfolger, 1914 anlässlich des Jahrestages der Kosovo-Schlacht Sarajewo besuchte, war dies daher höchst umstritten. Ein Mitglied von Junges Bosnien, einer von Serbien unterstützten panslawistischen Bewegung, verübte ein Attentat auf Franz Ferdinand und seine Frau und löste damit eine Kette von Ereignissen aus, die schließlich zum Ausbruch des Ersten Weltkriegs führten.

Nach diesem Krieg wurde auf dem Balkan das Königreich der Serben, Kroaten und Slowenen gegründet, das die Ambitionen der Panslawisten erfüllte und später in Jugoslawien umbenannt wurde. Es umfasste auch das Kosovo, und 1924 wurde in Gazimestan ein Denkmal errichtet, das alljährlich zu Gedenkfeiern einlädt. Das Königreich Jugoslawien bestand bis 1941, als es von den Achsenmächten eingenommen, besetzt und aufgeteilt wurde. Nach dem Zweiten Weltkrieg wurde es zu einem föderalistischen sozialistischen Staat unter der Führung von Josip Broz Tito (1892–1980), der bis zu seinem Tod im Jahr 1980 regierte.

Der Verlust von Tito und der wirtschaftliche Niedergang in den 1980er-Jahren setzten die Föderation unter Druck. 1989 sprach Slobodan Milošević (1941–2006), der Führer der Republik Serbien, vor einer großen Menschenmenge in Gazimestan (wo 1953 ein neues Denkmal errichtet worden war). Er erklärte, dass Serbien 600 Jahre zuvor dort gekämpft habe, um das übrige Europa vor der osmanischen Herrschaft zu retten, und dass es daher immer die Kontrolle über das Kosovo behalten sollte, auch wenn viele seiner Bewohner die Unabhängigkeit wünschten. In seiner Rede deutete er auch die Möglichkeit eines Kriegs an, um seine Ambitionen für

Serbien zu verteidigen. Diese Rhetorik war symptomatisch für den aufkommenden Nationalismus, der zum Zusammenbruch Jugoslawiens im Jahr 1991 beitrug. In den folgenden vier Jahren brach auf dem Balkan ein Krieg aus, der von zahlreichen Massakern und von Völkermord begleitet wurde.

Titos Höhle

Während des Zweiten Weltkriegs eroberten die Achsenmächte 1941 Jugoslawien, doch im Lande selbst regte sich Widerstand. Eine der wichtigsten Gruppen waren die kommunistischen Partisanen, die von Tito angeführt wurden. Am 25. Mai 1944 griffen die Achsenmächte Titos Hauptquartier an, eine Höhle in den Hügeln außerhalb der bosnischen Stadt Drvar. Tito entkam und wurde im folgenden Jahr zum Führer der neu gegründeten Sozialistischen Föderativen Republik Jugoslawien.

Nach dem Krieg wurde Milošević Präsident der Republik Serbien und Montenegro, zu der auch das Kosovo gehörte. Im Jahr 1998 griff er die Unabhängigkeitsbefürworter im Kosovo an, was zu Blutvergießen und der Vertreibung der Bevölkerung führte. Um eine humanitäre Krise zu verhindern, intervenierte die NATO 1999 und zwang Milošević zum Rückzug. Später wurde er gestürzt und nach

Den Haag ausgeliefert, um sich dort wegen Kriegsverbrechen vor Gericht zu verantworten. Er starb jedoch 2006, bevor ein Urteil gefällt wurde. In der Zwischenzeit wurde das Kosovo einer UN-Verwaltung unterstellt, die 2008 mit der Erklärung der Unabhängigkeit endete.

Kapitel 6

Das frühe moderne Zeitalter

Die Alhambra

Vom achten bis zum 15. Jahrhundert kontrollierten muslimische Herrscher einen Großteil der Iberischen Halbinsel, manchmal sogar fast das gesamte Gebiet. Am längsten waren sie in Granada vertreten, wo die regierenden Emire die Alhambra errichteten, einen Palast, der den ästhetischen Höhepunkt der islamischen Architektur darstellt.

Im Jahr 711 fiel das Kalifat der Umayyaden in Iberien ein und gründete ein Gebiet, das sie al-Andalus nannten. Nach einem Bürgerkrieg wurden die Umayyaden von den Abbasiden gestürzt. Die muslimische Herrschaft in Iberien wurde unter einem Umayyaden-Fürsten fortgesetzt, der im Jahr 756 das unabhängige Emirat von Córdoba gründete. Zu Beginn des elften Jahrhunderts brach es in einem Bürgerkrieg zusammen und zerfiel in kleine Staaten, die *Taifas* genannt wurden. Dadurch entstand ein Machtvakuum, das von marokkanischen Berberdynastien (zunächst den Almoraviden, dann den Almohaden) gefüllt wurde, die von 1090 bis 1212 die Oberherrschaft im islamischen Iberien ausübten.

Die christlichen Mächte hatten im Norden Iberiens noch Bestand und führten eine Reihe von Kriegen, die sogenannte Reconquista, um die islamischen Herrscher zurückzudrängen. Dabei gründeten sie mehrere unabhängige Königreiche, die ihre militärische Macht nutzten, um die *Taifa*-Könige zu Tributzahlungen zu zwingen. Im Jahr 1212 errangen die verbündeten christlichen Armeen bei Las

Navas de Tolosa einen großen Sieg über die Almohaden und legten damit den Grundstein für die Beseitigung der muslimischen Herrschaft in Südspanien. Das mächtigste christliche Königreich Spaniens war Kastilien, das von 1217 bis 1252 von Ferdinand III. (ca. 1199–1252) regiert wurde, der die Eroberung von Sevilla und Córdoba leitete. Ein einziges Überbleibsel von al-Andalus ließ er bestehen: das Emirat von Granada. Es wurde von Abu Abdullah Muhammad ibn Yusuf ibn Nasr (1195–1273) gegründet, einem *Taifa*-König, der Ferdinand III. unterstützt hatte. Die von ihm gegründete Nasriden-Dynastie regierte Granada bis 1492.

Das Emirat Granada umfasste einen Küstenstreifen sowie einige bergige Gebiete im Landesinneren. Aufgrund des kargen Bodens war das Emirat gezwungen, Getreide aus Nordafrika zu importieren, profitierte jedoch gleichzeitig vom Export von Luxusgütern wie Seide, Zucker und Trockenfrüchten. Das nördlicher gelegene Kastilien zwang Granada, einen jährlichen Tribut in Form von Gold zu zahlen. Bei Verspätung unternahm Kastilien strafende Grenzüberfälle und zerstörte Höfe und Siedlungen. Um sich in Granada zu festigen, beschloss Mohammed I., sich einen Palast zu errichten, den *Qal'at al-Hamra*, was so viel wie rote Festung bedeutet – nach der Farbe der Mauern, die aus der lehmhaltigen Erde der Umgebung hergestellt wurden. Der Palast wurde schließlich unter dem Kürzel »Alhambra« berühmt. Mohammed I. wählte ein Plateau mit Blick auf die Stadt, auf dem bereits eine kleine Festung gestanden hatte und das von den Römern bebaut worden war. Die Bauarbeiten sollten sich über Jahrhunderte hinziehen, und seine Nachfolger bauten den Komplex kontinuierlich aus und verbesserten ihn.

Die äußere Umfriedung der Alhambra wurde Ende des 13. Jahrhunderts fertiggestellt; ihre dicken Mauern hatten einen Außenumfang von etwa 2,25 Kilometern und verfügten über 22 Türme.

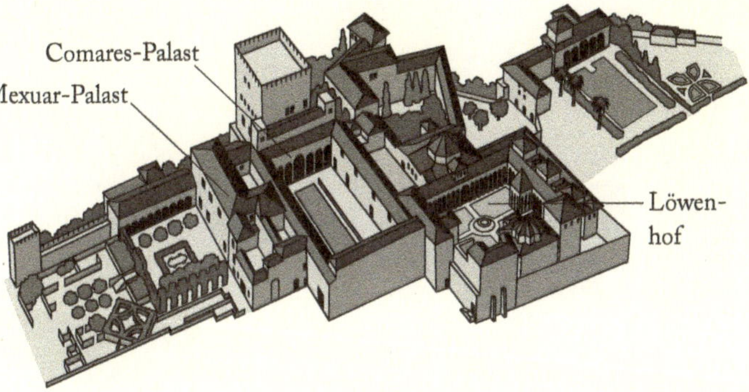

Zu dieser Zeit wurde auch das Aquädukt gebaut – die Versorgung mit fließendem Wasser war für die zahlreichen Brunnen und das Badehaus der Alhambra von entscheidender Bedeutung. Die Alhambra besteht aus drei Hauptbereichen: dem Mexuar-Palast, dem Comares-Palast und dem Löwenhof. Der Mexuar-Palast wurde in den 1320er-Jahren erbaut und wurde von den Nasriden für öffentliche Angelegenheiten genutzt. Der Comares-Palast wurde in der Mitte des 14. Jahrhunderts erbaut und diente für private Audienzen sowie für den Empfang von Botschaftern. Der Löwenhof schließlich wurde im späteren 14. Jahrhundert hinzugefügt und diente als Privatgemächer der Nasriden-Dynastie. Alle diese Gebäude waren reich verziert, mit den für die islamische Kunst charakteristischen komplexen geometrischen Mustern. Östlich der Alhambra befand sich der Generalife (eine Verballhornung von *Jinnah al-Arif*, was »Garten des Architekten« bedeutet), ein Sommerpalast inmitten von Ziergärten, Pavillons und Brunnen, die in den 1310er- und 1320er-Jahren angelegt worden waren. Der westlichste Teil des Komplexes war die Alcazaba, eine Zitadelle, die als Kaserne, Militärlager und Gefängnis genutzt wurde.

Palos de la Frontera

Am 3. August 1492 verließen drei Schiffe, die Pinta, die Niña und die Santa María, den andalusischen Hafen Palos de la Frontera. Die von Kolumbus geleitete Expedition suchte einen neuen Seeweg nach Asien. Nach der Überquerung des Atlantiks kamen die Schiffe am 12. Oktober in der Karibik an – Kolumbus glaubte immer noch, sie hätten Asien erreicht. Am 15. März 1493 kehrten sie nach Palos de la Frontera zurück: Ihre Reise sollte den Grundstein für das spanische Weltreich und die europäische Kolonisierung Amerikas legen.

Die Nasriden-Dynastie, die ein Jahrzehnt lang in Bürgerkriegen und Kämpfen gegen Einfälle aus dem Norden versunken war, fand am 2. Januar 1492 ihr Ende, als Mohammed XII. (ca. 1460–1533) sich Isabella I. von Kastilien (1451–1504) und ihrem Ehemann Ferdinand II. von Aragon (1452–1516) ergab, deren Heirat den Grundstein für die Einigung Spaniens gelegt hatte. Die Alhambra wurde von Ferdinand und Isabella zum Königspalast auserkoren. Sie stellten fest, dass der Palast ziemlich baufällig war, und beauftragten muslimische Handwerker mit der Restaurierung sowie mit dem Bau einer christlichen Kapelle. Dort empfingen sie Christoph Kolumbus (1451–1506) und unterstützten und finanzierten seine Atlantiküberquerung. Dies führte zur Gründung des Weltreichs, das ihr Enkel, Kaiser Karl V. (1500–1558), im Jahr 1516 erbte. Karl besuchte die Alhambra erstmals 1526. Obwohl er ihre Kunstfertigkeit bewunderte, war sie für ihn als königlicher Palast nicht geeignet, sodass er eine neue Residenz auf ihrem Gelände errichten ließ – und dabei Teile der ursprünglichen Alhambra zerstörte. Diese Residenz wurde nie vollständig fertiggestellt und die Arbeiten wurden nach einem Jahrhundert aufgegeben.

Mitte des 17. Jahrhunderts befand sich die Alhambra in einem erbärmlichen Zustand, und ihre Paläste wurden zur Unterbringung von Gefangenen und verletzten Soldaten genutzt. Während der napoleonischen Ära wurde die Alhambra weiter beschädigt, als französische Soldaten acht der Türme sprengten und zudem das Holz des von Karl V. unvollendeten Palastes abrissen, um es als Brennholz zu verwenden. Als der Herzog von Wellington (1769–1852) während des Halbinselkriegs in Granada eintraf, pflanzte er in dem die Alhambra umgebenden Park englische Ulmen. Während eines Großteils des 19. Jahrhunderts wurde die Alhambra zur Tierhaltung genutzt. Unkraut wuchs zwischen den Gebäuden, und Erdbeben und Brände richteten weiteren Schaden an. Seit Mitte des 19. Jahrhunderts wird die Alhambra fast ununterbrochen renoviert und konserviert, was dazu beigetragen hat, ihre Pracht wieder aufleben zu lassen.

Die Gemeinde Belém

Am westlichen Stadtrand von Lissabon, an der Einfahrt zum Hafen, liegt die Gemeinde Santa Maria de Belém. Sie ist untrennbar mit dem Aufstieg Portugals als Kolonial- und Handelsmacht im 15. und 16. Jahrhundert verbunden.

Im Jahr 1147 eroberte Afonso I. (ca. 1109–1185), der erste König von Portugal, nach viermonatiger Belagerung Lissabon von den muslimischen Herrschern. Unterstützt wurde er dabei von Kreuzrittern aus Nordwesteuropa, die in Portugal gelandet waren, nachdem schlechtes Wetter sie daran gehindert hatte, direkt ins Heilige Land zu segeln. Die Stadt wurde später zur Hauptstadt Portugals und spielte in der Geschichte des Landes eine zentrale Rolle als Verwaltungszentrum und Handelsplatz. Lissabon wurde an den Hängen zweier Hügel erbaut, die sowohl den Tejo als auch den Atlantik überblicken, und verfügte über den besten natürlichen Tiefwasserhafen und geschützten Ankerplatz an der europäischen Atlantikküste.

Die portugiesischen Könige waren sich bewusst, dass ihr Heimatgebiet nur spärlich besiedelt war und weder über natürliche Ressourcen noch über gutes Ackerland verfügte; sie förderten daher den Seehandel und Entdeckungsreisen. Im frühen 15. Jahrhundert begannen sie, außerhalb Europas nach Reichtum und Ruhm zu suchen. Im Jahr 1415 eroberte Portugal die nordafrikanische Stadt Ceuta. Dies war nur der Anfang der portugiesischen Expansion nach Übersee. Die Besiedlung Madeiras begann ab 1420, und 1427 folgte die Entdeckung der Azoren. Aufgrund ihres subtropischen Klimas wurden beide Inseln zum Standort von Plantagen, vor allem von Zucker. Ab Mitte des 15. Jahrhunderts wurden portugiesische Kaufleute und Entdecker in Westafrika aktiv, errichteten Handelsposten und kartierten die Küstenlinie bis zum Kap der Guten Hoffnung. In dieser Zeit entdeckten sie auch den Kapverdischen Archipel und besiedelten die Inseln im Jahr 1462. Für Portugal ging diese Entdeckungsreise Hand in Hand mit Profit. Sie waren die ersten Europäer, die Afrikaner versklavten, indem sie sie aus ihren Heimatländern verschleppten und zur Arbeit auf ihren Plantagen zwangen.

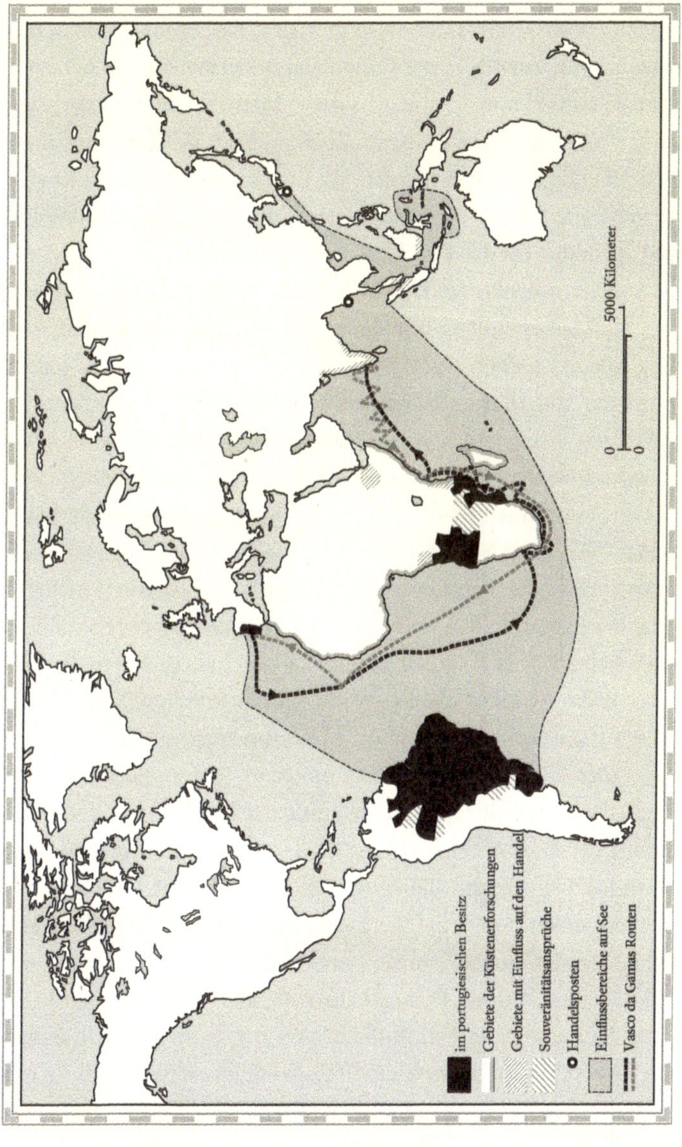

Das portugiesische Überseeimperium, 16. bis 19. Jahrhundert

Portugal strebte nach einem noch größeren Ziel: einem Seeweg um Afrika herum, um direkt mit Indien Handel treiben zu können. Auf diese Weise hätten sie Zugang zu den lukrativen Gütern Asiens gehabt, insbesondere zu Gewürzen. Zudem hätten sie so die muslimischen Händler umgehen können, die die Landwege in diese Region kontrollierten. Von 1487 bis 1488 leitete Bartolomeu Dias (1450–1500) eine Expedition, die das Kap der Guten Hoffnung, die südlichste Spitze Afrikas, umsegelte. Im Jahr 1497 wurde Vasco da Gama (ca. 1460–1524), ein kleiner Adliger mit wenig Erfahrung in der Seefahrt, von König Manuel I. (1469–1521) ausgewählt, eine Expedition zu leiten, die auf der von Dias aufbauen sollte. Da Gama und seine Männer verbrachten ihre letzte Nacht in Portugal in Belém, wo sie in einer Einsiedelei beteten, die bei den Seefahrern besonders beliebt war. Das Glück war ihnen hold – da Gama sichtete die indische Küste am 18. Mai 1498, und das erste seiner Schiffe kehrte im Juli 1499 nach Hause zurück. Die Portugiesen errichteten in der Folgezeit mehrere Handelsposten in Indien und Ostafrika. In der Zwischenzeit etablierten sie sich auch als Kolonialmacht in Südamerika, nachdem der Entdecker Pedro Álvares Cabral (1467/8–1520) in Brasilien gelandet war und es für die portugiesische Krone beanspruchte.

Im Jahr 1502 begann Manuel mit dem Bau eines Klosters in Belém, das an der Stelle errichtet wurde, an der da Gama und seine Männer vor ihrer Abreise gebetet hatten. Das Kloster Mosteiro dos Jerónimos wurde zum Teil durch eine Steuer auf Gewürze aus Asien finanziert und dem Orden der Hieronymiten übergeben. Manuel hoffte, die Mönche würden für seine Seele und den Erfolg der Seeleute beten, die von Portugal aus aufbrachen.

Der Bau dauerte ein Jahrhundert und wurde im manuelinischen Stil errichtet, der sich durch die überschwängliche Verwendung von maritimen und exotischen Motiven in den aufwendigen Verzierungen

Diu

Im Jahr 1509 stieß Portugal bei seinem Versuch, sich in Indien zu etablieren, auf Widerstand. Der Sultan von Gujarat und der König von Calicut stellten gemeinsam mit dem ägyptischen Mamluken-Sultanat eine Flotte zusammen, um die Portugiesen ein für alle Mal zu vertreiben. Die entscheidende Schlacht fand vor Diu, einem Hafen in Westindien, statt. Obwohl sie zahlenmäßig unterlegen waren, vernichteten die größeren und stärkeren portugiesischen Schiffe ihre Feinde und errangen einen bedeutenden Sieg, der ihnen die Kontrolle über die Handelsrouten im Indischen Ozean für ein Jahrhundert sicherte.

auszeichnet. Da Gama, der 1524 als portugiesischer Vizekönig in Indien gestorben war, wurde hier beigesetzt. In der Nähe des Klosters befindet sich der Turm von Belém, der zur Bewachung der Zufahrten zur Tejo-Mündung gebaut wurde. Der Bau des Turms, der sich auf einem Felsvorsprung in der Nähe des Flussufers befand, wurde 1515 auf Befehl von Manuel I. begonnen und 1521 fertiggestellt. Der dem Heiligen Vincent, dem Schutzpatron von Lissabon, gewidmete Kalksteinturm diente als Garnison, Gefängnis, Wachturm und Umfassungsmauer. Er ist ein Beispiel für den manuelinischen Stil und weist auch römische, venezianische und marokkanische Einflüsse auf.

Im 16. Jahrhundert wurde Portugal als dominierende Kolonialmacht im Indischen Ozean von den Engländern und Holländern verdrängt und sah sich auch in Westafrika mit Konkurrenz konfrontiert. Im Jahr 1580 führte eine Erbfolgekrise dazu, dass der spanische König Anspruch auf die portugiesische Krone erhob. Erst 1640 wurden Portugal und sein Reich wieder von einer eigenen Königsdynastie regiert. Belém spielte weiterhin eine wichtige Rolle. Im Jahr 1726 begann König Johann V. (1689–1750) mit dem Bau eines Palastes in Belém, der sich durch sein rosafarbenes Äußeres auszeichnete. Im 19. Jahrhundert wurde der Palast renoviert und erweitert, mit aufwendigen Innenräumen und Gärten ausgestattet und ist seit 1911 die offizielle Residenz des portugiesischen Staatspräsidenten.

Im Jahr 1755 wurde Lissabon von einer Katastrophe heimgesucht, als ein schweres Erdbeben und ein damit einhergehender Tsunami die Stadt verwüsteten. Mehr als 50 000 Menschen starben, und nur das rasche Handeln der Regierung verhinderte den Ausbruch von Unruhen und Krankheiten. Belém wurde von den meisten Zerstörungen verschont und blieb größtenteils unversehrt. Viele Menschen ließen sich in Zelten und provisorischen Bauten in der Gemeinde und den umliegenden Gebieten nieder, darunter auch die königliche Familie, die nach dem Erdbeben ihren Hof nach Ajuda, der Nachbargemeinde von Belém, in einen Komplex mit einem großen Zelt und Holzgebäuden verlegte. Ein Großteil der Gebäude in Ajuda wurde 1794 durch ein Feuer zerstört, und im folgenden Jahr wurde mit dem Bau eines neuen Steinpalastes begonnen. Als die portugiesische Königsfamilie 1807 angesichts der vorrückenden napoleonischen Armee nach Brasilien floh, war der Palast noch immer unvollendet; er wurde erst im späteren Verlauf des 19. Jahrhunderts fertiggestellt. Zu diesem Zeitpunkt war Portugals imperialer Ruhm bereits verblasst, und in der Revolution vom 5. Oktober 1910 wurde die königliche Familie gestürzt und eine

Republik errichtet. Belém blieb jedoch als Symbol des goldenen Zeitalters Portugals erhalten, und 1983 wurden der Turm und das Kloster Mosteiro dos Jerónimos zum UNESCO-Weltkulturerbe erklärt.

Cape Coast Castle

Der transatlantische Sklavenhandel ist eine der großen Tragödien der Geschichte. Vom 16. bis zum 19. Jahrhundert wurden mehr als zwölf Millionen Menschen aus Afrika versklavt und nach Amerika transportiert. Die europäischen Mächte errichteten an der west-

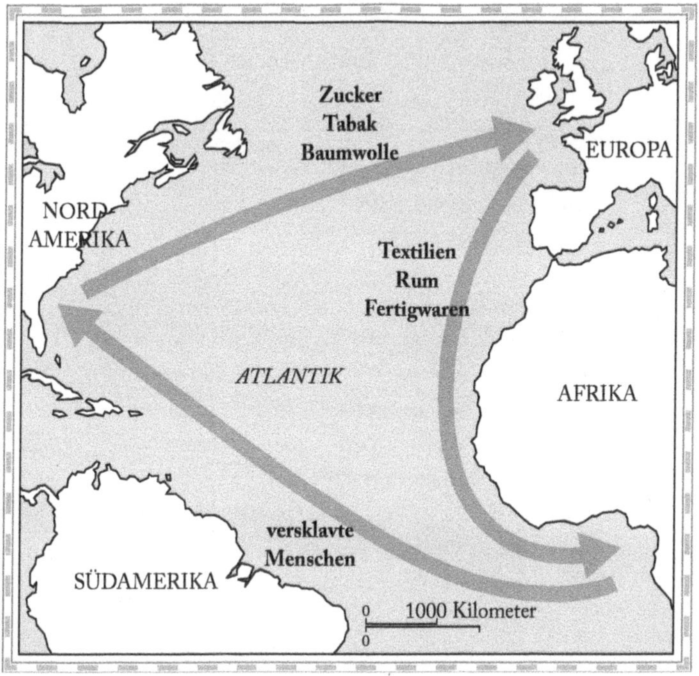

Der Dreieckshandel im 18. Jahrhundert

afrikanischen Küste Außenposten, darunter auch Cape Coast Castle, im heutigen Ghana.

Die ersten europäischen Sklavenhändler, die in Westafrika tätig waren, waren die Portugiesen, die sich Mitte des 15. Jahrhunderts dort niederließen. Zu Beginn des 16. Jahrhunderts schlossen sich ihnen die Spanier, Briten, Franzosen und Niederländer an. Das bevorzugte Bestimmungsgebiet für die versklavten Menschen war Amerika. Etwa die Hälfte der in Afrika versklavten Menschen wurde in die Karibik gebracht, ein Drittel nach Brasilien und der Rest nach Nordamerika.

Die Old Polo Grounds in Accra

In der Mitte des 20. Jahrhunderts formierte sich in ganz Afrika der Widerstand gegen die europäische Kolonialherrschaft. In der britischen Kolonie Goldküste war Kwame Nkrumah (1909–1972) der führende Kopf im Kampf um die Selbstverwaltung. Am 6. März 1957, kurz nach Mitternacht, sprach er zu einer riesigen Menschenmenge, die sich auf den Old Polo Grounds in Accra versammelt hatte, und proklamierte die Unabhängigkeit Ghanas (benannt nach dem afrikanischen mittelalterlichen Reich). Da Ghana die erste britische Kolonie südlich der Sahara war, die unabhängig wurde, gilt dies als ein epochales Ereignis.

Im 17. Jahrhundert hatten die Europäer einen »Dreieckshandel« eingerichtet, bei dem Schiffe Fertigwaren aus Europa nach Afrika brachten, dort Sklaven kauften, um sie nach Amerika zu transportieren, und dann mit Rohstoffen wie Tabak, Zucker oder Baumwolle nach Hause zurückkehrten. Der Abschnitt zwischen Afrika und Amerika wurde als »Middle Passage« bezeichnet. Die Bedingungen auf den Schiffen, die diese Route befuhren, waren beengt, unmenschlich und von Krankheiten gezeichnet; viele Menschen warfen sich über Bord. Vielleicht 15 Prozent der versklavten Menschen starben auf dem Weg übers Meer.

Eine der Regionen Westafrikas, in der die Europäer am aktivsten waren, wurde als Goldküste bekannt; sie und nahe gelegene Gebiete wie die Elfenbeinküste und die Sklavenküste wurden nach ihrem wichtigsten Exportgut benannt. Obwohl es an der Goldküste reiche Goldvorkommen gab, die die Europäer ausbeuten wollten, waren sie auch bestrebt, ihren Handel mit Menschen weiterzuführen. Auf einem Küstenabschnitt von weniger als 482 Kilometern Länge errichteten die europäischen Kaufleute über sechzig Handelsposten, Lager und Festungen, in denen sie die Menschen festhielten, bevor sie auf Schiffe verladen wurden, um die Überfahrt durchzuführen.

Die Geschichte von einer dieser Festungen, Cape Coast Castle, geht auf die Mitte des 17. Jahrhunderts und Hendrik Carloff zurück, der wahrscheinlich aus der Handelsstadt Rostock stammte (obwohl er auch in Finnland geboren worden sein könnte) und für die Dutch West India Company in Westafrika gearbeitet hatte, wo er Verbindungen zu mehreren lokalen Herrschern knüpfte. Dazu gehörte auch König Bodema von Efutu, der über einen Küstenstreifen im heutigen Ghana herrschte. Im Jahr 1648 kehrte Carloff nach Europa zurück, wo er Kontakt zu den De Geers aufnahm, einer Familie wallonischer Herkunft, die nach Schweden ausgewandert war und mit der Eisenherstellung ein Vermögen gemacht hatte. Die De Geers waren die Gründer der Swedish Africa Company und nahmen Carloff als Direktor unter Vertrag. Im Jahr 1650 segelte er zurück an die Goldküste, wo er die Beziehungen zu Bodema wieder aufnahm und die Erlaubnis erhielt, eine Hütte auf einem Stück Land zu bauen, das die Portugiesen Cabo Corço genannt hatten, was ins Englische als Cape Coast übersetzt wurde. Ein quadratischer Bau aus Holz und Lehmziegeln wurde 1653 errichtet und zu Ehren von Karl X. Gustav von Schweden (1622–1660) Fort Carolusburg genannt. Carloff reiste 1655 nach Europa, geriet aber bald mit den De Geers aneinander. Er arbeitete dann für die Dänen, die sich im Sklavenhandel betätigen wollten. Im Jahr 1658 reiste Carloff, der mittlerweile für die Danish Africa Company arbeitete, zurück an die Goldküste, wo er Bodemas Berater überredete, Carolusburg an die Dänen zu übertragen. Mithilfe von bewaffneten Schiffen erlangte er die Kontrolle über das Fort, bevor er nach Europa zurückkehrte. Damit endete Carloffs Engagement an der Goldküste, obwohl er später für die French West India Company in Westafrika und der Karibik arbeitete.

Die dänische Hoheit über Carolusburg währte nicht lange. Im Jahr 1659 wurde sie von den Niederländern erobert, bevor Schweden sie ein Jahr später wieder in Besitz nahm. Die Schweden konnten jedoch keinen Gewinn aus der Anlage ziehen und gaben sie 1663 an die Niederländer zurück. Am 7. Mai 1664 eroberte eine englische Flotte das Fort, das inzwischen verfallen war. Es wurde in Cape Coast Castle umbenannt und zum Hauptquartier der britischen Beteiligung am transatlantischen Sklavenhandel. In den 1680er- und 1690er-Jahren wurde das Fort umfassend renoviert; seine Nordseite wurde erweitert und ein neues, über das Meer hinausragendes Gebäude wurde als Plattform für Kanonen errichtet. Zunächst zahlten die Briten weiterhin monatliche Pacht an den König von Efutu, bevor sie es den Anführern der Fante überließen, einem Völkerbund, der sich das Territorium des Forts einverleibte.

Nach den 1750er-Jahren führte die steigende Nachfrage nach versklavten Arbeitskräften in ganz Amerika dazu, dass die europäischen Sklavenhändler ihre Aktivitäten in Westafrika verstärkten. So erreichte der transatlantische Sklavenhandel in den 1780er-Jahren seinen Höhepunkt, als jährlich etwa 88 000 Sklaven transportiert wurden. Zu dieser Zeit wurden die letzten Überreste des alten, inzwischen baufälligen Forts abgerissen, um Platz für ein größeres Gebäude zu schaffen. Das neue Cape Coast Castle verfügte über einen Turm, eine doppelte Festungsmauer und Rampen, die bis an den Strand reichten, um die Verladung von Gütern zu erleichtern. Außerdem verfügte es über ausgedehnte unterirdische Gewölbe, in denen Hunderte von Sklaven untergebracht werden konnten, bis Schiffe kamen, um sie zu kaufen. Cape Coast Castle wurde zu einem geschätzten Ziel für Sklavenschiffskapitäne, da sie ihre Schiffe schnell voll beladen und so die Zeit, die sie vor der Küste vor Anker lagen, minimieren konnten.

Im Jahr 1807 wurde der Sklavenhandel im British Empire abgeschafft, aber die Briten gaben Cape Coast Castle nicht auf, sondern hofften, es als Basis für Plantagen in der Umgebung nutzen zu können. Zu diesem Zeitpunkt wurde der Fante-Konföderation die lokale Vorherrschaft durch das Königreich Ashanti streitig gemacht, an das die Briten ab 1817 Miete für Cape Coast Castle zahlten. Schon bald sahen sich die Briten von den Ashanti herausgefordert, die 1825 eine große Armee aufstellten, um Cape Coast Castle zu erobern, aber ein Ausbruch der Pocken zwang sie zum Rückzug. 1867gründeten die Briten offiziell die Kolonie Goldküste und kämpften weiter gegen die Ashanti und die Fante, die ins Landesinnere vordrangen. Cape Coast Castle blieb bestehen und wurde nach der

Unabhängigkeit Ghanas 1957 zusammen mit anderen Sklavenburgen restauriert und erhalten, um an die Schrecken zu erinnern, die sich dort zugetragen hatten.

Greenwich

Die britische Geschichte, insbesondere die Geschichte des Empire, ist untrennbar mit den Meeren verbunden. Nur wenige Orte dieses Landes haben ein größeres maritimes Erbe als Greenwich.

Greenwich war bereits im 13. Jahrhundert mit der englischen Königsfamilie verbunden, als diese das Gebiet als Jagdpark nutzte. Zur königlichen Residenz wurde es im Jahr 1447, als die Krone ein Herrenhaus erwarb, das Palace of Placentia benannt und in einer Parklandschaft an der Themse errichtet wurde. Aufgrund seiner Nähe zu London machte Heinrich VII. (1457–1509), der erste Monarch der Tudor-Dynastie, den Palast zu seiner Hauptresidenz und baute ihn um. Sein Sohn und Nachfolger Heinrich VIII. (1491–1547) wurde im Palast geboren und veranstaltete dort häufig Bankette und Turniere. Auch dessen Tochter Elisabeth I. (1533–1603) wurde hier geboren und nutzte den Palast als Sommerresidenz.

Die Stuart-Monarchen Jakob I. (1566–1625) und Karl I. (1600–1649) waren ebenfalls häufige Besucher in Greenwich. Im Jahr 1613 schenkte Jakob I. das Anwesen und den Palast seiner Frau Anna von Dänemark (1574–1619) als Entschuldigung, nachdem er wütend darauf reagiert hatte, dass sie bei einem Jagdausflug versehentlich seinen Lieblingshund erschossen hatte. Sie beschloss, in der Nähe von Placentia eine eigene Residenz zu errichten, und der Architekt Inigo Jones (1573–1652) erhielt 1616 den Auftrag, das »Queen's House« zu entwerfen, mit dessen Bau im folgenden Jahr begonnen wurde. Es war das erste klassisch inspirierte Gebäude Großbritanniens, das die architektonischen Trends des europäischen Kontinents widerspiegelte. Als es 1635 fertiggestellt war, war Anna bereits gestorben. Inzwischen hatte ihr Sohn Karl I. den Thron bestiegen, und das Queen's House wurde seiner Frau, Henrietta Maria von Frankreich (1609–1669), übergeben.

Von 1639 bis 1651 kam es in England, Wales, Schottland und Irland zu einer Reihe von Bürgerkriegen zwischen der Krone und dem Parlament. Während des Konflikts wurde Karl I. vor Gericht gestellt, weil er seine eigenen Interessen über die seines Volkes stellte. Er wurde des Hochverrats für schuldig befunden und hingerichtet. Die Parlamentarier, angeführt von Oliver Cromwell (1599–1658), siegten schließlich und es wurde ein republikanisches Commonwealth errichtet. Placentia verfiel – Cromwell versuchte, es zu verkaufen, und als ihm das nicht gelang, ließ er es zunächst in eine Fabrik umwandeln, die Kekse für die Marine herstellte; schließlich nutzte er es als Gefängnis für Kriegsgefangene.

Bouvines

Nach der normannischen Eroberung von 1066 besaßen die englischen Monarchen Ländereien jenseits des Ärmelkanals, was häufig zu Konflikten mit Frankreich führte – insbesondere im Hundertjährigen Krieg (1337–1453). Ein früherer anglo-französischer Krieg ereignete sich in den Jahren 1213 bis 1214. Die letzte Schlacht fand bei Bouvines in Nordfrankreich statt, wo die Engländer und ihre Verbündeten vernichtend geschlagen wurden. König Johann Ohneland (1166–1216) war so geschwächt, dass er im Jahr 1215 der Forderung seiner Barone nach der Magna Charta nachgab, einer Urkunde zur Beschränkung der königlichen Macht. Diese Urkunde trug dazu bei, das Common Law, also das Gewohnheitsrecht, in England zu schaffen, das die Rechte des Einzelnen garantierte.

Vor allem nach Cromwells Tod im Jahr 1658 erwies sich die Suche nach einer dauerhaften politischen Lösung als schwierig und führte zur Wiederherstellung der Monarchie unter Karl II. (1630–1685) im Jahr 1660. Er ließ Placentia abreißen und ordnete den Bau eines neuen Palastes an. Wegen Geldmangels wurde dieser nie fertiggestellt, obwohl Karl II. den Greenwich Park nach dem neuesten, aus Frankreich importierten Stil umgestaltete. Sein größtes Vermächtnis für Greenwich war der Auftrag zum Bau des Königlichen Observatoriums, das von Sir Christopher Wren (1632–1723) entworfen wurde, dem Architekten, der maßgeblich am Wiederaufbau Londons nach dem Großen Brand von 1666 beteiligt war. Das auf einem Hügel im Greenwich Park gelegene Königliche Observatorium wurde für den ersten Königlichen Astronomen, John Flamsteed (1646–1719), gebaut, der 1676 dorthin zog. Die Lage außerhalb Londons bedeutete, dass kein Rauch seine Arbeit bei der Beobachtung des Himmels beeinträchtigen konnte. Die Forschungen des Observatoriums kamen den Seefahrern bei ihrer Navigation sehr zugute. Ihr *Nautischer Almanach* wurde von Seefahrern aus aller Welt genutzt. Da der Nautische Almanach den Längengrad von Greenwich als Bezugspunkt für Zeit und Ort in seinen Berechnungen und Karten festlegte, wurde dieser Ort 1884 zum internationalen Standard für den »Nullmeridian« – die Linie, die als 0° Länge definiert ist. Er bildet auch die Grundlage für das globale Zeitzonensystem.

1688 wurde Jakob II. (1633–1701), der zum Katholizismus übergetreten war, in der Glorreichen Revolution gestürzt und durch seine Tochter Maria II. (1662–1694) und ihren holländischen Ehemann, Wilhelm von Oranien (1650–1702), ersetzt. Als Teil ihres Aufstiegs stimmten sie 1689 der Bill of Rights zu, die die Rechte des Parlaments garantierte und den Grundstein für dessen Vormachtstellung gegenüber der Krone legte. Mit ihren Residenzen in Hampton Court und Kensington hatte die Krone weder die Notwendigkeit noch den Wunsch, den Wiederaufbau in Greenwich zu vollenden. Stattdessen erklärte Maria II. 1694, dass das Gelände für die Unterbringung pensionierter Seeleute genutzt werden sollte, und beauftragte Wren mit dem Entwurf des

Greenwich Hospital. Er schuf ein barockes Meisterwerk, das 1742 fertiggestellt wurde – teilweise finanziert durch Geldbußen für Schmuggel. In dem Komplex befand sich auch die Royal Hospital School, die für die Waisen von Seeleuten gegründet wurde. Ab 1806 wurde sie größtenteils in das Queen's House verlegt, dem zwei neue Flügel hinzugefügt worden waren. Das Greenwich Hospital wurde 1869 geschlossen und beherbergte ab 1873 das Royal Naval College, in dem fortan die Offiziersausbildung stattfand. Im Jahr 1933 zog die Royal Hospital School nach Suffolk um, und vier Jahre später wurde das Queen's House als Teil des National Maritime Museum wieder für die Öffentlichkeit zugänglich gemacht. In der Zwischenzeit diente Greenwich seit 1948 nicht mehr als Residenz des Königlichen Astronomen. Im Jahr 1957 endete seine offizielle Funktion; aufgrund der Luftverschmutzung konnten dort keine Beobachtungen mehr durchgeführt werden, sodass diese Aufgabe nach Sussex verlegt wurde. Das Haus wurde daher in ein Museum umgewandelt. Im Jahr 1998 verließ die Royal Navy Greenwich; die prächtigen Gebäude des Colleges sind heute für die Öffentlichkeit zugänglich und werden auch von der Universität Greenwich und dem Trinity College of Music genutzt.

Obwohl Seestärke und wissenschaftliche Innovationen wichtige Bestandteile des im 17., 18. und 19. Jahrhundert zunehmend größer werdenden British Empire waren, waren es vor allem wirtschaftliche Faktoren, die das Land prägten. Nur wenige Meter vom Old Royal Naval College entfernt befindet sich heute ein Denkmal, das an die Vergangenheit Großbritanniens als größte Handelsmacht der Welt erinnert: die *Cutty Sark,* ein Klipper, der 1869 in Dumbarton, Schottland, vom Stapel lief. Auf seiner Jungfernfahrt im Jahr 1870 segelte das Frachtschiff auf der lukrativen Teeroute über das Kap der Guten Hoffnung nach Shanghai. Mit der Eröffnung des Suezkanals wurde diese Route jedoch nicht mehr genutzt, und das Schiff wurde für den Transport von Wolle von Australien nach Großbritannien eingesetzt. Nachdem die Dampfkraft die Segelkraft verdrängt hatte, wurde die *Cutty Sark* nur noch als Schulschiff eingesetzt, bis sie 1957 vollständig restauriert und in ein Betontrockendock gebracht wurde. Heute ist sie eine lebendige Erinnerung daran, dass letztlich vor allem kommerzielle Erwägungen zum Wachstum und Fortbestand des britischen Imperialismus beitrugen.

Kap Trafalgar

Die Bedeutung der Seeherrschaft bildete die Grundlage für das British Empire. Sie ermöglichte die Kontrolle wichtiger Seewege und die Verteidigung des eigenen Landes gegen Invasionen. Der vielleicht größte Sieg der Royal Navy wurde vor Kap Trafalgar im Südwesten Spaniens errungen. Am 27. September 1805 führte Horatio Nelson (1758–1805), die Royal Navy zum Sieg über eine französisch-spanische Flotte; allerdings starb er in dieser Schlacht. In der Folge beherrschte Großbritannien die Meere für den Rest der Napoleonischen Kriege – eine Vorherrschaft, die bis ins 19. Jahrhundert andauerte.

Der Spiegelsaal im Schloss von Versailles

Kein Monarch verkörperte die absolute königliche Macht so sehr wie Ludwig XIV. (1638–1715) von Frankreich, der »Sonnenkönig«, der mehr als 72 Jahre lang regierte. Der Ort, der seine Majestät symbolisierte, war Versailles, das er zum prächtigsten Schloss Europas ausbaute.

Ludwig XIV. kam 1643 nach dem Tod seines Vaters Ludwig XIII. (1601–1643) auf den Thron. Er war erst vier Jahre alt, was zu der politischen Instabilität beitrug, die Frankreich in der Mitte des 17. Jahrhunderts prägte. Von 1648 bis 1653 war das Land in die Fronde-Bürgerkriege zwischen Anhängern und Gegnern der Zentralisierung der königlichen Autorität verwickelt. Die Royalisten triumphierten und trugen zur Entstehung des Absolutismus bei. Da Ludwig XIV. noch minderjährig war, fungierte der italienischstämmige Kardinal Jules Mazarin (1602–1661) als Regent, doch nach dessen Tod im Jahr 1661 übernahm der junge König die persönliche

Herrschaft, setzte Mazarins zentralistische Politik fort und machte Frankreich zur größten Macht in Europa.

In der ersten Zeit seiner Herrschaft reiste Ludwig XIV. zwischen verschiedenen königlichen Schlössern sowie den königlichen Palästen in Paris, dem Louvre und den Tuilerien, hin und her. Eines seiner Ziele war es, einen großen Palast für die Bourbonen-Dynastie zu bauen, die Frankreich erst seit 1589 regierte. In Paris gab es keinen Ort, der groß genug war, um seinen Ambitionen zu genügen, und die Stadt war überfüllt und hatte Probleme mit der Wasserversorgung. Auf der Suche nach einem weißen Fleckchen Erde wandte sich Ludwig XIV. dem Land und einem kleinen Jagdschloss zu, das sein Vater in Versailles gebaut hatte, 16 Kilometer von Paris entfernt. Es sollte ihm als Grundlage für seinen eigenen Palast dienen. Das Schloss sollte ganz und gar seine Kreation sein und widerspiegeln, wie er sich gegenüber seinem Königreich und seinen Untertanen präsentieren wollte. Die Arbeiten begannen 1661 und wurden in mehreren Phasen bis 1710 fortgesetzt. Die Nachfolger Ludwigs XIV. fügten später Ergänzungen hinzu.

Für den Bau von Versailles waren bis zu 20 000 Arbeitskräfte erforderlich, von denen viele aufgrund des sumpfigen Bodens an Malaria starben. Zusätzlich zum Schloss wurden aufwendige Gartenanlagen mit Springbrunnen, künstlichen Seen, gestutzten Bäumen und Statuen angelegt. Eine der größten Herausforderungen war die Sicherstellung einer ausreichenden Wasserversorgung, und unter dem Gelände befinden sich unzählige Rohre und Gewölbe. Als der Bau des Schlosses seinen Höhepunkt erreichte, machte Versailles etwa 4 Prozent des gesamten französischen Staatshaushalts aus.

Die königliche Familie verbrachte ab 1674 immer mehr Zeit in Versailles und zog 1678 dorthin um. Der offizielle Sitz des Hofes wurde 1682 hierher verlegt. Das Gelände von Versailles war immer offen – jeder, der angemessen gekleidet war, durfte die Gärten betreten und erkunden – Männer mussten Schwerter tragen, die an den Toren ausgeliehen werden konnten. Der Zugang zum Schloss selbst und zur königlichen Residenz war schwieriger zu erlangen und erforderte eine Art Insiderwissen. Diejenigen, die sich ins Innere wagen durften, wurden mit einem aufwendigen Spektakel empfangen. Im ganzen Palast tauchte immer wieder das Motiv der Sonne auf, was zeigt, dass Ludwig XIV. erwartete, dass sich seine Höflinge und sein Volk um ihn drehten. Auch der griechische Gott Apollo war immer wieder Bestandteil der Ausstattung. Es gab auch reichlich Platz für Feste und Aufführungen, und Ludwig XIV. trat oft selbst in Balletten auf, wobei er in aufwendigen Kostümen als Sonne oder römischer Kaiser erschien. Einer der schönsten Räume des Palastes war der Spiegelsaal, der zwischen 1678 und 1689 erbaut wurde. Er war über 70 Meter lang und hatte 17 Spiegel, deren Herstellung damals unglaublich teuer war. Diese Spiegel waren auf die gleiche Anzahl von Fenstern mit Blick auf den Garten gerichtet. An der Decke waren Kronleuchter und Bilder aus der frühen Regierungszeit Ludwigs XIV. angebracht, während die Marmorwände mit Statuen und Reliefs verziert waren. Als Ludwig XIV. im Jahr 1715 starb, hatte Versailles mit über 25 000 Einwohnern die Größe einer Kleinstadt. Alle höheren Regierungsämter hatten dort ihren Sitz, und von allen Adligen wurde erwartet, dass sie jedes Jahr einen Aufenthalt dort absolvierten.

Auf Ludwig XIV. folgte sein Urenkel Ludwig XV. (1710–1774), unter dem der königliche Absolutismus zurückging; zu diesem Zeitpunkt dominierte Frankreich nicht mehr Europa, sondern sah sich den Herausforderungen anderer Großmächte gegenüber, insbesondere Großbritanniens. Als Ludwig XVI. (1754–1793) im

Jahr 1774 den Thron bestieg, befanden sich die Staatsfinanzen in einem desolaten Zustand, der durch die königliche Entscheidung, 1778 offiziell in den amerikanischen Unabhängigkeitskrieg einzutreten, noch verschlimmert wurde. Obwohl Frankreich den Aufständischen half, die Briten zu besiegen, trug dies zur Finanzkrise bei, und die Krone stellte 1788 die Zahlungen an ihre Schuldner ein. Um dieses Problem zu lösen, berief Ludwig XVI. die Generalstände ein, ein nationales Beratungsgremium. Sie traten am 5. Mai 1789 in Versailles zusammen. Weder der König noch die 1200 Delegierten

Place de la Concorde in Paris

Am 21. Januar 1793 wurde Ludwig XVI. durch die Guillotine hingerichtet, nachdem er des Hochverrats für schuldig befunden worden war. Die Hinrichtung fand auf der Place de la Révolution (ehemals Place Louis XV., benannt nach Ludwig XV.) statt, dem größten öffentlichen Platz von Paris. Mehrere andere prominente Persönlichkeiten wurden dort ebenfalls hingerichtet, darunter Ludwigs Ehefrau Marie Antoinette (1755–1793) und Maximilien Robespierre (1758–1794). Im Jahr 1795 wurde der Platz in Place de la Concorde umbenannt, als Zeichen des Wunsches, die Nation nach dem Blutvergießen und den Unruhen der Revolution zu vereinen.

waren sich darüber im Klaren, dass die Versammlung die Saat für die Französische Revolution legen würde.

Ludwig XVI. geriet mit dem dritten Stand, den Bürgerlichen, aneinander und schloss den Saal, in dem die Bürger versammelt waren. Stattdessen versammelten sie sich am 20. Juni auf einem Tennisplatz und gelobten, sich nicht aufzulösen, bis eine Verfassung verabschiedet sei. Ludwig XVI. sah sich gezwungen, die Gültigkeit der Verfassung anzuerkennen. Der erste und der zweite Stand, Klerus und Adel, schlossen sich mit dem dritten zusammen und bildeten eine verfassungsgebende Nationalversammlung. Ludwig XVI. hatte die Kontrolle verloren. Von nun an sank die Autorität der Krone. Im Oktober desselben Jahres, inmitten von Lebensmittelknappheit und hohen Preisen, marschierte eine Menschenmenge aus Paris auf Versailles; die meisten von ihnen waren Frauen. Sie zwangen die königliche Familie, in die Tuilerien in Paris zu ziehen. Von 1789 bis 1793 radikalisierte sich die Revolutionsregierung; Frankreich wurde zur Republik erklärt und der König, der verdächtigt wurde, mit feindlichen ausländischen Mächten zusammenzuarbeiten, wurde hingerichtet.

Frankreich sah sich mit Kriegen mit seinen Nachbarn und internen Konflikten konfrontiert, überlebte aber. Nach der Schreckensherrschaft (1793–1794), bei der Tausende von »Feinden der Revolution« beseitigt wurden, übernahm 1795 ein konservativeres Regime die Macht, das sogenannte Direktorium. Es war stets schwach und wurde 1799 von einem jungen General namens Napoleon Bonaparte (1769–1821) gestürzt, der sich 1804 zum Kaiser krönte. Während der meisten Jahre der Revolution und der napoleonischen Zeit war Versailles weitgehend verlassen. Mitte des 19. Jahrhunderts wurde es restauriert und als Museum und für Regierungszwecke genutzt. Während des Deutsch-Französischen Kriegs (1870–1871), in dem Frankreich eine schwere Niederlage erlitt, diente es als Hauptquartier für die deutschen Truppen, die Paris belagerten. Infolge des Sieges wurde Wilhelm I. (1797–1888) zum Kaiser des vereinigten Deutschlands erklärt – ein Titel, der am 18. Januar 1871 im Spiegelsaal offiziell verkündet wurde.

Das Deutsche Reich sollte kein halbes Jahrhundert überdauern: Am 9. November 1918 dankte Wilhelms Enkel Wilhelm II. (1859–1941) angesichts der Niederlage im Ersten Weltkrieg und der Unruhen in seinem Land ab. Zwei Tage später war der Erste Weltkrieg zu Ende. Im darauffolgenden Jahr fanden in Paris Friedensverhandlungen statt, deren Bedingungen die Siegermächte einseitig festlegten. Der daraus resultierende Vertrag von Versailles, der am 28. Juni 1919 im Spiegelsaal unterzeichnet wurde, legte Deutschland harte Bedingungen auf, so etwa Gebietsverluste, Reparationen, Abrüstung und das Eingeständnis der Schuld am Ausbruch des Kriegs Die Strenge des Vertrags war einer der Faktoren, die zur Machtübernahme der Nationalsozialisten in Deutschland in den 1930er-Jahren und schließlich zum Ausbruch des Zweiten Weltkriegs beitrugen. Versailles, das heute zunehmend nur noch als Touristenattraktion genutzt wird, hat diesen nächsten Konflikt unbeschadet überstanden und ist seit 2003 Gegenstand eines umfassenden Restaurierungsprogramms.

Die Abraham-Ebene

Der Siebenjährige Krieg (1756–1763) war der erste weltweit ausgetragene Konflikt. In Nordamerika besiegte Großbritannien Frankreich, wobei die Einnahme von Québec im Jahr 1759 entscheidend war. Dies geschah in einer Schlacht außerhalb der Stadt, in einem Gebiet, das als Abraham-Ebene bekannt ist.

Frankreich und Großbritannien wetteiferten seit dem späten 17. Jahrhundert um die Vormachtstellung über den nordamerikanischen Kontinent. Neufrankreich mit den beiden Kolonien Kanada und Louisiana, die sich über einen großen Teil der Mitte und des Nordens des Kontinents erstreckten, war geografisch größer als die 13 britischen Kolonien, die sich entlang der Atlantikküste befanden. Die Bevölkerung der britischen Kolonien – etwa zwei Millionen – war jedoch größer als die der französischen, die etwa 70 000 Einwohner zählte.

Als Großbritannien Frankreich im Mai 1756 den Krieg erklärte, kämpften die Kolonisten beider Länder und ihre einheimischen Verbündeten bereits seit zwei Jahren gegeneinander. Zunächst errangen die Franzosen mehrere Siege. Die Ankunft britischer Truppen, die die amerikanische Miliz verstärkten, und die Fähigkeit der königlichen Marine, französische Schiffe mit Verstärkung und Ausrüstung abzufangen, sollten sich als entscheidend für die Wende des Kriegs erweisen. Bis 1759 konnten die Briten auf 50 000 Mann zurückgreifen, während die Franzosen nur 15 000 Mann zur Verfügung hatten. In diesem Jahr starteten die Briten einen Angriff auf Kanada. Eines ihrer Hauptziele war die beeindruckende Festungsstadt Québec, die auf einer Anhöhe über dem Nordufer des Sankt-Lorenz-Stroms lag.

Die Québec-Expedition wurde von James Wolfe (1727–1759) angeführt. Er war erst 32 Jahre alt, doch ein sehr ehrgeiziger Mann. In London hatte er sich dafür eingesetzt, diesen Auftrag zu bekommen, und es sollte sein erstes unabhängiges Kommando werden. Wolfe landete mit seinen 8600 Mann am 26. Juni auf der Île d'Orléans, einer Insel im Sankt-Lorenz-Strom östlich von Québec. Vier Tage später überquerte er den Fluss, um Point Levi am gegenüberliegenden Ufer von Québec einzunehmen. Dieser Standort ermöglichte es ihm, Geschütze aufzustellen, die die Stadt beschießen konnten. Trotz schweren Beschusses und mehrerer Vorstöße gelang es Wolfe jedoch nicht, einen Durchbruch zu erzielen. Der Befehlshaber der französischen Armee war Louis-Joseph de Montcalm (1712–1759), ein etwas arroganter Adliger. Er verachtete die örtliche Miliz, übertrug ihr lediglich Wach- oder Unterstützungsaufgaben, und weigerte sich, sie an der Seite seiner regulären Truppen antreten zu lassen. Obwohl es ihm gelang, den ersten britischen Angriff abzuwehren, gingen ihm die Vorräte aus und er war zahlenmäßig unterlegen.

Im September zog sich die Belagerung noch immer hin. Wolfe war aufgrund von Nierensteinen und einem Fieber, das ein Drittel seiner Männer dienstunfähig gemacht hatte, gesundheitlich angeschlagen. Er geriet in Konflikt mit seinem Offiziersstab, der einen direkten Angriff auf Québec forderte. So landete Wolfe am frühen Morgen des 13. September mit rund 4800 Mann an der Anse au Foulon, einem Ort am Fuße einer Klippe etwa 3200 Meter von den westlichen Mauern Québecs entfernt. Während britische Schiffe weiter flussaufwärts für Ablenkung sorgten, kletterten die britischen Truppen die 53 Meter hohe Klippe hinauf und marschierten kurz nach Tagesanbruch über die Abraham-Ebene.

Montcalm eilte ihnen mit 4000 Mann entgegen, ohne auf Verstärkung zu warten. Da es ihm an Männern fehlte, hatte er relativ unerfahrene örtliche Milizen mit seinen eigenen Männern gemischt. Die Schlacht begann um 10 Uhr morgens. Da die französischen Truppen nicht aufeinander abgestimmt waren, feuerten sie zu früh auf die britischen Angreifer. Die britischen Truppen blieben standhaft und warteten, bis sich der Feind bis auf knapp 40 Meter genähert hatte. Dann feuerten sie eine gewaltige und verheerende Salve mit ihren Musketen ab. Die französischen

Albany City Hall

Vom 19. Juni bis zum 11. Juli 1754 kamen Delegierte aus sieben der 13 britischen Kolonien in Nordamerika im Bundesstaat New York in der Albany City Hall zusammen. Sie berieten über Maßnahmen zur Verteidigung gegen die Franzosen und über Bündnisse mit den Stämmen der Irokesen-Konföderation. Obwohl Benjamin Franklins (1706–1790) Plan, die Regierung der 13 Kolonien zu vereinigen, abgelehnt wurde, legte der Albany-Kongress den Grundstein für ihre spätere Vereinigung während der Revolution gegen die britische Herrschaft.

Truppen waren schwer getroffen und zogen sich zurück. Innerhalb einer halben Stunde war die Schlacht gewonnen. Als Wolfe seine Männer anspornte, wurde er von einem Schuss in die Eingeweide und die Brust getroffen. Die Wunde war tödlich, aber er blieb lange genug bei Bewusstsein, um zu hören, dass die Franzosen besiegt worden waren. Während Montcalm nach Québec zurückritt, wurde er in den Rücken geschossen und starb am nächsten Tag.

Da ihr Oberbefehlshaber tot war, verschanzten sich die Briten, anstatt einen Angriff auf Québec zu wagen. Aufgrund der britischen Überlegenheit kapitulierte Québec am 18. September vor den Briten. Im folgenden April versuchten die Franzosen, Québec zurückzuerobern. Sie gewannen zwar eine Schlacht, die ebenfalls auf der Abraham-Ebene stattfand, doch die Briten konnten sich hinter die Stadtmauern zurückziehen. Die Franzosen verfügten nicht über die Feuerkraft, um die Stadt einzunehmen, und mussten sich am 15. Mai zurückziehen, als die Nachricht eintraf, dass britische Verstärkung eintreffen würde. Im September eroberten die Briten Montreal, die letzte große Stadt in französischer Hand.

Der Siebenjährige Krieg endete im Jahr 1763. Im Vertrag von Paris trat Frankreich Kanada an Großbritannien ab, während Louisiana an Spanien überging, das wiederum Florida an die Briten abtrat. Als einziges französisches Territorium verblieben die winzigen Inseln Saint-Pierre und Miquelon vor der Küste Neufundlands, die den Franzosen als Zufluchtsort für ihre Fischer überlassen wurden, damit diese weiterhin die Küsten Neufundlands befahren konnten. Heute sind die Inseln ein halbautonomes französisches Territorium. Nach über einem Jahrhundert unter britischer Herrschaft schlossen sich die Provinzen Kanadas 1867 zu einem Territorium mit nationaler Selbstverwaltung zusammen und wurden 1931 unabhängig. Der französische Einfluss blieb stark, und das Land ist offiziell zweisprachig. Die Abraham-Ebene ist heute ein öffentlicher Park in Québec.

Obwohl die Briten siegreich waren, stellten die Kosten des Kriegs für die Regierung eine große Belastung dar, ebenso wie die anhaltende Verteidigung der Grenzen der 13 Kolonien nach Beendigung der Kämpfe. Als die britische Regierung versuchte, ihren amerikanischen Kolonien Steuern aufzuerlegen, um ihre Militärausgaben zu bezahlen, trug dies zur Verärgerung der örtlichen Bevölkerung bei und führte schließlich zum Ausbruch des Amerikanischen Unabhängigkeitskriegs im Jahr 1775.

Kapitel 7

Das Zeitalter der Revolutionen

Bois Caïman

Im Zuge des transatlantischen Sklavenhandels wurden Millionen von Menschen versklavt und nach Amerika verschifft. Es gab weit verbreiteten Widerstand, etwa durch Sabotage oder Flucht. Außerdem kam es immer wieder zu Aufständen der versklavten Menschen – doch keiner war größer oder erfolgreicher als der Aufstand in Saint-Domingue, dem späteren Haiti.

Hispaniola ist nach Kuba die zweitgrößte Insel der Westindischen Inseln. Seit der Eroberung durch Spanien, das die Kontrolle über die Ostseite, San Domingo, behielt, war die Westseite der Westindischen Inseln Mitte des 17. Jahrhunderts eine französische Kolonie, bekannt als Saint-Domingue. Dank der Sklaven, die auf den Zucker-, Kaffee-, Baumwoll-, Indigopflanzen- und Kakaoplantagen arbeiteten, wurde Saint-Domingue zu Frankreichs lukrativster Kolonie. Im späten 18. Jahrhundert waren dort etwa 500 000 Menschen versklavt, bei einer Bevölkerung von etwa 40 000 Europäern sowie einigen freien Schwarzen, die häufig für Patrouillen- und Milizdienste eingesetzt wurden. Die Bedingungen auf den Plantagen gehörten zu den härtesten in der Karibik, und es wurden brutale Strafen verhängt. Im späten 18. und frühen 19. Jahrhundert wurde Saint-Domingue in den Konflikt hineingezogen, der im Zuge der Französischen Revolution in Europa tobte. Unter dem Eindruck des revolutionären Freiheitsgedankens in Frankreich gewährte die Nationalversammlung im Jahr 1790 freien Schwarzen Männern, die Eigentum besaßen und deren Eltern beide frei gewesen waren, die vollen Bürgerrechte. Diese Maßnahme wurde von vielen Weißen in Saint-Domingue abgelehnt und führte zu erheblichen Spannungen aufgrund ethnischer und ideologischer Unterschiede.

In der Nacht vom 21. auf den 22. August 1791 brach im Norden von Saint-Domingue ein Sklavenaufstand aus, der das Machtgefüge in der Kolonie nachhaltig verändern sollte. Er war im Geheimen von einer Gruppe von Sklaven aus verschiedenen Plantagen der Region organisiert worden. Die jüngsten politischen Umwälzungen hatten es ihnen ermöglicht, sich ungestört vorzubereiten. Sie schmiedeten ihre Pläne eine Woche vor dem Aufstand und trafen sich mitten in der Nacht in einem Waldgebiet namens Bois Caïman. Im Rahmen dieses Treffens führten sie eine Voodoo-Zeremonie durch und opferten ein schwarzes Schwein. Bis Ende August wurden mehr als 1000 Plantagen niedergebrannt (die Zuckerrohrfelder waren besonders leicht entflammbar) und etwa 2000 Europäer getötet. Obwohl sich der Aufstand größtenteils auf

die nördlichen Ebenen von Saint-Domingue beschränkte, war er der größte, den die Karibik bis dahin erlebt hatte. Im Jahr 1792 traf der französische Revolutionsführer Léger-Félicité Sonthonax (1763–1813) mit 7000 Soldaten ein, um die Kontrolle über Saint-Domingue aufrechtzuerhalten. Unter seinem Kommando erlangten die Regierungstruppen die Oberhand und vertrieben die Anführer des Aufstands in Lager in den Bergen. Trotz dieses Rückschlags sollte der in Bois Caïman geplante Aufstand der Auslöser für einen weitaus größeren Aufstand sein, der sich nachhaltig auf Saint-Domingue auswirken sollte.

Einer der Anführer des Aufstands war Toussaint Bréda (1743–1803). Er war in die Sklaverei hineingeboren worden, wurde aber im Alter von etwa 25 Jahren freigelassen. Als gebildeter Mann besaß er schließlich eine eigene Plantage und auch selbst einige Sklaven. Er beschloss, sich dem Aufstand anzuschließen, und nahm einen neuen Nachnamen an, Louverture (»die Öffnung«), als Zeichen dafür, dass er die Freiheit nach Saint-Domingue bringen wollte. Louverture übernahm das Kommando über die aufständische Armee und kämpfte weiter gegen die Franzosen. Unterstützt wurde er von den Spaniern, eine der vielen europäischen Mächte, die das revolutionäre Regime Frankreichs stürzen wollten. Im Mai 1794 schaffte die französische Regierung die Sklaverei offiziell ab. Als Louverture dies erfuhr, stellte er sich hinter Frankreich. 1795 schloss Spanien Frieden mit den Franzosen und trat die Kontrolle über ganz Hispaniola an Frankreich ab. 1797 drangen britische Truppen in Saint-Domingue ein. Louverture erhielt das Kommando über die Truppen mit dem Befehl, ihnen standzuhalten, und zwang sie 1798 zum Rückzug. Die nächsten drei Jahre verbrachte Louverture damit, die Kontrolle über Saint-Domingue zu festigen und die einheimischen Rivalen zu besiegen.

Palmares

Vom 16. bis zum 19. Jahrhundert wurden mehr versklavte Menschen aus Afrika nach Brasilien geschickt als an jeden anderen Ort. Tausende von Sklaven flohen von den Plantagen und bildeten ihre eigenen Gemeinschaften, die sogenannten Quilombos. Ab 1605 schlossen sich mehrere Quilombos im Nordosten Brasiliens zu einer einzigen Gemeinschaft zusammen, die Palmares genannt wurde. Ende des 17. Jahrhunderts zählte sie über 20 000 Einwohner und wurde von einem gewählten Häuptling regiert. Palmares wehrte eine Reihe von portugiesischen Versuchen ab, es zu unterwerfen, bis es schließlich 1694 besiegt wurde. Die Sklaverei blieb in Brasilien bis 1888 bestehen.

Mit seiner unangefochtenen Autorität erließ Louverture 1801 eine Verfassung für Saint-Domingue, die Autonomie, Volkssouveränität, Gleichheit vor dem Gesetz für alle und die endgültige Abschaffung der Sklaverei vorsah und ihn zum Gouverneur auf Lebenszeit ernannte. Diese Machtdemonstration war zu viel für Frankreichs neuen Herrscher Napoleon, der daraufhin seinen Schwager Charles Leclerc (1772–1802) mit über 10 000 Soldaten nach Saint-Domingue schickte, um die Kontrolle über die Kolonie wiederzuerlangen und auch die Sklaverei wiedereinzuführen. Nachdem die französische

Expedition im Februar 1802 gelandet war, stellte Louverture fest, dass die Franzosen so zahlreich waren, dass er sie nicht besiegen konnte, und zog sich in das gebirgige Landesinnere zurück. Die Kämpfe verliefen schlecht für ihn, und innerhalb von drei Monaten kapitulierten viele seiner Generäle. Im Mai desselben Jahres, als Louvertures Position unhaltbar geworden war, stellte er sich den Franzosen und erhielt dafür eine Begnadigung und die Zusicherung, dass man ihn unbehelligt lassen würde. Die Franzosen hielten ihr Versprechen allerdings nicht ein, sondern verhafteten ihn und brachten ihn nach Frankreich, wo er in einem Schloss im Juragebirge inhaftiert wurde. Er starb dort am 7. April 1803.

Nach Louvertures Tod übernahm sein Leutnant Jean-Jacques Dessalines (1758–1806) die Führung der Truppen, die weiter gegen die Franzosen kämpften. Deren Zahl nahm jedoch aufgrund von Tropenkrankheiten wie dem Gelbfieber, an dem auch Leclerc im November 1802 gestorben war, rapide ab. Dennoch gingen die erbitterten Kämpfe weiter und die Zahl der Toten stieg. Am 30. November 1803 kapitulierten die Franzosen schließlich vor Dessalines. Am 1. Januar 1804 rief er die Unabhängigkeit Haitis aus, wobei er den einheimischen Namen der Arawak für die Insel als Symbol für die Loslösung von der europäischen Kontrolle wählte und die erste Schwarze Republik der Welt gründete. Frankreich erkannte die haitianische Unabhängigkeit erst 1825 formell an, und dies auch nur gegen eine enorme Entschädigung, die die Finanzen des entstehenden Staates lähmte, der bereits durch jahrelanges Blutvergießen geschwächt war. Haiti kämpfte weiterhin um Wohlstand und Stabilität und wurde häufig von Naturkatastrophen und Unruhen heimgesucht. Dennoch nimmt es in den Annalen der Freiheit einen Spitzenplatz ein, da es der einzige Ort war, an dem Sklaven ihre Fesseln abwerfen und dauerhaft eine unabhängige Nation gründen konnten.

Clapham

Im 18. und 19. Jahrhundert entwickelte sich die abolitionistische Bewegung zu einer weltweiten Kampagne gegen die Sklaverei. Eine der einflussreichsten Gruppen waren die Clapham Saints, eine Vereinigung von Christen, die sich für ein breites Spektrum sozialer Reformen einsetzten und sich im Londoner Vorort Clapham trafen. Eines ihrer prominentesten Mitglieder war William Wilberforce (1759–1833), der dazu beitrug, dass der Sklavenhandel im British Empire im Jahr 1807 verboten und 1833 (mit einigen Ausnahmen) abgeschafft wurde.

Wilhelmstrasse

Berlin hat in der Geschichte der Welt und Europas eine wichtige Rolle gespielt, denn es war das Zentrum zunächst der preußischen und später der deutschen Macht. Seit dem späten 19. Jahrhundert beherbergte die Wilhelmstraße im Berliner Zentrum die wichtigsten Amtsgebäude und war schon bald zum Inbegriff für die Regierung des Landes geworden.

Berlin wurde im frühen 13. Jahrhundert gegründet und gehörte einst zu Brandenburg, einem Staat des Heiligen Römischen Reiches, der im heutigen Osten Deutschlands und Westen Polens liegt und einst ein Flickenteppich aus verschiedenen Territorien war, der das heutige Deutschland und Teile der umliegenden Länder umfasste. Im Jahr 1411 kam Brandenburg unter die Herrschaft der Hohenzollern, die Berlin zu ihrer Hauptstadt machten. Mitte des 16. Jahrhunderts traten sie wie viele andere deutsche Herrscher zum Luthertum über. Die brandenburgischen Hohenzollern vergrößerten ihr Territorium, nachdem sie 1618 die Krone des östlich gelegenen Staates Preußen geerbt hatten.

Zu Beginn des 18. Jahrhunderts war Berlin zu einer Großstadt herangewachsen. Unter Friedrich Wilhelm I. (1688–1740) wurden neue Straßen angelegt, darunter die Husarenstraße, die nach seinem Tod ihm zu Ehren in Wilhelmstraße umbenannt wurde. Der Mann, der Preußen zur führenden Macht in Deutschland machte, war Friedrich II. – »der Große« – (1712–1786), ein militärisches Genie, dessen 46-jährige Herrschaft ein stetiges Wachstum des Territoriums mit sich brachte. Als Sohn der Aufklärung war er auch ein großer Förderer der Künste und des Wissens und ließ in Berlin ein Opernhaus, eine Bibliothek und eine wissenschaftliche Akademie errichten.

Im 19. Jahrhundert nahm Berlin, wie das übrige Preußen, die Industrialisierung in Angriff und entwickelte sich zu einem der großen Produktionszentren Europas. Die Wilhelmstraße, zuvor eine wohlhabende Wohngegend, wurde zum Zentrum der preußischen Regierung. 1871 wurde Wilhelm I. von Preußen (1797–1888) Kaiser des Deutschen Reiches und vereinigte die verschiedenen deutschen Staaten unter seiner Herrschaft. Der Wegbereiter dieses Prozesses war der preußische Staatsmann Otto von Bismarck (1815–1898), der auch der erste Kanzler des Deutschen Reiches wurde. Er richtete sein Büro äußerst feudal im Rokoko-Stil in der Wilhelmstraße ein, das Auswärtige Amt befand sich gleich nebenan. In der Reichskanzlei fanden zahlreiche internationale Treffen statt, darunter der Berliner Kongress von 1878, auf dem die europäischen Großmächte zusammentrafen, um die Karte des Balkans neu zu zeichnen und dort angesichts der schwindenden osmanischen Macht unabhängige Nationen zu gründen. In den Jahren 1884 und 1885 fand in der Reichskanzlei die Berliner Konferenz statt, auf der 13 europäische Nationen und die Vereinigten Staaten einseitig festlegten, wie sie das afrikanische Territorium unter sich aufteilen würden.

Das Deutsche Reich zerfiel 1918 infolge der sich abzeichnenden Niederlage im Ersten Weltkrieg. Am 9. November desselben Jahres dankte der letzte Kaiser, Wilhelm II. (1859–1941), ab, und Deutschland wurde zu einer demokratisch-parlamentarischen Republik. Obwohl Berlin offiziell die Hauptstadt war, führten die Kämpfe in der Stadt dazu, dass die Verfassung in der Stadt Weimar verabschiedet wurde. Die Weimarer Republik hatte mit politischen Unstimmigkeiten und wirtschaftlichen Problemen zu kämpfen. Im Jahr 1933 wurde Adolf Hitler (1889–1945), der Führer der faschistischen Nationalsozialistischen Deutschen Arbeiterpartei (NSDAP), an der Spitze einer Koalitionsregierung zum Reichskanzler ernannt. Hitler und die Nationalsozialisten übernahmen die totale Kontrolle, machten sich selbst zur einzigen legitimen Partei und verfolgten gewaltsam politische Gegner und die jüdische Bevölkerung in Deutschland.

Hitler wollte aus Berlin eine Reichshauptstadt machen, die seinen Expansionsplänen für das Dritte Reich entsprach. Er fand die Alte Reichskanzlei zu schmucklos und beauftragte seinen Lieblingsarchitekten Albert Speer (1905–1981) mit dem Entwurf eines neuen Gebäudes für den Sitz seiner Regierung. Dieses wurde 1938, kurz vor Ausbruch des Zweiten Weltkriegs, fertiggestellt und verkörperte den strengen Autoritarismus des Nationalsozialismus; in der Nähe gab es einen weiteren Neubau an der Wilhelmstraße, das Luftfahrtministerium. Unter dem Gebäude befand sich einer der wichtigsten Orte der Wilhelmstraße: der Führerbunker. Der 1936 begonnene und 1944 vollständig wieder aufgebaute Bunker war Teil eines umfangreichen unterirdischen Komplexes für die führenden Funktionäre und Politiker Deutschlands. Hitlers persönlicher Bunker lag mehr als 9 Meter unter der Erde und war mit einer 3 Meter dicken Betonschicht

Die Wartburg

Die Wartburg, die die Stadt Eisenach überragt, stammt aus der Mitte des elften Jahrhunderts und stand ab 1485 unter der Herrschaft der Herzöge von Sachsen. Die Wartburg spielte eine zentrale Rolle im Leben von Martin Luther (1483–1546), der 1521 wegen seiner Kritik an der katholischen Kirche exkommuniziert und geächtet worden war. Friedrich III. von Sachsen (1463–1525), der der Meinung war, Luther sei ungerecht behandelt worden, gewährte ihm auf der Wartburg fast ein Jahr lang Unterschlupf. Dort begann Luther mit seiner deutschen Übersetzung des Neuen Testaments und verfasste zahlreiche religiöse Traktate. Er sollte später eine entscheidende Rolle bei der Auslösung der protestantischen Reformation spielen.

umgeben, die mit Granitplatten und Stahlgeflecht abgedeckt war, sodass er selbst einem direkten Treffer standhalten konnte. Der Zugang zum Bunker erfolgte über eine Wendeltreppe, die durch riesige Stahltüren versperrt war und von Männern der Leibstandarte SS Adolf Hitler, der persönlichen Leibwache des Führers, bewacht wurde. Der Führerbunker selbst hatte 18 beengte Räume, war 557 Quadratmeter groß und verfügte über einen eigenen Generator und einen Pumpenraum, um ihn mit Strom und Wasser zu versorgen. Das Belüftungssystem war unglaublich laut, aber wenn es ausgeschaltet war, wurde es im Bunker unerträglich heiß.

1945 rückten die alliierten Mächte von beiden Seiten immer näher an Deutschland heran. Da die Niederlage unausweichlich war, zog sich Hitler in seinen Bunker zurück und wurde praktisch zu einem ständigen Bewohner. Sein letzter öffentlicher Auftritt außerhalb des Bunkers war am 20. April, als er Orden an junge Rekruten verlieh, die für ihre vergeblichen Versuche, den sowjetischen Vormarsch aufzuhalten, ausgezeichnet worden waren. Zu diesem Zeitpunkt lag Berlin in Trümmern, von alliierten Bombern und der Artillerie der vorrückenden Sowjets in Schutt und Asche gelegt. Am 30. April beging Hitler, der nicht lebend gefangen genommen werden wollte, im Bunker Selbstmord. Die deutsche Kapitulation erfolgte am 8. Mai und beendete den Zweiten Weltkrieg in Europa. Die Schlacht um Berlin forderte 304 000 sowjetische Opfer, während die deutschen militärischen Verluste bei über einer Million lagen. Mindestens 100 000 Zivilisten wurden bei den Kämpfen getötet. Die Gebäude der Wilhelmstraße lagen in Trümmern; nach dem Krieg wurden viele der nicht zerstörten Gebäude abgerissen, um zu verhindern, dass sie zu Pilgerstätten für Nazi-Sympathisanten wurden.

Nach dem Krieg wurde Berlin, wie auch Deutschland, geteilt. West-Berlin, die amerikanische, britische und französische Besatzungszone, wurde eine Enklave innerhalb des kommunistischen Staates Ostdeutschland. Symbolisch dafür war die 1961 von den ostdeutschen Behörden errichtete Berliner Mauer, die die Wilhelmstraße teilte. Ein großer Teil der Straße lag in Ost-Berlin, wo die Behörden keine Regierungsgebäude in einer Straße errichten wollten, die so sehr mit dem Faschismus verbunden war, sodass die Wilhelmstraße viel von ihrem früheren Status verlor. Berlin und die Wilhelmstraße wurden erst 1989 wieder vereint, als die Mauer im Zuge des Zusammenbruchs der kommunistischen Regime auf dem gesamten Kontinent fiel; im Jahr darauf wurden Ost- und Westdeutschland offiziell wiedervereinigt.

New Lanark Mills

Die Industrielle Revolution veränderte nicht nur die Produktionsabläufe, sondern grundlegend auch die gesellschaftlichen und wirtschaftlichen Bedingungen auf der ganzen Welt. Sie begann im Großbritannien des 18. Jahrhunderts, wo die ersten echten Fabriken gebaut wurden. Eine der frühesten war New Lanark Mills in Schottland.

Die erste moderne Fabrik war Cromford Mill in Derbyshire, die 1771 gegründet wurde. Wie viele andere Innovationen bei der Mechanisierung der Produktion in dieser Zeit konzentrierte sich auch diese Fabrik auf die Textilherstellung. Ihr Gründer war Richard Arkwright (1732–1792), ein ehemaliger Perückenmacher, der den Wasserrahmen erfunden hatte, eine Spinnmaschine zur Herstellung von starkem Baumwollgarn. Da sie von einem Wasserrad angetrieben wurde, war sie für die häusliche Produktion ungeeignet und musste daher in einer Fabrik aufgestellt werden. Arkwright wurde sehr erfolgreich, beschäftigte Hunderte von Arbeitern und eröffnete fünf Jahre später eine zweite Fabrik in der Nähe. Im weiteren Verlauf des 18. und 19. Jahrhunderts wurde die Herstellung von Textilien vollständig mechanisiert und weitgehend in Fabriken verlagert; ein Muster, das sich in vielen anderen Branchen wiederholte. Dies ging einher mit enormen Produktivitätsfortschritten und einer Verlagerung der Bevölkerung aus den ländlichen Gebieten in die Städte.

Im Jahr 1783 wurde Arkwright von David Dale (1739–1806), einem schottischen Unternehmer, eingeladen, den Standort einer möglichen neuen Fabrik in der Nähe der Stadt Lanark am Ufer des Flusses Clyde zu begutachten. Zusammen mit dem Bankier George Dempster (1732–1818) bildeten sie eine Partnerschaft, und noch im selben Jahr begannen die Arbeiten an einem Grundstück, das sie New Lanark nannten. Es befand sich an einer Stelle, an der der Clyde durch eine enge Schlucht floss, sodass das Wasser Räder antreiben konnte, die Rohbaumwolle zu Garn spinnen sollten; die Wasserversorgung wurde durch den Bau eines Damms, von Tunneln und Kanälen geregelt. Dale löste die Partnerschaft 1785 auf und machte als Alleininhaber weiter; die erste Spinnerei in New Lanark ging 1786 in Betrieb und eine zweite wurde 1788 in Betrieb genommen. Um 1793 arbeiteten über 1100 Menschen in New Lanark, das sich zu einer blühenden Planstadt entwickelt hatte. Ursprünglich waren nur ein Drittel der Bewohner Erwachsene, denn wie in den Fabriken des 18. Jahrhunderts üblich, wurden Kinder und Jugendliche als Arbeitskräfte eingesetzt; viele waren Waisen aus Glasgow oder Edinburgh oder Zuwanderer aus den Highlands. Der Arbeitstag begann um 6 Uhr morgens und dauerte bis 19 Uhr abends, wobei die Kinder täglich zwei Stunden Unterricht erhielten.

New Lanark zog viele Besucher an, darunter Robert Owen (1771–1858), einen walisischen Geschäftsmann, der 1798 in Manchester eine erfolgreiche Baumwollspinnerei betrieb. Während seines Aufenthalts in Schottland verliebte sich Owen in Dales Tochter Caroline, und sie heirateten 1799. Owen gründete dann eine Partnerschaft, mit der er New Lanark von seinem Schwiegervater für 60 000 Pfund erwarb und deren Leitung er am Neujahrstag 1800 übernahm. Er verlängerte den Arbeitstag auf 14 Stunden. Über dem Arbeitsplatz eines jeden Arbeiters befand sich ein Stück Holz, der so genannte Monitor: Jede Seite hatte eine andere Farbe, um das Engagement des Arbeiters vom Vortag anzuzeigen:

Der Schlachtbetrieb Swift & Company in Chicago, Illinois

Die moderne Massenproduktion beruht auf dem beweglichen Fließband. Ab dem 19. Jahrhundert wurden Fabriken so gebaut, dass die Herstellung nacheinander erfolgte, wobei an jedem Arbeitsplatz ein neues Bauteil hinzugefügt wurde. Ein berühmtes Beispiel für diese Produktionsweise ist die Ford-Fabrik in Highland Park, Michigan, in der ab 1913 ein Model T in nur 150 Minuten gebaut werden konnte. Inspiriert wurden die Konstrukteure durch den Besuch eines Schlachthofs in Chicago, wo ein Fördersystem Tierkadaver zum Schlachten auf einem Band transportierte, wobei ein Arbeiter stets das gleiche Stück ausnahm.

schwarz für schlecht, blau für gleichgültig, gelb für gut und weiß für ausgezeichnet. Die Ergebnisse wurden in »Charakterbüchern« festgehalten, die die Leistung im Laufe der Zeit überprüften. Owen unternahm Schritte, um das Leben der Menschen in New Lanark zu verbessern, da die Wohnverhältnisse dort schlecht waren. Er stellte Wächter ein, die auf den Straßen nach Betrunkenen Ausschau hielten, richtete eine Krankenkasse für die Arbeiter ein und eröffnete einen Dorfladen, in dem Waren praktisch zum Selbstkostenpreis verkauft wurden.

Obwohl das Geschäft in New Lanark weiter florierte, waren einige von Owens Partnern der Meinung, er solle den Profit in den Vordergrund stellen und seine Pläne zur Verbesserung der Lebensbedingungen seiner Mitarbeiter aufgeben. Dieser Ansatz war in den meisten Fabriken, die in ganz Europa und Nordamerika entstanden waren, vorherrschend: Die Bedingungen dort waren oft gefährlich, unhygienisch und hart. Im Jahr 1813 gründete Owen das Unternehmen neu und nahm Investoren auf, die mit seinem Ansatz einverstanden waren. Owen verkürzte schließlich den Arbeitstag auf acht Stunden und eröffnete 1816 die New Institution for the Formation of Character (Neue Anstalt für Charakterbildung) auf dem zentralen Platz in New Lanark. In diese Schule wurden die Kinder im Alter von 18 Monaten aufgenommen und blieben dort mindestens bis zum Alter von zehn Jahren. Neben einer elementaren Ausbildung erhielten sie auch Gesangs- und Tanzunterricht; abends blieb das Gebäude für ältere Kinder und Jugendliche geöffnet, um Unterricht zu nehmen. Sozialreformer und Pädagogen strömten nach New Lanark – sogar der spätere Kaiser Nikolaus I. von Russland (1796–1855) stattete der Stadt einen Besuch ab.

Ab 1817 begann Owen, ehrgeizige Vorschläge für soziale Reformen zu propagieren. Nach dem Vorbild von New Lanark schlug er in sich geschlossene Gemeinden mit 1200 Einwohnern vor, in denen die Bewohner gemeinsam leben, arbeiten und Familien gründen sollten. Darauf aufbauend sah er eine sozialistische Gesellschaft vor, die auf Zusammenarbeit und dem Streben nach dem Gemeinwohl beruht. Um seine Pläne in die Tat umzusetzen, wanderte Owen 1824 in die Vereinigten Staaten aus und verkaufte New Lanark ein Jahr

Die Universität von Glasgow

Im Jahr 1712 erfand Thomas Newcomen (1664–1729) eine Dampfmaschine, die effektiv Wasser pumpte und in Bergwerken in ganz Großbritannien eingesetzt wurde. Sie verbrauchte zu viel Treibstoff und ihre Bewegungen waren zu ungenau, um Maschinen anzutreiben. James Watt, der an der Universität von Glasgow wissenschaftliche Instrumente reparierte und herstellte, machte sich die Kraft des Dampfes zunutze. Im Jahr 1763 begann er mit der Verbesserung eines Newcomen-Modells, das der Universität gehörte. Dies war der Grundstein für die neue Maschine, die 1775 in Zusammenarbeit mit seinem Geschäftspartner Boulton eingeführt wurde und maßgeblich dazu beitrug, die Anwendungen der Dampfkraft insbesondere in der industriellen Fertigung zu erweitern.

später. Er erwarb Land in Indiana und gründete die Gemeinde New Harmony. Seine utopischen Pläne scheiterten an internen Streitigkeiten, und Owen verließ 1827 die USA, nachdem er 40 000 Pfund und damit 80 Prozent seines Vermögens verloren hatte. Obwohl überall in den Vereinigen Staaten, Kanada, Irland und Großbritannien Owen-Gemeinschaften entstanden, war keine von ihnen von Dauer. Owen kehrte in sein Heimatland zurück, wo er sich bis zu seinem Tod im Jahr 1858 für soziale Reformen und Gewerkschaften einsetzte.

New Lanark setzte seinen Betrieb fort. Die immer effizienteren Dampfmaschinen, die von James Watt (1736–1819) und Matthew Boulton (1728–1809) entwickelt worden waren, machten es weniger notwendig, Fabriken an Flussufern anzusiedeln, wo Wasserräder eingesetzt werden konnten. In der Tat war die Energieausbeute der Dampfmaschinen bald größer als die des Wasserrads. In den 1880er-Jahren wurde in New Lanark die Dampfkraft eingeführt, obwohl die Wasserräder bis 1929 in Betrieb blieben. Zu diesem Zeitpunkt war Großbritannien bereits nicht mehr die führende Industrienation der Welt und sein industrielles Gewicht war stark geschwunden. Die Schließung von New Lanark wurde im September 1967 angekündigt, und im darauffolgenden März machte das Werk die Pforten dicht und verfiel anschließend zusehends. Eine örtliche Wohltätigkeitsorganisation rettete es vor der Zerstörung, und heute steht es als UNESCO-Weltkulturerbe als Denkmal für die zentrale Rolle Großbritanniens in der Industriellen Revolution.

ANGOSTURA

Nur wenige Persönlichkeiten haben die Geschichte eines Kontinents so entscheidend geprägt, wie es Simón Bolívar (1783–1830) mit Südamerika getan hat. Er war der Anführer des revolutionären Kriegs gegen die spanische Kolonialregierung zu Beginn des 19. Jahrhunderts. Seine ehrgeizigen Pläne für die Unabhängigkeit entstanden in Angostura, einer Stadt an den Ufern des Orinoco im Nordosten von Venezuela.

Zu Beginn des 19. Jahrhunderts befand sich die spanische Kolonialmacht im Niedergang. Da Spanien in die napoleonischen Kriege verwickelt war, zersplitterte seine Autorität über seine überseeischen Kolonien, insbesondere in Amerika. Ab 1808 erklärten zahlreiche lokale Gremien, so genannte *Juntas*, ihre Unabhängigkeit und errichteten autonome Selbstverwaltungen. Es gab weiterhin viele Anhänger der spanischen Krone, und 1810 brachen offene Kämpfe zwischen ihnen und den Befürwortern der Unabhängigkeit aus. In Mexiko und Mittelamerika dauerte der Kampf um die Unabhängigkeit bis zum Jahr 1821. Auch in Brasilien kam es zu einer Loslösung von der europäischen Kolonialherrschaft. 1822 machte sich Pedro I. (1798–1834), der Sohn des portugiesischen Königs, für die brasilianische Unabhängigkeit stark und wurde nach einem kurzen Krieg zum Kaiser erklärt. Sein Sohn und Nachfolger, Pedro II. (1825–1891), führte ein weitgehend starkes, stabiles und verfassungsmäßiges Regime, bis er 1889 durch einen Militärputsch gestürzt wurde, was zum Ende der Monarchie und zur Errichtung einer republikanischen Regierung führte.

Der Prozess der nationalen Befreiung dauerte im spanischen Südamerika am längsten. Bolívar war in Caracas in eine wohlhabende Adelsfamilie hineingeboren worden und verbrachte viele Jahre in Europa, wo er zu der Überzeugung gelangte, dass die spanische Herrschaft beendet werden müsse. Er war maßgeblich an der Ausrufung der venezolanischen Unabhängigkeit im Jahr 1811 beteiligt, konnte jedoch nicht verhindern, dass Spanien das Land

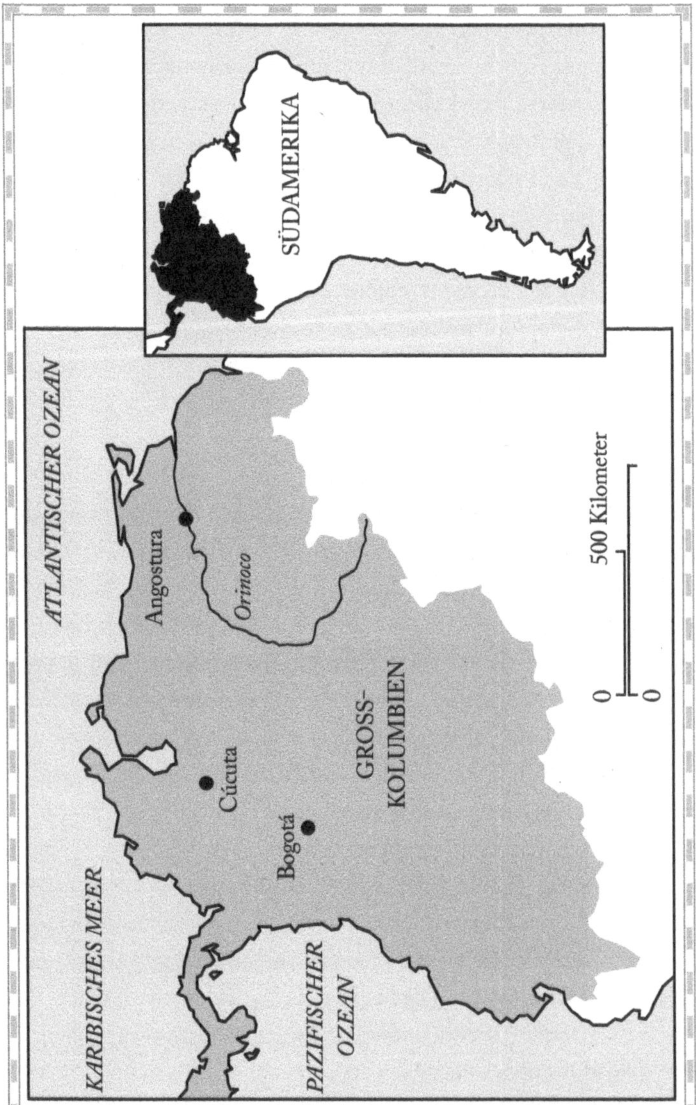

Großkolumbien 1819–1831

im darauffolgenden Jahr zurückeroberte. Er floh nach Neu-Granada (dem heutigen Kolumbien), führte 1813 eine Expedition nach Venezuela an, vertrieb die Spanier und erklärte sich selbst zum Präsidenten. Sein Triumph währte nicht lange; er hatte Mühe, die Loyalität des Volkes zu gewinnen, und wurde 1814 nach seiner Niederlage gegen Spanien ins Exil nach Jamaika gezwungen.

1816 kehrte Bolívar nach Venezuela zurück, und 1817 eroberten seine Truppen Angostura, eine Stadt, die 50 Jahre zuvor als Handelsposten zwischen der Küste und dem Landesinneren gegründet worden war. Von hier aus organisierte er seine neue Republik und plante die vollständige Befreiung Venezuelas. (Die Stadt wurde auch durch ein Tonikum berühmt, das ein preußischer Chirurg in Bolívars Armee aus lokaler Baumrinde entwickelt hatte und das als Angostura-Bitter vermarktet wurde.) Der General, der die Eroberung von Angostura beaufsichtigt hatte, war Manuel Piar (1774–1817). Er geriet mit Bolívar aneinander und wurde daraufhin seines Kommandos enthoben. Als klar wurde, dass Piar eine potenzielle Bedrohung darstellte, beschloss Bolívar, an ihm ein Exempel zu statuieren, um seine Autorität zu stärken. Im Oktober 1817 wurde Piar wegen Ungehorsam, Aufruhr, Verschwörung und Fahnenflucht in Angostura vor Gericht gestellt. Er wurde in allen Anklagepunkten für schuldig befunden. Bolívar unterzeichnete den Haftbefehl, und Piar wurde auf dem Hauptplatz durch ein Erschießungskommando hingerichtet, wobei er seinen Umhang öffnete, um seine Brust zu zeigen, und »Viva la patria!«, also »Es lebe das Vaterland!« rief, als die Kugeln ihn durchbohrten.

Am 15. Februar 1819 eröffnete Bolívar in Angostura einen Kongress mit 26 Delegierten, die für die Unabhängigkeit Venezuelas und Neugranadas kämpften. Er hielt eine Rede, in der er seine Zukunftsvision präsentierte und die Bedeutung von Einheit und

Zentralisierung betonte. Im Frühjahr desselben Jahres führte Bolívar eine kühne Invasion in Neugranada an, rückte dabei über das Tiefland sowie über Seen und Berge vor, überraschte die Spanier und besiegte sie am 7. August in der Schlacht von Boyacá. Damit

Der Hafen von Havanna

Mitte des 19. Jahrhunderts waren Puerto Rico und Kuba die einzigen verbliebenen spanischen Territorien auf dem amerikanischen Kontinent. In den Jahren 1868 bis 1878 und 1879 bis 1880 kämpften kubanische Rebellen für die Unabhängigkeit; 1895 brach schließlich erneut ein Krieg aus. Der Konflikt wendete sich im Januar 1898, als die Vereinigten Staaten, wo die öffentliche Meinung die Rebellen unterstützte, den Panzerkreuzer USS Maine in den Hafen von Havanna schickten, um die amerikanischen Bürger in der Stadt zu schützen. Einen Monat später explodierte der Kreuzer und sank; die genaue Ursache ist bis heute unbekannt. Jedenfalls führte dies zu einer amerikanischen Kriegserklärung an Spanien, das im August kapitulierte. Die Spanier übergaben Puerto Rico sowie Guam und die Philippinen an die Vereinigten Staaten, während Kuba seine Unabhängigkeit erlangte

war die Unabhängigkeit des nördlichen Südamerikas gesichert. Bolívar kehrte anschließend nach Angostura zurück, wo der Kongress dank seines Einflusses am 17. Dezember die Vereinigung von Venezuela und Neugranada zur Republik Kolumbien ausrief. Zur Unterscheidung von dem gleichnamigen modernen Staat wird es heutzutage als Großkolumbien bezeichnet. Nachdem Bolívar die Befreiung Venezuelas abgeschlossen hatte, setzte er seinen Kampf gegen die Spanier fort und erweiterte Großkolumbien um das heutige Ecuador und Panama sowie um Teile von Brasilien, Guyana und Peru.

Die Debatte über die Verfassung von Großkolumbien wurde in die Stadt Cúcuta verlegt, wo vom 6. Mai bis 14. Oktober 1821 ein Kongress tagte. Dieser schuf einen zentralisierten Staat mit der Hauptstadt Bogotá und weitreichenden Befugnissen für den Präsidenten – ein Amt, das von Bolívar übernommen wurde. Auch die Sklaverei wurde abgeschafft. Im Süden des Kontinents wurde der Kampf von José de San Martín (1778–1850) angeführt, der die Vereinigten Provinzen des Rio de la Plata, die einen Großteil des heutigen Argentiniens, Boliviens und Uruguays umfassten, 1818 in die Unabhängigkeit führte. Im selben Jahr wurde Chile mit San Martíns Hilfe unabhängig.

Obwohl er das riesige Territorium von Großkolumbien beherrschte, strebte Bolívar weiterhin die Unabhängigkeit ganz Südamerikas an. Von 1824 bis 1825 setzte Bolívar gemeinsam mit San Martín seine Aktivitäten fort und trug dazu bei, die Unabhängigkeit Perus und Boliviens zu erreichen; Letzteres wurde nach ihm benannt. Während Bolívar auf Feldzug war, wurde Großkolumbien immer instabiler. Seine Rückkehr trug wenig dazu bei, die internen Spannungen im Land zu lindern. Als sich im April 1830 abzeichnete, dass die Republik, an deren Gründung er mitgewirkt hatte, zu zerbrechen drohte, trat Bolívar als Präsident zurück. Sieben Monate später starb er an Tuberkulose. Großkolumbien wurde noch im selben Jahr aufgelöst. Bolívar zu Ehren wurde Angostura 1846 in Ciudad Bolívar umbenannt; zweifellos eine große Ehre, aber Bolívar hätte das Überleben eines geeinten und unabhängigen Südamerikas sicherlich vorgezogen.

Die Black Hills

Inmitten der Ebenen zwischen dem nordöstlichen Wyoming und dem westlichen South Dakota befinden sich die bewaldeten Hänge, Gipfel und Täler der Black Hills. Die Black Hills sind mehreren Stämmen von Native Americans heilig, und ihre Geschichte offenbart die Gewalt und Grausamkeit, der sie häufig ausgesetzt waren.

Um circa 28 000 v. Chr. hatten die weltweit sinkenden Temperaturen eine Landbrücke zwischen Asien und Amerika geschaffen, die bis circa 14 000 v. Chr. bestehen blieb. Dies ermöglichte die Einwanderung von Jäger- und Sammlergruppen aus Asien, die sich auf dem gesamten amerikanischen Kontinent niederließen. Die indigenen Völker Nordamerikas entwickelten viele verschiedene Kulturen; einige betrieben sesshaften Ackerbau, während andere nomadisch lebten. In der Region gab es zudem über 50 Sprachfamilien.

Die Europäer begannen im 16. Jahrhundert, Nordamerika in großer Zahl zu besiedeln – ihre Ankunft war für die indigene Bevölkerung katastrophal. Die Europäer brachten Krankheiten mit, gegen die die Ureinwohner nicht gewappnet waren, und Gewalt war an der Tagesordnung. Als immer mehr europäische Siedler kamen, sahen sich die amerikanischen Ureinwohner gezwungen, ihr angestammtes Land zu verlassen. Viele indigene Gruppen verbündeten sich mit den europäischen Mächten und spielten sie oft gegeneinander aus. Als die Briten im 18. Jahrhundert die koloniale Vorherrschaft in Nordamerika erlangten, war diese Möglichkeit fortan nicht mehr gegeben. Nachdem die Vereinigten Staaten 1783 ihre Unabhängigkeit erlangt hatten, verfolgten sie eine langfristige Politik der Expansion nach Westen. Mit dem Indian Removal Act von 1830 erhielt der Präsident die Befugnis, die amerikanischen Ureinwohner von ihrem Land zu vertreiben. Infolgedessen wurden im Südosten der Vereinigten Staaten etwa 100 000 Native Americans zwangsumgesiedelt und unter brutalen und unmenschlichen Bedingungen in Richtung Westen getrieben; etwa 15 Prozent von ihnen starben auf diesem »Pfad der Tränen«.

1848 zwangen die Vereinigten Staaten Mexiko, seine Gebiete nördlich des Rio Grande abzutreten; im selben Jahr wurde in Kalifornien Gold gefunden. Dies löste einen Goldrausch aus, in dessen Folge Tausende von Siedlern nach Westen zogen und die Jagdgründe in den Gebieten, die sie durchquerten, zerstörten. Um den Frieden zu wahren, schloss die Regierung der Vereinigten Staaten eine Reihe von Abkommen mit den Native Americans, in denen sie ihr Territorium festlegte. So wurden beispielsweise 1868 im Zweiten Vertrag von Fort Laramie die Rechte an den Black Hills den Sioux und Arapaho zugesprochen. Doch schon wenige Jahre später wurde dieses Abkommen wieder infrage gestellt.

George Armstrong Custer (1839–1876) hatte während des amerikanischen Bürgerkriegs als Kavallerieoffizier für die Union gekämpft. Er fiel durch seine Tapferkeit und sein extravagantes Auftreten auf. So bevorzugte er langes blondes Haar und trug eine Reihe maßgeschneiderter Uniformen. Im Alter von nur 23 Jahren wurde er zum Brigadegeneral befördert. Zu Friedenszeiten wurde er wegen der Verkleinerung der Armee degradiert. Er nahm an mehreren

Chaco Canyon

Im amerikanischen Südwesten errichtete die indigene Bevölkerung Bauten aus Stein und Lehmziegeln, für die sie Erde, Wasser und organische Materialien wie Stroh miteinander vermengten. Die Bauten waren oft als mehrstöckige Behausungen angelegt, wobei der Zugang zu den Räumen von unten über Leitern erfolgte, die den Bewohnern Schutz boten. Die spanischen Kolonisten nannten diese Siedlungen Pueblos, von ihrem Wort für Stadt oder Dorf – viele beherbergten Hunderte von Menschen. Eine der größten Ansammlungen von Pueblos befindet sich im Chaco Canyon in New Mexico, wo sich mehrere solcher Anlagen befanden. Sie stellten von etwa 850 bis 1250 ein wichtiges zeremonielles und wirtschaftliches Zentrum dar, bis sie aufgrund von Dürre aufgegeben wurden.

Strafexpeditionen gegen die Prärie-Indianer in Kansas teil und leitete 1868 das Massaker an einem Lager der Cheyenne in der »Schlacht« am Washita River. Unter den Opfern befanden sich auch ältere Menschen, Frauen und Kinder. Im Jahr 1874 führte Custer eine Expedition an, um Berichte über Goldvorkommen in den Black Hills zu überprüfen. Als er erklärte, dass es dort tatsächlich Gold gab, löste dies einen großen Ansturm auf die abgelegene Region aus. Trotz der darin garantierten Schutzmaßnahmen wurde der Vertrag von Fort Laramie ignoriert, und Hunderte von Goldsuchern kamen.

Die Regierung der Vereinigten Staaten nahm ihr früheres Versprechen vollständig zurück und ordnete Ende 1875 an, dass alle Native Americans in den Black Hills, die sich der Ankunft weißer Goldsucher widersetzt hatten, bis zum 31. Januar 1876 in Reservate umziehen müssten oder als »feindlich« eingestuft würden. Da es Winter war, war diese Aufforderung nicht umsetzbar. Eine der führenden Persönlichkeiten, die sich dem Vordringen in die Black Hills entgegenstellten, war Sitting Bull (ca. 1831–1890), ein Lakota-Sioux-Krieger, der dem Stamm der Hunkpapa angehörte. Von seiner Vision beflügelt, verließen im Frühjahr Hunderte von Sioux, Cheyenne und Arapaho ihre Reservate und schlossen sich ihm in seinem Lager am Little Bighorn River im Süden Montanas an.

Im Mai dieses Jahres marschierten drei Truppenkontingente der US-Armee nach Westen, um Sitting Bull zu treffen. Custer führte den größten Trupp mit etwa 700 Mann an, der am 25. Juni bei Sitting Bulls Stellungen eintraf. Als seine Männer entdeckt wurden, ordnete Custer einen Angriff an, wobei er sein Kommando in drei Teile teilte und damit gefährlich schwächte. Er wusste nicht, wie stark sein Feind wirklich war – man hatte ihm gesagt, es seien nur 800 Krieger dort, aber in Wirklichkeit waren es über 1800. In der darauffolgenden Schlacht wurden Custer und sein 210-Mann-Trupp eingekesselt. Sie wurden alle getötet, ebenso wie 55 weitere amerikanische Soldaten.

Letztendlich war die militärische Überlegenheit der amerikanischen Regierung zu groß für Sitting Bull. Amerikanische Verstärkung traf ein, und 1877 wurden die Sioux und ihre Verbündeten gezwungen, ihre Rechte an den Black Hills aufzugeben und sich in

Reservaten niederzulassen. Sitting Bull führte seine Anhänger in den Norden Kanadas, doch der Rückgang der Büffelpopulation, auf die er und andere Native Americans als Nahrungsquelle angewiesen waren und aus deren Teilen sie eine Reihe von Gegenständen wie Tipis, Kleidung, Schuhe und Bogensehnen herstellten, führte zu einer Hungersnot, sodass sie 1881 kapitulierten. Sitting Bull zog in das Reservat von Standing Rock, wehrte sich aber weiterhin gegen den Verkauf von Stammesland. Nach 1889 gewann die Geistertanzbewegung immer mehr Anhänger unter den Sioux; sie wurde durch eine Prophezeiung inspiriert, die besagte, dass eine messianische Figur kommen würde, um die weißen Siedler zu vertreiben und die Rückkehr zu den alten Traditionen zu überwachen. Die Behörden befürchteten, dass er eine Galionsfigur für den Zusammenbruch der Ordnung sein könnte, und ordneten im Dezember 1890 die Verhaftung von Sitting Bull an, der bei einem Kampf getötet wurde, als seine Verbündeten versuchten, ihn zu befreien. Zu diesem Zeitpunkt war die große Mehrheit der Native Americans gezwungen, in Reservate umzusiedeln, wo sie bis heute oft mit harten Bedingungen, Armut und Versuchen der Regierung konfrontiert sind, sie gewaltsam in die westliche Kultur zu »integrieren«.

Kilmainham Gaol

Eines der großen Themen des 19. und 20. Jahrhunderts war der Kampf um die nationale Selbstbestimmung. Nur an wenigen Orten war dieser Kampf so umstritten wie in Irland, und viele der maßgeblichen Ereignisse spielten sich im Gefängnis Kilmainham Gaol in Dublin ab.

Die englische Präsenz in Irland begann im zwölften Jahrhundert, als anglo-normannische Ritter dort landeten. Im Jahr 1171 marschierte Heinrich II. (1133–1189) ein, und 1177 ernannte er seinen Sohn Johann (1166–1216), der 1199 König wurde, zum »Lord of Ireland«. Obwohl die englische Krone Schwierigkeiten hatte, ihre Kontrolle über die gesamte Insel durchzusetzen, erklärte sich Heinrich VIII. (1491–1547) im Jahr 1542 zum »König von Irland«, ein Titel, den auch die nachfolgenden englischen Monarchen beanspruchten. Im 16. und 17. Jahrhundert legten protestantische Siedler aus Schottland und England Plantagen in Irland an und gründeten Gemeinden, die sich schließlich auf den Norden konzentrierten. Zu dieser Zeit kam es häufig zu Aufständen der irischen Katholiken. Im 18. Jahrhundert wurde Irland jedoch von der britischen Krone beherrscht, obwohl es sein eigenes Parlament behielt. Im Jahr 1798 startete eine revolutionäre republikanische Gruppe namens United Irishmen mit französischer Unterstützung einen Aufstand. Sie wurde innerhalb von vier Monaten niedergeschlagen. Daraufhin traten 1801 die Acts of Union in Kraft, mit denen Großbritannien und Irland zum Vereinigten Königreich zusammengeschlossen wurden.

Dublin, von Wikingern gegründet, war lange Zeit das Zentrum der englischen Macht und des englischen Einflusses in Irland gewesen. Während des 18. Jahrhunderts blühte die Stadt auf, die Bevölkerung wuchs beträchtlich und viele neue Gebäude wurden gebaut. Eines davon war das »New Gaol« im Vorort Kilmainham, das ein heruntergekommenes und unhygienisches Gefängnis in der Nähe ersetzte. Das 1796 eröffnete Gebäude war ein imposanter Bau aus Kalkstein und Granit mit zwei Flügeln. Die Zellen waren jedoch kalt und dunkel, und Überbelegung und Krankheiten wurden bald zu einem Problem. Daher wurde von 1857 bis 1861 der Ostflügel umgebaut. Er verfügte über 96 gut beleuchtete Zellen und war vom Panoptikum inspiriert, einer Konstruktion, bei der ein einziger Wärter theoretisch jeden Insassen im Blick haben konnte.

Als sich im Jahr 1845 in Irland die Kartoffelfäule ausbreitete, veränderte sich der Verlauf der irischen Geschichte. Die Kartoffelfäule führte dazu, dass das Hauptanbauprodukt des Landes ausfiel und vier Jahre lang eine Hungersnot und Seuchen herrschten, in deren Folge eine Million Menschen starben und eine weitere Million Menschen auswanderten. Die Hungersnot führte zu einer wachsenden Feindseligkeit gegenüber der britischen Regierung in Irland, da viele der Meinung waren, die Briten hätten nicht ausreichend aktiv auf die Krise reagiert. In den Jahren nach der Hungersnot entstand die Fenian-Bewegung, deren Anhänger bereit waren, Gewalt anzuwenden, um die Unabhängigkeit Irlands zu erzwingen. Viele von ihnen und andere politische Gefangene wurden in Kilmainham inhaftiert. Im Gegensatz zu den radikalen Fenianern gab es eine friedlichere Kampagne für »Home Rule«. Ihr Ziel war es, die nationale Selbstverwaltung durch Gesetze zu sichern. Nach dem Scheitern zweier Home-Rule-Gesetze in den Jahren 1886 und 1893 wurde 1914 ein drittes Gesetz verabschiedet. Damit hätte Irland ein eigenes, dezentralisiertes Parlament erhalten, obwohl die sechs überwiegend protestantischen Grafschaften in Ulster vorübergehend von der Gesetzgebung ausgeschlossen waren. Infolge des Ersten Weltkriegs wurde das Gesetz ausgesetzt. Es sollte nie in Kraft treten.

Zu diesem Zeitpunkt war Kilmainham Gaol bereits nicht mehr als Gefängnis in Betrieb; als Sparmaßnahme wurde es 1910 geschlossen, und die Insassen wurden an andere Orte verlegt. Das Gebäude wurde an die britische Armee übergeben, die es als Quartier und Militärgefängnis nutzte. Zu Ostern 1916, als die britische Regierung mit dem Krieg beschäftigt war, organisierte eine Gruppe irischer Republikaner einen Aufstand in Dublin. Am Ostermontag nahmen sie mehrere Orte in der Stadt in Beschlag, darunter auch das General Post Office. Von den Stufen dieses Gebäudes aus verlas einer der Anführer des Aufstands, der Schriftsteller, Lehrer und Rechtsanwalt Patrick Pearse (1879–1916), eine Proklamation, in der er die Unabhängigkeit der irischen Republik erklärte. Nach sechstägigen Kämpfen mit den britischen Streitkräften kapitulierten die Rebellen. Viele der Anführer wurden gefangengenommen und nach einem Kriegsgericht zum Tode verurteilt. Pearse wurde zusammen mit 13 weiteren Anführern auf dem Hof von Kilmainham durch ein Erschießungskommando hingerichtet. Einer von ihnen, der Sozialist James Connolly (1868–1916), war bei den Kämpfen verwundet worden; er konnte nicht mehr stehen, wurde an einen Stuhl gefesselt und erschossen. Den Männern wurde nicht die Würde eines individuellen Begräbnisses oder gar eines Sarges zuteil – sie wurden einfach in ein Massengrab gelegt. Die harte Reaktion auf den Aufstand führte zu einem Anstieg der Unterstützung für den Republikanismus, und die nationalistische Sinn-Féin-Partei wurde immer beliebter. Sie war 1905 gegründet worden, ihr Name bedeutet auf Irisch »wir selbst«. 1918 errang Sinn Féin 73 der 105 irischen Parlamentssitze, weigerte sich aber, nach Westminster zu gehen, um sie einzunehmen. Stattdessen gründeten sie 1919 ihr eigenes Parlament in Dublin – die Dàil Éireann, die »Versammlung von Irland«.

Irland wurde daraufhin in einen Krieg zwischen republikanischen und britischen Truppen verwickelt, und Kilmainham wurde wieder als Gefängnis genutzt. Die Kämpfe wurden durch den Anglo-Irischen Vertrag beendet. Damit wurde der Irische Freistaat, ein selbstverwaltetes Herrschaftsgebiet, geschaffen. Irland wurde geteilt, wobei sechs überwiegend protestantische Grafschaften im Nordosten die Möglichkeit erhielten, im Vereinigten Königreich zu bleiben – was sie auch taten. Die Frage der Teilung spaltete Sinn Féin und führte 1922 zum Ausbruch eines Bürgerkriegs zwischen

Befürwortern und Gegnern des Vertrags. Kilmainham wurde von den Befürwortern des Vertrags kontrolliert, und sie nutzten es, um viele ihrer ehemaligen Landsleute zu inhaftieren. Der irische Bürgerkrieg endete 1923 mit einem Sieg der Vertragsbefürworter, und die letzten Insassen verließen Kilmainham im Jahr darauf. Es wurde aufgegeben und 1929 offiziell für geschlossen erklärt.

Am 18. April 1949, dem 33. Jahrestag des Osteraufstands, wurde Irland offiziell zur Republik und kappte damit jegliche verfassungsrechtliche Bindung an das Vereinigte Königreich. Obwohl Kilmainham der Ort war, an dem die Helden des Unabhängigkeitskampfes ihr Martyrium erlitten hatten, war es baufällig und von Unkraut überwuchert. Im Jahr 1958 wurde ein Verein gegründet, der sich die Restaurierung zum Ziel gesetzt hatte. Dank Spenden und der Arbeit von Freiwilligen konnte die Stätte restauriert werden und ist heute als Museum für die Öffentlichkeit zugänglich.

Der Kreml und der Rote Platz

Die Geschichte Russlands ist untrennbar mit Moskau verbunden. Das Herzstück der Stadt bilden der Festungskomplex des Kremls und der angrenzende Rote Platz.

Moskau wurde 1147 erstmals historisch erwähnt, als vermerkt wurde, dass Juri Dolgoruki (ca. 1099–1157), der spätere Großfürst von Kiew und Herrscher über ein Gebiet, das die heutige Ukraine, Weißrussland und Westrussland umfasste, dort speiste. Neun Jahre später wurde in Moskau eine Festung errichtet. Sie war von einer hölzernen Mauer mit Erdwällen umgeben und bildete den Grundstein für den Kreml. Der Name stammt möglicherweise aus dem Griechischen und bedeutet Zitadelle. Der Kreml wurde zum Mittelpunkt des kleinen Ortes, der sich schließlich zu einer Stadt

und einem lokalen Fürstentum entwickelte. Im Jahr 1237 fielen die Mongolen in Russland ein. Als sie im folgenden Jahr in Moskau eintrafen, konnte der Kreml sie nicht aufhalten. Wie viele andere Städte wurde auch Moskau erobert, geplündert und niedergebrannt. Die Mongolen gründeten daraufhin die Goldene Horde, die die Oberherrschaft über viele russische Fürstentümer innehatte, darunter auch Moskau. Obwohl sie gezwungen waren, Tribut an die Mongolen zu zahlen, bauten die Moskauer Fürsten ihre Stadt wieder auf, stärkten den Kreml und erweiterten ihre Macht durch die Übernahme anderer Fürstentümer. Schließlich wurden die Moskauer Fürsten stark und groß genug, um den Widerstand gegen die Mongolen im 14. und 15. Jahrhundert anzuführen.

Iwan III., auch »Iwan der Große« genannt (1440–1505), war der Herrscher, der den Einfluss der Goldenen Horde auf Russland unterband und sie 1480 besiegte. Er ließ den Kreml umfassend renovieren und erweitern und beauftragte dafür Baumeister und

Der Winterpalast

St. Petersburg wurde 1703 von Peter dem Großen gegründet und neun Jahre später zur russischen Hauptstadt. Im Jahr 1711 ließ Peter eine barocke Residenz für sich errichten, den Winterpalast. Nach einer Reihe von Umgestaltungen erreichte dieser 1762 seinen endgültigen Zustand. Der fertige Winterpalast hatte über 1000 Säle und Räume und symbolisierte die kaiserliche Macht Russlands. Nach der Februarrevolution von 1917 wurde er zum Sitz der russischen Provisorischen Regierung, aber unter der kommunistischen Herrschaft wurde er zum Kunstmuseum als Teil des Eremitage-Komplexes erklärt.

Architekten aus Italien. Das fertige Bauwerk hatte über 1,6 Kilometer lange Ziegelmauern und 20 Türme. Der Kreml wurde sowohl zur herrschaftlichen Residenz und zum Regierungssitz als auch zu einem wichtigen Sitz der russisch-orthodoxen Kirche. Um den zentralen Platz des Kremls wurden drei Kathedralen gebaut. Die Älteste ist die Mariä-Entschlafens-Kathedrale, die zwischen 1475 und 1479 erbaut wurde. Die Mariä-Verkündigungs-Kathedrale wurde zwischen 1484 und 1489 erbaut und zwischen 1562 und 1564 wiederaufgebaut, nachdem sie niedergebrannt war. Sie war einst die persönliche Kapelle der russischen Herrscher. Schließlich gibt es noch die Erzengel-Michael-Kathedrale, die zwischen 1505 und 1508 an der Stelle einer Kathedrale aus dem 14. Jahrhundert erbaut wurde und bis zur Verlegung der Hauptstadt nach St. Petersburg die Begräbnisstätte der russischen Zaren war. Der Kathedralenplatz diente als Schauplatz für wichtige Staatsanlässe und wird auch heute noch für die Amtseinführung des russischen Präsidenten genutzt. Zur gleichen Zeit, als Iwan III. den Kreml umgestaltete, wurde direkt östlich davon ein neuer Platz angelegt. Ursprünglich war er durch einen Graben getrennt, der später zugeschüttet wurde. Der Rote Platz, wie er später genannt wurde, war etwa 74 322 Quadratmeter groß und beherbergte den größten Markt Moskaus.

Im Jahr 1547 unterstrich der Enkel von Iwan III., Iwan IV., der auch »Iwan der Schreckliche« genannt wurde (1530–1584), die wachsende Macht Moskaus, indem er den neuen Titel »Zar von Russland« annahm und das Territorium durch Feldzüge gegen die Nachbarstaaten ausdehnte. Zum Gedenken an seine militärischen Siege ließ er die Kathedrale zu Ehren des Heiligen Basilius des Seligen am südlichen Ende des Roten Platzes errichten. Die Kathedrale wurde um 1554 bis 1560 erbaut, und ihr einzigartiges Design und ihre neun vielfarbigen Türme wurden zu einem Symbol sowohl für Moskau als auch für Russland selbst. Trotz Zeiten des Bürgerkriegs und ausländischer Invasionen dehnten die Zaren das russische Territorium weiter aus, insbesondere unter Peter dem Großen (1672–1725). Im Jahr 1712 verlegte er die Hauptstadt nach St. Petersburg, und neun Jahre später begann er, sich als Kaiser zu bezeichnen. Zu Beginn des 19. Jahrhunderts war Russland eine europäische Großmacht, wurde jedoch in die Napoleonischen Kriege hineingezogen. Als Napoleon 1812 in Russland einmarschierte, stieß er im September bis nach Moskau vor. Als sich seine Armee der Stadt näherte, brach ein Großbrand aus, der zwei Drittel der Gebäude zerstörte. Infolgedessen übernahm Napoleon die Kontrolle über eine trostlose Einöde und zog sich nach einem Monat zurück. Im weiteren Verlauf des Jahrhunderts wurde Moskau vollständig wiederaufgebaut. Der Kreml wurde restauriert und ein großer neuer Palast wurde errichtet. Im Jahr 1872 wurde am nördlichen Ende des Roten Platzes das Staatliche Historische Museum eingerichtet. 1893 wurden an der Ostseite des Platzes die Oberen Handelsreihen eröffnet, ein überdachter Einkaufskomplex mit Hunderten von Geschäften. Unter der kommunistischen Herrschaft wurde es verstaatlicht und in Gossudarstwenny uniwersalny magasin (»Staatliches Kaufhaus« oder GUM) umbenannt. Es wurde 1930 geschlossen und als Regierungsbüro genutzt, bevor es 1953 renoviert und als Einkaufszentrum wiedereröffnet wurde. Heute ist das GUM privatisiert und bleibt ein beliebtes Einkaufszentrum.

Das Russische Reich fand 1917 ein jähes Ende. Die Unzufriedenheit über die katastrophale Beteiligung Russlands am Ersten Weltkrieg war so groß, dass es in der Februarrevolution zu einem Massenaufstand kam, der zur Abdankung von Nikolaus II. (1868–1918) führte. Die Provisorische Regierung kämpfte weiter im Ersten Weltkrieg, der nach wie vor äußerst umstritten blieb. Dies ermöglichte es Wladimir Lenin (1870–1924), seine revolutionäre Partei, die Bolschewiki, während der Oktoberrevolution an die Macht zu führen. Um seine Macht zu festigen, führte er einen langen Bürgerkrieg gegen antikommunistische Kräfte, der 1922 mit der offiziellen Gründung der Union der Sozialistischen Sowjetrepubliken siegreich endete. Lenin verlegte auch die Hauptstadt zurück nach Moskau. Die Gebäude des Kremls wurden für die Unterbringung von Regierungsbüros genutzt. Der Rote Platz war Schauplatz zahlreicher Demonstrationen der sowjetischen Stärke und Einheit. Am

Smolensk

Smolensk am Fluss Dnepr ist eine der ältesten russischen Städte, deren Geschichte bis in die Mitte des neunten Jahrhunderts zurückreicht. Damals war sie ein wichtiger Punkt auf der Route zwischen der Ostsee und dem Schwarzen Meer sowie zwischen Moskau und dem übrigen Europa. Aufgrund dieser Lage war Smolensk im Laufe der Jahrhunderte heftig umkämpft. Die Stadt wurde von den Mongolen geplündert und stand auch unter litauischer und polnischer Herrschaft. 1812 wurde Smolensk von Napoleons Truppen niedergebrannt, und 1941, während des Überfalls der Achsenmächte auf die Sowjetunion, war die Stadt Schauplatz heftiger Kämpfe.

meisten Aufsehen erregten die Militärparaden, die am 1. Mai und am Jahrestag der Oktoberrevolution stattfanden. Nach Lenins Tod wurde sein einbalsamierter Leichnam in einem Mausoleum an der Westseite des Roten Platzes ausgestellt, wo er auch heute noch zu besichtigen ist.

Die letzte große Bedrohung für das Überleben Moskaus ging von Nazi-Deutschland aus. Im Juni 1941 starteten die Achsenmächte die Operation Barbarossa, ihren Überraschungsangriff auf Russland. Im Oktober näherten sie sich Moskau, und ein Großteil der Bevölkerung wurde evakuiert. Dank der erbitterten sowjetischen Verteidigung gelang es den Achsenmächten nie, Moskau zu erreichen, und sie mussten sich zurückziehen. Obwohl die Stadt bei den Kämpfen schwer beschädigt wurde, überlebte sie und der Kreml und der Rote Platz blieben erhalten.

Der Südpol

Der südlichste Punkt der Erde, der Südpol, befindet sich in der Antarktis, die bis in die 1820er-Jahre von der Menschheit völlig unberührt geblieben war. In den folgenden Jahrzehnten versuchten zahlreiche Expeditionen, den Südpol zu erreichen, wobei viele in einer Katastrophe endeten.

Der antarktische Kontinent ist etwa 14,2 Millionen Quadratkilometer groß und fast vollständig von Eis bedeckt, das eine durchschnittliche Dicke von 2,4 Kilometern aufweist. Die ihn umgebenden Gewässer sind eisig, tückisch und stürmisch, was bedeutet, dass die Antarktis während des größten Teils der menschlichen Geschichte von der Außenwelt abgeschnitten war. Zum ersten Mal wurde sie 1820 entdeckt, wobei russische, britische und amerikanische Schiffe diese Ehre für sich in Anspruch nahmen. Der erste Mensch, der auf der Antarktis an Land ging, war möglicherweise John Davis (geb. 1784), ein Amerikaner, der 1821 kurzzeitig dort war, weil er Robben suchte, auf die er Jagd machen konnte. Bis in die 1890er-Jahre blieb die Antarktis jedoch größtenteils von Menschen unberührt, obwohl mehrere Expeditionen die Küstenlinie erkundeten.

Die Briten unternahmen 1898 eine Expedition in die Antarktis, unter dem Kommando des in Norwegen geborenen Forschers Carsten Borchgrevink (1864–1934). Mit der *Southern Cross*, einem dampfgetriebenen Schiff, das für die Robbenjagd gebaut wurde,

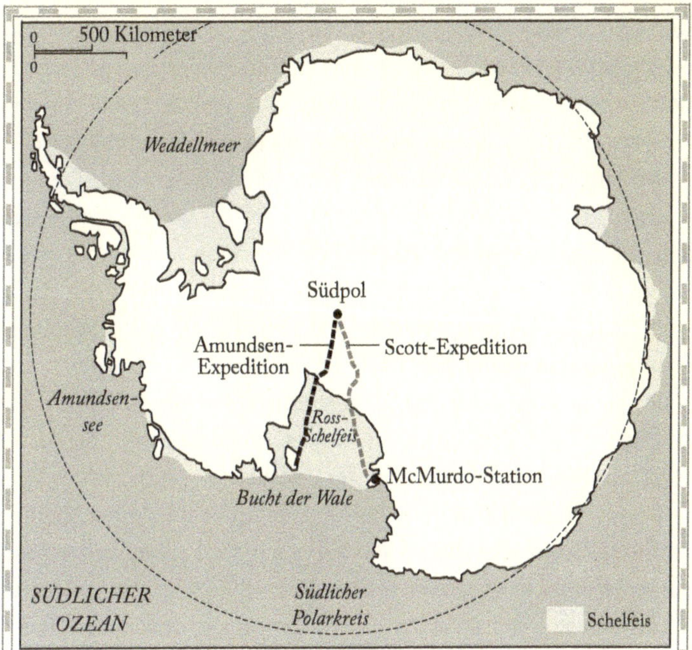

Der Wettlauf zum Südpol 1911–1912

gingen sie im Februar 1899 in der Antarktis an Land. Sie errichteten ein Lager und überwinterten dort, bevor sie weiter nach Süden vordrangen als irgendjemand zuvor, obwohl sie den Pol nicht erreichten. Borchgrevink und seine Männer kehrten im Jahr 1900 sicher zurück und inspirierten andere zu ähnlichen Reisen. Dazu gehörte auch die britische *Discovery*-Expedition von 1901 bis 1914, die weitere Erkundungen und mehrere wissenschaftliche Experimente durchführte (unter anderem den Start eines Beobachtungsballons). Zu den Teilnehmern der Expedition gehörten zwei Männer, die zum Synonym für das Streben, als Erste den Südpol zu erreichen, werden sollten: Robert Falcon Scott (1868–1912) und Ernest Shackleton (1874–1922). Letzterer war der Erste, der einen Versuch unternahm – seine *Nimrod*-Expedition von 1907 bis 1909 kam bis auf etwa 160 Kilometer an den Pol heran, musste aber umkehren.

Im Jahr 1911 versuchten zwei Unternehmen, den Südpol zu erreichen: eines unter der Leitung von Scott, das andere ein norwegisches Team unter der Leitung des Forschers Roald Amundsen (1872–1928), der bereits durch die erste Seereise durch die Nordwestpassage berühmt geworden war. Amundsen setzte Schlittenhunde ein (von denen die meisten später geschlachtet wurden, um seine Männer zu ernähren), und er und vier weitere Personen erreichten den Südpol am 14. Dezember. Er errichtete in der Nähe ein Lager, das er Polheim nannte, und ließ ein aufgestelltes Zelt und Vorräte zurück. Am 25. Januar kehrten er und seine Männer zu ihrem Schiff zurück und segelten nach Tasmanien, von wo aus sie die Nachricht von ihrer Leistung per Telegramm in die ganze Welt verbreiten konnten. Auch Scott und seine vierköpfige Mannschaft erreichten den Südpol, obwohl sie erst am 17. Januar 1912, also 34 Tage nach Amundsen, dort ankamen. Scott und seine Männer überlebten den Rückweg nicht; nachdem sie ein Versorgungsteam aus dem Basislager verpasst hatten, starben sie alle. Ihre gefrorenen Leichen wurden acht Monate später entdeckt.

Das nächste große Ziel der Polarforscher war die Durchquerung der Antarktis auf dem Landweg. Um dies zu tun, kehrte Shackleton im Jahr 1914 auf den Kontinent zurück; aber bevor er seinen Versuch starten konnte, blieb sein Schiff, die *Endurance*, im Packeis stecken. Nach monatelangem Treiben wurde es zerdrückt und sank im Oktober 1915, sodass Shackleton und seine Männer Schiffbruch erlitten. Sie benutzten Rettungsboote, um zur Elephant Island zu gelangen, die 240 Kilometer vor der Ant-

Die Nordwestpassage

Bevor der Panamakanal 1914 fertiggestellt wurde, suchten die Seefahrer nach einem Seeweg vom Atlantik zum Pazifik, der nicht um Kap Horn herumführte. Eine Möglichkeit war die Nordwestpassage, ein Weg durch den arktischen Archipel. Eine sichere Passage durch die Inseln und treibenden Eisberge zu finden, war gefährlich und hatte sich seit dem späten 15. Jahrhundert für viele Menschen als schwierig erwiesen. Erst auf der Reise von Amundsen 1903 bis 1906 wurde die Nordwestpassage erschlossen. Ursprünglich galt sie aufgrund der Eisbedeckung als unpassierbar für die kommerzielle Schifffahrt, doch aufgrund der jüngsten globalen Erwärmung ist die Reise inzwischen leichter zu bewältigen.

arktis lag. Anschließend segelte Shackleton mit fünf Männern in einem modifizierten Rettungsboot, das nur 6,8 Meter lang war, etwa 1300 Kilometer über das offene Meer zum britischen Inselgebiet Südgeorgien im Südatlantik. In einer spektakulären seemännischen Meisterleistung erreichte er die Insel und organisierte eine Rettungsexpedition nach Elephant Island. Wie durch ein Wunder überlebten alle seine Männer diese Tortur. Erst im Rahmen der Commonwealth Trans-Antarctic Expedition von 1955 bis 1958 wurde der antarktische Kontinent durchquert. Die Expedition wurde durch eine Mischung aus privaten Spenden und der britischen, neuseeländischen, amerikanischen, australischen und südafrikanischen Regierung finanziert und von dem englischen Forscher Vivian Fuchs (1908–1999) geleitet, dessen Team auch der Neuseeländer Edmund Hillary (1919–2008) angehörte, der kurz zuvor den Everest bezwungen hatte. Mithilfe von Traktoren und mit Unterstützung von Flugzeugen durchquerten die Männer vom

Mount Everest

Im Jahr 1852 berechnete der indische Mathematiker Radhanath Sikdar (1813–1870), dass der als Chomolungma (tibetisch: »Göttin des Tals«) bekannte Himalaya-Gipfel mit einer Höhe von 8839 Metern der höchste Berg der Welt sei. Spätere Berechnungen ergaben, dass Sikdars Zahl nur 10,6 Meter unter der tatsächlichen Höhe lag. In der Folge wurde er nach dem britischen Generalinspektor von Indien in Everest umbenannt. Nachdem mehrere Versuche, den Everest zu besteigen, gescheitert waren, wurde er 1953 schließlich von einer britischen Expedition bezwungen, bei der Hillary und der nepalesisch-indische Bergsteiger Tenzing Norgay (1914–1986) als Erste den Gipfel erreichten.

25. November 1957 bis zum 2. März 1958 erfolgreich die Antarktis über den Südpol.

Als das Interesse an der Antarktis wieder auflebte und ihr genauer völkerrechtlicher Status unklar war, unterzeichneten die zwölf Länder mit Interessen in der Antarktis (Argentinien, Australien, Belgien, Chile, Frankreich, Japan, Neuseeland, Norwegen, Südafrika, die Sowjetunion, das Vereinigte Königreich und die Vereinigten Staaten) am 1. Dezember 1959 in Washington, D.C. einen Vertrag über den Kontinent. Inmitten der Spannungen des Kalten Kriegs einigten sie sich darauf, dass die Antarktis eine entmilitarisierte Zone ohne Militärbasen und Waffentests sein sollte, mit der Freiheit, wissenschaftliche Untersuchungen durchzuführen, die zur Zusammenarbeit aufforderten. Zahlreiche Forschungsstationen wurden dort eingerichtet, und 1991 legte ein neues Protokoll die Verfahren zum Schutz der antarktischen Umwelt fest, wobei kommerzielle Versuche, dort Mineralien oder Öl zu finden, bis 2048 verboten sind. Die größte Bedrohung für die Antarktis ist jedoch der Klimawandel, der zu einem Anstieg der Wassertemperaturen in der Region und zu einem raschen Rückgang des Eises geführt hat.

Kapitel 8

Die Welt der Moderne

Hollywood

Im 20. Jahrhundert entwickelte sich das Kino zur populärsten Kunstform der Welt. Die amerikanische Filmindustrie spielte dabei eine zentrale Rolle und wird mittlerweile gleichgesetzt mit dem Stadtteil Hollywood in Los Angeles.

Im späten 19. Jahrhundert experimentierten Erfinder mit der Technik von einfachen bewegten Bildern. Daraus entwickelte sich der Kinofilm, bei dem kurze Sequenzen mit einer einzigen Kamera aufgenommen wurden. Die erste öffentliche Filmvorführung fand 1895 in Paris statt; sie wurde von den Brüdern Auguste (1862–1954) und Louis (1864–1948) Lumière veranstaltet, die eine Filmkamera erfunden hatten, die sie den Kinematographen nannten und der zugleich Filmprojektor war. Innerhalb eines Jahrzehnts gab es in ganz Europa Kinos, und die Besucher kamen in Scharen, um die immer längeren und anspruchsvolleren Filme zu sehen. Da sie tonlos waren, wurden sie in der Regel von Live-Musik begleitet, die im Saal gespielt wurde.

Die Vereinigten Staaten machten sich diese neue Technologie und Kunstform schnell zu eigen, wobei sich die Filmindustrie zunächst auf die Ostküste konzentrierte. Im Jahr 1893 eröffnete der Erfinder Thomas Edison (1847–1931) in seinen Laboratorien in West Orange, New Jersey, ein Filmstudio. Die erste »Hauptstadt« des amerikanischen Kinos war Fort Lee, New Jersey, in der Nähe von New York. Ab 1907 begannen die Filmgesellschaften dort mit dem Bau von Studios, angezogen von dem billigeren und reichlich vorhandenen Land. Da die künstliche Beleuchtung noch in den Kinderschuhen steckte, erkannten die Studiobosse bald, dass ein Standort mit zuverlässigerem sonnigen Wetter und zudem der Zugang zu unterschiedlicheren Drehorten wünschenswert war. Sie entschieden sich für Hollywood, das zur kalifornischen Stadt Los Angeles gehörte.

Vor der Ankunft der ersten spanischen Entdecker im Jahr 1542 lebten in Kalifornien mehrere Völker der Native Americans. Die europäische Kolonisierung begann im späten 18. Jahrhundert und erfolgte in relativ kleinem Rahmen. Im Jahr 1781 gründeten die Spanier eine kleine Siedlung in einem Wüstengebiet, die sie »El Pueblo de la Reina de los Angeles« nannten, also die »Stadt der Königin der Engel« – besser bekannt als Los Angeles. Nach der Unabhängigkeit von Spanien im Jahr 1821 wurde Kalifornien an Mexiko angegliedert, und 1848 wurde es nach dem Mexikanisch-Amerikanischen Krieg von den Vereinigten Staaten übernommen. In jenem Jahr wurde dort Gold gefunden, was zu einem Ansturm von Siedlern führte. Dieser Bevölkerungszustrom führte dazu, dass Kalifornien 1850 als

Bundesstaat anerkannt wurde. In der Zwischenzeit hatte sich Los Angeles zu einer Stadt entwickelt, die nach dem Anschluss an das nationale Eisenbahnnetz und dem Ausbau des Hafens rasch expandierte.

Hollywood begann als Gemeinde von Viehzüchtern und Farmern, entwickelte sich im späten 19. Jahrhundert zu einer Kleinstadt und fusionierte 1910 offiziell mit Los Angeles. In jenem Jahr wurde *Der Draufgänger von Boston*, der erste vollständig in Hollywood gedrehte Film, produziert, und 1911 eröffnete auf dem Sunset Boulevard das erste Filmstudio. Im Laufe der nächsten zehn Jahre siedelten sich immer mehr Studios in Hollywood an, die oft von der Ostküste kamen und dort riesige Drehplätze und Tonbühnen bauten. Damit begann ein »Goldenes Zeitalter« des amerikanischen Kinos, das bis in die 1960er-Jahre andauerte und Stile, Bräuche, Techniken und ästhetische Aspekte hervorbrachte, die noch heute von großem Einfluss sind. In dieser Zeit wurden auch Spielfilme mit synchronisiertem Ton und in Farbe produziert. 1923 wurde das berühmte Hollywood Sign in den Hügeln über der Stadt errichtet. Ursprünglich lautete es übrigens »Hollywoodland« – die letzten vier Buchstaben wurden bei Restaurierungsarbeiten 1949 entfernt, und 1978 wurde der gesamte Schriftzug erneuert. Ebenfalls 1923 kam ein weiterer langjähriger Filmstar nach Hollywood: Walt Disney (1901–1966). Er war Künstler und hatte mit Filmen experimentiert, die auf animierten Zeichnungen basierten. Sein gleichnamiges Studio produzierte eine Reihe von Filmen, die das Genre des Animationsfilms definierten, und 1955 revolutionierte er die Unterhaltungsindustrie, indem er in Anaheim, einer Stadt etwa 48 Kilometer südöstlich von Hollywood, seinen eigenen Freizeitpark, Disneyland, eröffnete.

Im Goldenen Zeitalter Hollywoods, das sich von den 1910er- bis in die 1960er-Jahre erstreckte, dominierten die »Big Five« – (20th

Oakwood Grange

Louis Le Prince (1841–1890) war ein französischer Erfinder, der mit der Kinematographie experimentierte und heimlich eine Kamera entwickelte, die bewegte Bilder aufnehmen konnte. Im Jahr 1888 filmte er damit eine zwei Sekunden dauernde Stummfilmsequenz von Familienmitgliedern im Garten von Oakwood Grange, einem Haus in Roundhay, einem Vorort der nordenglischen Stadt Leeds. Das Filmmaterial ist das älteste erhaltene Filmdokument.

Century Fox, Metro-Goldwyn-Mayer, Paramount Pictures, RKO und Warner Bros. – das amerikanische Kino. Sie produzierten nicht nur Filme, sondern vertrieben sie auch und zeigten sie in den Kinos. Außerdem hatten sie die Kontrolle über Regisseure und Schauspieler, die sie mit langfristigen Verträgen an sich banden. Die Filme, die sie produzierten, waren nicht nur in den Vereinigten Staaten beliebt, sondern auch beim Publikum in der ganzen Welt. Nach dem Zweiten Weltkrieg begann sich Hollywood zu verändern. Im Jahr 1948 entschied der Oberste Gerichtshof, dass die monopolistische Praxis der Filmstudios, Kinoketten zu besitzen, die nur ihre Filme vorführten, illegal war, was zum Niedergang der Macht der Big Five führte. Außerdem begann der Hays Code, ein zensorisches

Regelwerk mit moralischen Richtlinien, das den Inhalt amerikanischer Filme seit 1930 eingeschränkt hatte, zu bröckeln und wurde in den 1960er-Jahren aufgegeben, sodass das Kino experimenteller und gewagter werden konnte. Gleichzeitig wurde Hollywood von der Welle der antikommunistischen Paranoia mitgerissen, die die Vereinigten Staaten ab etwa 1947 erfasste. Im Rahmen einer Regierungsuntersuchung zum Kommunismus wurden mehrere führende Persönlichkeiten aus Hollywood vorgeladen, um bei Anhörungen in Washington auszusagen. Zehn von ihnen verweigerten die Aussage und wurden zu Geld- und Haftstrafen verurteilt. Sie und Hunderte von Schauspielern, Regisseuren, Drehbuchautoren und anderen Filmschaffenden wurden daraufhin von allen amerikanischen Filmstudios wegen mutmaßlicher kommunistischer Sympathien faktisch mit einem Beschäftigungsverbot belegt. Diese Praxis der »schwarzen Listen« hielt über ein Jahrzehnt an.

Der vielleicht größte Schaden für die Vorherrschaft Hollywoods im Kino entstand durch den Aufstieg des Fernsehens. Dieses machte dem Kino einen Strich durch die Rechnung und führte zu rückläufigen Zuschauer- und Gewinnzahlen, obwohl Hollywood in der Folgezeit zu einem wichtigen Zentrum der wachsenden Fernsehindustrie wurde. Im Laufe der Zeit verließen viele Filmstudios Hollywood und zogen in andere Gegenden von Los Angeles oder sogar ganz aus der Stadt weg. Das einzige große Studio, das noch immer dort ansässig ist, ist Paramount Pictures, obwohl »Hollywood« nach wie vor als Sinnbild für die in Los Angeles ansässige Filmindustrie gilt. Die Hälfte aller amerikanischen Filme wird nach wie vor in Hollywood produziert, und hier findet auch die Oscar-Verleihung statt, die seit 1929 abgehalten wird und trotz aller Kontroversen nach wie vor ein weltweites Synonym für ausgezeichnete Filmkunst ist.

Olympia Theatre in Bombay

Der erste abendfüllende Film, der in Indien gedreht wurde, war Raja Harishchandra, der von dem Filmpionier Dadasaheb Phalke (1870–1944) inszeniert und produziert wurde. Die Uraufführung fand am 21. April 1913 im Olympia Theatre in Bombay (dem heutigen Mumbai) statt. Der Film wurde schnell zu einem großen Erfolg und legte den Grundstein für die äußerst populäre indische Filmindustrie, deren Filme zu den meistgesehenen der Welt zählen. Der größte Teil der Filmindustrie ist in Mumbai angesiedelt, wo Filme in Hindi-Sprache produziert werden und »Bollywood« zum Inbegriff für deren Filmkultur wurde.

Amritsar

Amritsar ist nicht nur ein bedeutendes Zentrum des Sikhismus, sondern auch Schauplatz einer der brutalsten Begebenheiten der britischen Kolonialgeschichte, des Massakers von Jallianwala Bagh, das die indische Unabhängigkeitsbewegung ins Rollen brachte.

Die Region Punjab war der Geburtsort von Guru Nanak (1469–1539), dem Begründer des Sikhismus. Er sammelte schnell Anhänger für seine neue Religion. Nach seinem Tod folgten ihm neun weitere Gurus, die alle zur Verbreitung des Sikhismus beitrugen. Als der zehnte Guru 1708 starb, wurde ihr Heiliges Buch, der *Guru Granth Sahib*, zum letzten und ewigen Guru.

Amritsar wurde offiziell 1577 vom vierten Guru, Ram Das (1534–1581), gegründet. Er ordnete die Errichtung eines großen heiligen Wassertanks an, der unter dem Namen Amrita Saras, auf Deutsch etwa »Teich des Nektars«, bekannt wurde und dem die Stadt ihren Namen verdankt. Ram Das' Nachfolger, Guru Arjan (1563–1606), errichtete 1589 in der Mitte des Beckens eine Gurdwara, eine Sikh-Gebetsstätte. Sie wurde Harmandir Sahib (»Gottestempel«) genannt, war über eine Marmorbrücke zu erreichen und lag tiefer als der Rest der Stadt, um die Gläubigen an die gebotene Demut zu erinnern. Harmandir Sahib wurde zur heiligsten Pilgerstätte der Sikhs und trug zum Wachstum von Amritsar bei.

Während der Sikhismus wuchs, sahen sich seine Anhänger oft gewaltsamer Verfolgung ausgesetzt, insbesondere durch die muslimischen Mogulkaiser, die den Punjab und den indischen Subkontinent vom 16. bis zum 18. Jahrhundert dominierten. Als die Macht der Moguln im 18. Jahrhundert schwand, erlangten die Sikhs, die zu ihrem Schutz Armeen gebildet hatten, die Kontrolle über Teile des Punjab und gründeten mehrere verschiedene Staaten. Im Jahr 1801 schlossen sie sich unter der Führung eines militärischen Anführers namens Ranjit Singh (1780–1839) zusammen und gründeten damit das Sikh-Reich. Im folgenden Jahr ließ Singh den Harmandir Sahib, der seit seiner Errichtung mehrfach beschädigt worden war, aus Marmor, Kupfer und Blattgold wieder aufbauen. Er wurde als »Goldener Tempel« bekannt. Nach dem Tod von Ranjit im Jahr 1839 ging das Sikh-Reich in den Niedergang. Dies war eine Chance für die Britische Ostindien-Kompanie, die zu diesem Zeitpunkt einen Großteil des indischen Subkontinents beherrschte.

Nach zwei Kriegen wurde das Sikh-Reich 1849 aufgelöst und unter die Herrschaft der Kompanie gestellt. Als sich 1857 ein Großteil Indiens gegen die britische Herrschaft auflehnte, blieb der Punjab weitgehend friedlich. Die Rebellion wurde 1858 niedergeschlagen, woraufhin die britische Regierung die direkte Herrschaft über den indischen Subkontinent übernahm.

Palashi

Mitte des 18. Jahrhunderts hatte sich die Britische Ostindien-Kompanie auf dem indischen Subkontinent festgesetzt, obwohl sie keineswegs die Vorherrschaft innehatte. Dies änderte sich 1757, als die Streitkräfte der Briten die mit den Franzosen verbündeten Herrscher von Bengalen bei dem Dorf Palashi (anglisiert: Plassey) besiegten. Dies ermöglichte den Briten, in Bengalen einen Marionettenherrscher einzusetzen, und legte den Grundstein für ihre Position als führende Macht auf dem indischen Subkontinent.

Zu Beginn des 20. Jahrhunderts wurde der Ruf nach mehr Freiheit für Indien immer lauter. Dies eskalierte nach dem Ende des Ersten Weltkriegs. Britisch-Indien hatte mit über einer Million Soldaten, die in Übersee dienten, einen großen Beitrag zu den Kriegsanstrengungen der Alliierten geleistet; Punjab hatte mehr Soldaten abgestellt als jede andere Provinz. Viele Inder hofften, dass dies die Briten dazu bewegen würde, eine größere Selbstverwaltung zuzulassen. Stattdessen verabschiedete die Legislative von Britisch-Indien am 21. März 1919 den »Anarchical and Revolutionary Crimes Act«. Mit dieser drakonischen Maßnahme wurden die kriegsbedingten Notmaßnahmen gegen mutmaßliche politische Gegner erweitert. Es erlaubte der Kolonialregierung, Menschen ohne ein ordentliches Verfahren zu inhaftieren und auf unbestimmte Zeit festzuhalten, geheime Gerichtsverfahren mit Geschworenen durchzuführen, Verhaftungen ohne Haftbefehl vorzunehmen und die Pressefreiheit einzuschränken. Mahatma Gandhi (1869–1948), ein ehemaliger Rechtsanwalt, der bereits eine einflussreiche Führungspersönlichkeit in der Kampagne für die indische Unabhängigkeit war, rief zu einem eintägigen Generalstreik auf, um gegen das Gesetz zu protestieren. In Punjab regte sich breiter Widerstand gegen das Gesetz, der jedoch friedlich blieb, bis es nach der Verhaftung der Anführer der Opposition zu Gewalt und Ausschreitungen kam. Am 10. April schoss die Polizei in Amritsar auf eine Gruppe von Zivilisten, wobei sechs Menschen getötet und mehr als dreißig verwundet wurden. Sir Michael O'Dwyer (1864–1940), seit 1912 Gouverneur der Region Punjab, ging gegen diese Unruhen vor und verbot öffentliche Versammlungen. Reginald Dyer (1864–1927), der das Kommando über 1185 Soldaten in Amritsar hatte, von denen die meisten Gurkhas oder Belutschen waren, wurde damit beauftragt, weitere Proteste zu verhindern. Am 13. April erfuhr Dyer, dass sich eine große Menschenmenge (etwa 10 000) in Jallianwala Bagh, einem ummauerten Garten in der Nähe des Goldenen Tempels, versammelt hatte. Dyer traf in den Gärten ein und ließ seine Männer den einzigen Ausgang besetzen. Ohne Vorwarnung befahl er ihnen dann, auf die Menschenmenge zu schießen. Sie töteten 379 Menschen, darunter ein sechs Wochen altes Baby, und verwundeten nahezu 2000 weitere Personen. Anschließend marschierte Dyer mit seinen Männern zurück ins Lager, ohne auch nur einem einzigen der in den Gärten liegenden Opfer zu helfen. Daraufhin wurde das Kriegsrecht über die Region Punjab verhängt.

Für sein herzloses Handeln wurde Dyer zwar getadelt und zum Austritt aus dem Militär verurteilt, aber nicht weiter bestraft. Als er 1920 nach Großbritannien zurückkehrte, erhielt er eine hohe Geldsumme, die von Sympathisanten aufgebracht worden war – er ging dann in den Ruhestand und starb sieben Jahre später. O'Dwyer wurde von seinem Amt als Vizegouverneur entbunden und kehrte ebenfalls nach Großbritannien zurück. 1940 wurde er in Westminster von Udham Singh (1899–1940), einem Punjabi-Sikh und Unterstützer der indischen Unabhängigkeit, als Vergeltung für das Massaker von Amritsar ermordet. Singh wurde verhaftet, des Mordes für schuldig befunden und durch Erhängen hingerichtet.

Die Nachricht von dem Massaker verbreitete sich auf dem gesamten indischen Subkontinent. Sie überzeugte die Bevölkerung, dass die britische Herrschaft unerträglich war und bekämpft werden musste. Im Gegensatz zur Gewalt von Amritsar bestand Gandhi auf *Satyagraha*, also einem friedlichen zivilen Protest gegen die Briten. Mit der Zeit wuchs die Unterstützung für die indische Unabhängigkeitsbewegung. Es gab Spannungen entlang der religiösen Grenzen, da einige Muslime einen eigenen Staat forderten, um ihre Rechte zu wahren. Nach dem Ende des Zweiten Weltkriegs begannen die Verhandlungen über die Unabhängigkeit Indiens. Am 15. August 1947 wurde Indien unabhängig, obwohl die mehrheitlich muslimischen Gebiete zu einem eigenen Staat, Pakistan, wurden, dessen östliche Region, Bangladesch, sich 1971 abspaltete. Die Teilung führte zur Vertreibung von Millionen von Menschen sowie zu

Gewalt und Unruhen. Gandhi rief zur Ruhe auf und fastete, wurde aber 1948 auf tragische Weise von einem Hindu-Nationalisten ermordet. Im Zuge der staatlichen Trennung wurde die Region Punjab aufgeteilt, wobei der östliche Teil, der überwiegend von Hindus und Sikhs bewohnt wurde, Indien und der westliche, überwiegend muslimische Teil Pakistan zugesprochen wurde.

Einige Sikhs waren mit diesem Zustand unzufrieden und begannen, ihr eigenes, separates Heimatland in der Region Punjab zu fordern. Im Jahr 1984 besetzten Sikh-Separatisten den Goldenen Tempel und die umliegenden Gebäude. Als die Verhandlungen scheiterten, befahl Premierministerin Indira Gandhi (1917–1984), die übrigens nicht mit Mahatma Gandhi verwandt war, der Armee, sie aus dem Goldenen Tempel zu entfernen. Die Sikh-Separatisten wurden von Truppen der indischen Armee angegriffen, und mindestens 450 Menschen, darunter einige unbewaffnete Pilger, wurden bei den Kämpfen getötet. Fünf Monate später wurde Indira Gandhi von zwei Sikh-Leibwächtern als Racheakt für den Angriff auf den Goldenen Tempel ermordet. Der Tod Indira Gandhis führte zu Gewalt gegen Sikhs in ganz Indien. Glücklicherweise ist diese Art von Gewalt seit den 1990er-Jahren zurückgegangen und in der Region Punjab ist weitgehend Frieden eingekehrt.

Der Sendeturm von Gleiwitz

Einer der wesentlichen Auslöser des Zweiten Weltkriegs war der Überfall Nazi-Deutschlands auf Polen im Jahr 1939. Um diesen Überfall zu rechtfertigen, inszenierten die Deutschen in Gleiwitz ein fingiertes Kommando – was der Auftakt zum zerstörerischsten Konflikt der Menschheitsgeschichte werden sollte und rund 50 Millionen Menschen das Leben kostete.

Gleiwitz (Gliwice) liegt in Oberschlesien, dem südöstlichen Teil einer Region, die größtenteils in Polen liegt, mit einigen Teilen in Deutschland und der Tschechischen Republik, und die über reiche Bodenschätze, vor allem Kohle und Eisenerz, verfügt. Die Stadt, die 1276 das Stadtrecht erhielt, stand ursprünglich unter der Kontrolle des schlesischen Zweigs der polnischen Piasten-Dynastie, bevor sie im Jahr 1335 in den Besitz Böhmens überging: Nachdem die österreichischen Habsburger 1526 die böhmische Krone geerbt hatten, erhielten sie auch Gleiwitz. Im Jahr 1742 eroberte Preußen Schlesien, das mit der Gründung des Deutschen Reiches 1871 Teil des Reiches wurde. Wie viele andere Städte der Region entwickelte sich auch Gleiwitz im 19. Jahrhundert zu einem wichtigen Zentrum der Industrie, insbesondere der Eisenindustrie.

Der Erste Weltkrieg veränderte Europa. Polen, das nach einer Reihe von Teilungen zwischen Österreich, Preußen und Russland von der Landkarte getilgt worden war, wurde als unabhängige Republik wiedererrichtet. Im Rahmen des Versailler Vertrags musste Deutschland umfangreiche Gebietsverluste hinnehmen, darunter

Stalingrad

Die Schlacht um Stalingrad war mit rund zwei Millionen Opfern die verheerendste Schlacht der Geschichte. Stalingrad (heute Wolgograd) war ein Industrie- und Verkehrsknotenpunkt an der Wolga, der 1942 ein Hauptziel der Sommeroffensive der Achsenmächte war. Der Kampf um die Stadt dauerte über fünf Monate mit erbitterten Häuserkämpfen und gipfelte darin, dass die Rote Armee den Feind einkesselte und im Februar 1943 zur Kapitulation zwang. Die Niederlage war für die Nazis katastrophal und stellte den Wendepunkt der Kämpfe an der Ostfront dar.

Teile Schlesiens, die der Tschechoslowakei und Polen zugesprochen wurden.

In dem von Deutschland beherrschten Oberschlesien, zu dem auch Gleiwitz gehörte, verblieben viele Polen, was von 1919 bis 1921 zu einer Reihe von separatistischen Aufständen führte. Um der Gewalt Einhalt zu gebieten, führte der Völkerbund in Oberschlesien Volksabstimmungen durch, bei denen die Bevölkerung gefragt wurde, ob sie unter deutscher oder polnischer Herrschaft stehen wollte. Etwa 40 Prozent stimmten für den Anschluss an Polen, während der Rest es vorzog, Teil Deutschlands zu bleiben. Dementsprechend wurde ein Teil des oberschlesischen Territoriums Polen zugesprochen, während der größte Teil des Gebiets, einschließlich Gleiwitz, deutsch blieb.

Pearl Harbour

Hawaii, eine Inselgruppe im Nordpazifik, die zuvor ein unabhängiges Königreich war, wurde 1898 von den Vereinigten Staaten annektiert. Die US-Marine erkannte den strategischen Wert von Hawaii und errichtete 1908 einen Stützpunkt in Pearl Harbor auf der Insel Oahu. Am 7. Dezember 1941 startete Japan einen Überraschungsangriff auf den Stützpunkt, wobei mehrere Schiffe versenkt und beschädigt wurden und Hunderte von Menschen ums Leben kamen. Dies führte dazu, dass die Amerikaner auf der Seite der Alliierten in den Zweiten Weltkrieg eintraten, was für ihren letztendlichen Sieg entscheidend sein sollte.

Nachdem die Nationalsozialisten 1933 die Kontrolle über Deutschland erlangt hatten, bestand ihr wichtigstes außenpolitisches Ziel darin, den verhassten Versailler Vertrag rückgängig zu machen, alle deutschsprachigen Völker unter ihrer Herrschaft zu vereinen und *Lebensraum* im Osten zu gewinnen. Polen, das nach seiner Wiederherstellung politische und wirtschaftliche Stabilität erlangt hatte, geriet ins Kreuzfeuer. Im März 1938 annektierte Deutschland Österreich, obwohl dies im Versailler Vertrag verboten worden war. Hitlers nächstes Ziel war das Sudetenland, ein Teil der Tschechoslowakei mit einer mehrheitlich deutschen Bevölkerung. Nachdem er mit Krieg gedroht hatte, um es zu erhalten, fand im September in München eine Konferenz statt, auf der die Briten und Franzosen versuchten, Hitler zu beschwichtigen, indem sie ihm die Annexion des Sudetenlandes erlaubten. Dies genügte Hitler jedoch nicht, und im März 1939 überfiel er die restliche Tschechoslowakei, von der ein Teil formell an Deutschland angegliedert wurde. Der Rest wurde zum Protektorat, aus dem der deutsche Satellitenstaat Slowakische Republik hervorging; außerdem annektierten Ungarn und Polen einige tschechoslowakische Gebiete. Hitlers Vorgehen zeigte Frankreich und dem Vereinigten Königreich, dass man ihm nicht trauen konnte. Das nächste natürliche Ziel seiner Ambitionen war Polen. Dementsprechend garantierten die britische und die französische Regierung Polen, dass sie Deutschland den Krieg erklären würden, wenn seine Unabhängigkeit bedroht wäre.

Am 23. August 1939 schlossen Deutschland und die Sowjetunion ein Neutralitätsabkommen, den Molotow-Ribbentrop-Pakt (benannt nach ihren jeweiligen Außenministern). Angesichts ihrer ideologischen Differenzen war dies ein Schock für die Welt. Der Pakt enthielt auch Geheimklauseln, die Polen, Rumänien, den Balkan und Finnland in deutsche und sowjetische Einflussbereiche aufteilten. Mit diesen Zusicherungen, dass die Sowjets sich nicht einmischen würden, und in der Überzeugung, dass die Briten und Franzosen nicht handeln würden, intensivierte Hitler seine Vorbereitungen für den Einmarsch in Polen. Im Rahmen dieser Pläne inszenierten deutsche Truppen, die sich als Polen ausgaben, einen Angriff unter falscher Flagge auf das polnische Staatsgebiet. Der Ort dieser Operation war der Sendeturm von Gleiwitz. Er war 1934 erbaut worden und war mit 118 Metern Höhe das höchste Holzbauwerk in Europa. In der Nacht des 31. August 1939 inszenierten SS-Truppen in Uniformen der polnischen Armee die Eroberung des Turms. Sie gaben eine kurze Rundfunksendung in polnischer Sprache ab und platzierten, um den »Angriff« realistischer erscheinen zu lassen, mehrere Leichen – die meisten von ihnen waren Häftlinge aus dem Konzentrationslager Dachau, eine war ein gefangener Bauer aus der Gegend. Dieser Vorfall war einer von vielen, die sich an diesem Tag entlang der deutsch-polnischen Grenze ereigneten. Am 1. September drangen deutsche und slowakische Truppen in Polen ein. Die Polen kämpften erbittert, wurden aber von den Deutschen überwältigt, die über mehr Panzer und Flugzeuge verfügten. Zwei Tage nach dem Einmarsch erklärten sowohl Frankreich als auch das Vereinigte Königreich Deutschland den Krieg, konnten aber wenig tun, um den angeschlagenen polnischen Streitkräften zu helfen. Erschwerend kam hinzu, dass die Sowjets am 17. September von Osten her einmarschierten. Am 6. Oktober waren die Kämpfe beendet; Polen war wieder einmal von der Landkarte getilgt und zwischen Deutschland, der Sowjetunion und der Slowakischen Republik aufgeteilt. Polen, insbesondere die jüdische Bevölkerung, litt während des Kriegs furchtbar, mehr als sechs Millionen Zivilisten starben. Der polnische Untergrund kämpfte gegen die Besatzungstruppen, während die aus Polen geflohenen Militärangehörigen an der Seite der Alliierten tapfer und ausgezeichnet kämpften. Im Juni 1941 starteten die Achsenmächte die Operation Barbarossa, ihren Überfall auf die Sowjetunion. Obwohl diese zunächst erfolgreich war, wurden die Sowjets dadurch auf der Seite der Alliierten in den Krieg hineingezogen, was schließlich zum Untergang Nazideutschlands führte. 1945, als der Sieg feststand, begannen die Alliierten, über die Struktur des Nachkriegseuropas zu diskutieren. Trotz der Zusicherung, dass Polen demokratische Wahlen garantiert würden, wurde es Teil der Einflusssphäre der Sowjetunion, die dort ein dem Kommunismus wohlgesonnenes Regime installierte. Gleiwitz wurde Teil des wiederhergestellten Polens, und sein Funkturm wurde bis 1955 für die Ausstrahlung des staatlichen Rundfunks genutzt, um danach die Signale von Sendern aus Westeuropa zu stören. Die Demokratie wurde in Polen erst 1989 vollständig wiederhergestellt, als nach einer landesweiten Streik- und Protestwelle freie Wahlen abgehalten wurden, die den Anfang vom Ende der kommunistischen Herrschaft in Polen markierten.

Flensburg

Hitler beging am 30. April 1945 Selbstmord. Gemäß seinem Testament wurde Karl Dönitz (1891–1980), bis dahin Oberbefehlshaber der deutschen Marine, sein Nachfolger als Reichspräsident, Kriegsminister und Oberbefehlshaber der Wehrmacht. Während Berlin kurz vor dem Untergang stand, bildete Dönitz die Regierung in der norddeutschen Hafenstadt Flensburg. Sie war nur für wenige Tage Hauptstadt des stark geschrumpften Dritten Reiches – am 7. Mai ordnete Dönitz die Kapitulation an, doch die Flensburger Regierungsmannschaft blieb bis zu ihrer Verhaftung am 23. Mai im Amt.

Das Anne-Frank-Haus

Der Antisemitismus ist ein bedauerlicherweise hartnäckiges Phänomen der Weltgeschichte. Er gipfelte im Holocaust, als etwa sechs Millionen Juden systematisch ermordet wurden. Eine der nachhaltigsten menschlichen Tragödien dieser völkermörderischen Kampagne ist das Schicksal der Anne Frank (1929–1945).

Im Laufe des Mittelalters hatten sich Juden in ganz Europa niedergelassen. Sie wurden verfolgt und diskriminiert und waren oft gezwungen, in gesonderten Vierteln zu leben, den sogenannten Ghettos, so benannt nach dem Viertel in Venedig, in dem die Juden zwangsweise leben mussten. In Krisenzeiten wurden die Juden zum Sündenbock gemacht und gerieten oft in das Visier des Mobs. Einige Länder, wie England im Jahr 1290 und Spanien im Jahr 1492, vertrieben die Juden ganz. Erst im späteren 18. Jahrhundert begannen die Länder, den Juden die vollen Bürgerrechte zu gewähren. Dennoch verbreitete sich im 19. Jahrhundert die pseudowissenschaftliche Vorstellung, dass Juden rassisch minderwertig seien, und viele politische Parteien nutzten den Judenhass, um in der Bevölkerung Stimmung zu machen. Die größte Gewalt gegen die Juden im 19. Jahrhundert fand im Russischen Reich statt. Nach der Ermordung von Zar Alexander II. (1818–1881) im Jahr 1881 verbreitete sich das Gerücht, dass Juden dafür verantwortlich seien. Dies führte zu einer Reihe von antijüdischen Pogromen, organisierten gewalttätigen Ausschreitungen. Die Regierung erließ Gesetze, die besagten, dass Juden nur in städtischen Gebieten leben durften und kein Landeigentum erwerben konnten. Infolgedessen flohen über eine Million Juden aus Russland. Zu Beginn des 20. Jahrhunderts breitete sich der Antisemitismus immer weiter aus. Ein geschmiedetes

Machwerk mit dem Titel »Die Protokolle der Weisen von Zion« verbreitete die Theorie, dass das jüdische Volk in eine riesige globale Verschwörung zur Erlangung der Weltherrschaft verwickelt sei, während es nach der russischen Revolution auch mit dem Bolschewismus in Verbindung gebracht wurde. Am deutlichsten wurde der Antisemitismus in einem der Länder, in denen sich das jüdische Volk am stärksten in die Bevölkerung integriert hatte: Deutschland.

Neben seinen nationalistischen Forderungen nach einer Rückkehr zu einem Großdeutschen Reich machte sich Hitler auch dieses langjährige Feindbild zunutze. Er und die Nazis gaben den Juden die Schuld an der Niederlage Deutschlands im Ersten Weltkrieg und behaupteten, ihre weitere Existenz im Land sei ein Makel, der beseitigt werden müsse. Nachdem die Nazis 1933 die Macht übernommen hatten, verabschiedeten sie eine Reihe von Gesetzen, mit denen den deutschen Juden viele ihrer Bürgerrechte entzogen wurden. Die Nürnberger Gesetze von 1935 erklärten, dass Juden keine deutschen Staatsbürger mehr sein durften. Drei Jahre später organisierten die Nazis die *Kristallnacht*, eine landesweite Kampagne der Gewalt und Zerstörung, die sich gegen jüdische Wohnungen, Geschäfte und Gotteshäuser richtete. Angesichts dieser Behandlung flohen Tausende von deutschen Juden, obwohl viele Länder sich weigerten, sie in großer Zahl aufzunehmen. Unter ihnen befand sich auch Otto Frank (1889–1980), ein Frankfurter Geschäftsmann, der sich mit seiner Frau Edith (1900–1945) und zwei Töchtern in Amsterdam niedergelassen hatte. Er arbeitete für einen Lebensmittelhändler und gründete später sein eigenes Unternehmen.

Die Familie Frank lebte bis 1940 friedlich in Amsterdam, bis Deutschland in die Niederlande einmarschierte und das Land be-

Haus der Wannsee-Konferenz

Wannsee liegt inmitten zweier von der Havel gebildeter Seen und ist einer der schönsten Vororte Berlins und ein beliebtes Naherholungsgebiet. Die Wohlhabenden hatten dort vielfach ihre Residenzen, so auch der Pharmafabrikant Ernst Marlier (1875–1948), der 1914 eine Luxusvilla in Wannsee baute. Im Jahr 1941 war sie an die SS verkauft worden, und am 20. Januar 1942 fand dort eine Konferenz führender Nazis statt, bei der die Einzelheiten der »Endlösung« besprochen wurden.

setzte. Im darauffolgenden Jahr wurde Anne, die jüngste Tochter der Franks, aufgrund neuer antisemitischer Gesetze gezwungen, ihre Schule zu verlassen und sich in einer jüdischen Schule einzuschreiben. Zu ihrem 13. Geburtstag im Jahr 1942 erhielt sie ein Tagebuch, in dem sie das kurze Leben, das ihr bevorstand, aufzeichnen würde. In diesem Jahr hatte die Naziführung auf der Wannseekonferenz die »Endlösung der Judenfrage« beschlossen. Hatte man zuvor erwogen, die Juden außerhalb Europas anzusiedeln, so beschloss man in Wannsee, sie zu vernichten. Dies sollte durch eine Massendeportation der jüdischen Bevölkerung im besetzten Europa in Konzentrations- und Vernichtungslager geschehen, von denen die größten im besetzten Polen lagen. Dort waren die Menschen Krankheiten, Unterernährung und Sklavenarbeit ausgesetzt, während Millionen in Gaskammern ermordet und anschließend verbrannt wurden. Darüber hinaus zogen *Einsatzgruppen*, Todesschwadronen der SS, durch das besetzte Europa und führten Massenerschießungen von Millionen von Menschen durch. Neben den Juden töteten die Nazis über fünf Millionen andere »Unerwünschte«, darunter sowjetische Gefangene, nichtjüdische Polen, Slawen, behinderte Menschen, Roma, politische Gegner, homosexuelle Männer und Zeugen Jehovas.

Justizpalast Nürnberg

Es war von entscheidender Bedeutung, die Nazis für ihren methodischen Völkermord an den Juden und andere Kriegsverbrechen öffentlich zur Rechenschaft zu ziehen. Es wurde ein internationales Tribunal eingerichtet – Schauplatz war Nürnberg, eine bayerische Stadt, in der einige der größten Nazikundgebungen stattgefunden hatten. Die Prozesse wurden im Justizpalast abgehalten, einem Komplex aus Gerichten, Büros und einem Gefängnis. Die erste Prozessrunde dauerte vom 20. November 1945 bis zum 1. Oktober 1946. Es wurden 24 führende Nazis vor Gericht gestellt – die Hälfte von ihnen wurde zum Tode verurteilt. Von 1946 bis 1949 fanden zwölf weitere Prozesse in Nürnberg statt, um andere Nazis zur Rechenschaft zu ziehen.

Am 5. Juli 1942 erhielt Annes ältere Schwester Margot (1926–1945) einen Deportationsbefehl, was die Franks dazu veranlasste, am nächsten Tag unterzutauchen. Zusammen mit vier anderen jüdischen Personen kamen sie im obersten Stockwerk eines Geschäftshauses in der Prinsengracht 263 unter, einem großen Haus aus dem 17. Jahrhundert im Zentrum von Amsterdam. Sie wurden von ihren nichtjüdischen Freunden versorgt, aber die Verhältnisse im »Geheimen Anbau«, einer Reihe von Räumen, zu denen man über eine von einem Bücherschrank verdeckte Treppe gelangte, waren sehr beengt. Anne schrieb bis zum 1. August 1944 jeden Tag in ihr Tagebuch. Drei Tage später entdeckte die Gestapo das Versteck, nachdem sie möglicherweise von niederländischen Informanten einen Hinweis erhalten hatte. Anne und ihre Familie wurden in ein Durchgangslager gebracht und dann nach Osten geschickt, wo sie am 3. September in Auschwitz in Polen ankamen. Von dort aus wurden Anne und ihre Schwester Margot in das Lager Bergen-Belsen gebracht, wo beide Anfang 1945, wahrscheinlich an Typhus, starben. Ihre Eltern blieben in Auschwitz, wo Edith verhungerte, während Otto bis zur Befreiung des Lagers durch die Rote Armee überlebte. Nach dem Krieg kehrte er nach Amsterdam zurück, wo ihm Freunde, die den Geheimen Anbau durchsucht hatten, das Tagebuch seiner Tochter übergaben. Nach reiflicher Überlegung beschloss er 1947, es auf Niederländisch zu veröffentlichen. Das Buch wurde später in 70 Sprachen übersetzt und ist einer der meistgelesenen Berichte mit Bezug auf den Holocaust. 1957 half Otto bei der Gründung der Anne-Frank-Stiftung, die das Haus an der Prinsengracht vor dem geplanten Abriss bewahrte. Die Stiftung kaufte das Haus, restaurierte es und eröffnete es 1960 als Museum. Es erinnert an die schrecklichen und niederträchtigen Auswirkungen von Rassismus und Diskriminierung.

Mount Washington Hotel

Viele der grundlegenden Strukturen der heutigen Weltwirtschaft und die Konventionen des internationalen Handels wurden 1944 in Bretton Woods, New Hampshire, auf einer Tagung der alliierten Mächte im »Mount Washington Hotel« beschlossen.

Nach dem Ersten Weltkrieg war 1920 der Völkerbund gegründet worden, um die kollektive Sicherheit der Mitgliedsstaaten zu gewährleisten und die Abrüstung zu fördern. Diese ehrgeizigen Ziele wurden einerseits dadurch zunichtegemacht, dass die Vereinigten Staaten nie beitraten, und andererseits, weil der Völkerbund nur wenig tun konnte, um den aggressiven Expansionsdrang der faschistischen Machthaber einzudämmen, der zum Ausbruch des Zweiten Weltkriegs im Jahr 1939 führte.

Während des Zweiten Weltkriegs blickten die Alliierten bereits in die Zukunft und schmiedeten Pläne zur Schaffung eines Gremiums, das den weitgehend unwirksamen Völkerbund ersetzen sollte. Im Januar 1942 unterzeichneten die alliierten Mächte die »Erklärung der Vereinten Nationen«, in der sie sich verpflichteten, den vollständigen Sieg über die Achsenmächte zu erringen und gleichzeitig die Menschenrechte in der ganzen Welt zu wahren. Diese Vereinbarung bildete das Fundament für die spätere Gründung der Vereinten Nationen (UN). 1944 entwickelten die Alliierten bereits Pläne für die Nachkriegszeit und versuchten, einen Weg zu finden, um die enormen wirtschaftlichen Probleme zu lösen und den internationalen Handel in Zukunft zu erleichtern. Zu diesem Zweck fand im Juli eine Konferenz mit 730 Delegierten aus allen 44 alliierten Nationen statt.

Tagungsort dieser Währungs- und Finanzkonferenz der Vereinten Nationen war das »Mount Washington Hotel«, ein von 1900 bis 1902 errichteter palastartiger Bau in einer abgelegenen Gegend inmitten der zerklüfteten Landschaft von New Hampshire. Die Konferenz von Bretton Woods fand vom 1. bis 22. Juli statt und führte zur Gründung von zwei wichtigen Organisationen, denen heute fast alle Länder der Erde angehören. Zum einen wurde die Internationale Bank für Wiederaufbau und Entwicklung (IBRD) gegründet, die den Staaten Geld für den Wiederaufbau leihen sollte, wobei sie sich zunächst vor allem auf die vom Krieg gezeichneten Länder Europas konzentrierte. Später wurde sie Teil der Weltbank, die noch heute die wirtschaftliche Entwicklung voranbringen und politische Empfehlungen geben will. In den letzten Jahren hat sie begonnen, sich auf soziale Reformen zu konzentrieren, indem sie Themen wie die Gleichstellung der Geschlechter, einen besseren Zugang zu Bildung und ökologische Nachhaltigkeit in den Fokus nimmt.

Die zweite Organisation, die auf der Konferenz gegründet wurde, war der Internationale Währungsfonds (IWF), der den Handel und die wirtschaftliche Zusammenarbeit zwischen den Nationen erleichtern sollte. Die Mitgliedstaaten zahlten jedes Jahr in einen Fonds ein, aus dem sie bei finanziellen Schwierigkeiten Kredite aufnehmen durften. Man hoffte, auf diese Weise ein stabiles System des internationalen Zahlungsverkehrs zwischen den Ländern zu erreichen, was wiederum Frieden und Wohlstand fördern würde. Außerdem sollte der IWF für stabile Wechselkurse sorgen, die sich zunächst am Wert des Goldes und des US-Dollars orientierten und von denen die Mitgliedsländer nicht zu weit abweichen durften. Nach der Konferenz wurde das »Mount Washington Hotel« für die zahlende Öffentlichkeit wiedereröffnet und ist weiterhin in Betrieb.

Im Jahr nach Bretton Woods fand in San Francisco eine weitere internationale Konferenz statt (an der 50 Nationen teilnahmen), auf der eine endgültige Charta für die Vereinten Nationen erarbeitet wurde. Unter anderem wurde ein Sicherheitsrat geschaffen, der noch heute zur Sicherung des Weltfriedens beitragen soll und jede Änderung der Charta genehmigen muss; er hat fünf ständige Mitglieder (China, Frankreich, Russland, Großbritannien und die Vereinigten Staaten), von denen jedes ein Vetorecht besitzt. Die UN-Charta wurde am 26. Juni in San Francisco unterzeichnet, und am 24. Oktober wurde die Organisation offiziell gegründet; der Völkerbund wurde im darauffolgenden Jahr offiziell aufgelöst. Sie hatte 51 Gründungsmitglieder, die alle in San Francisco ver-

Westminster Central Hall

Die erste Generalversammlung der Vereinten Nationen, die jährliche Zusammenkunft der ursprünglich 51 Mitgliedstaaten, fand vom 10. Januar bis 14. Februar 1946 statt. Tagungsort war die Methodist Central Hall in Westminster, London, die 1911 fertiggestellt worden war und über 2000 Personen Platz bot. Seit 1952 tagt die UN-Generalversammlung an ihrem ständigen Sitz in New York City – 1988 wurde die Sitzung jedoch nach Genf verlegt, um dem Palästinenserführer Jassir Arafat (1929–2004) zu ermöglichen, vor ihr zu sprechen, nachdem die US-amerikanische Regierung ihm ein Visum verweigert hatte.

treten waren, mit Ausnahme Polens, das ausgeschlossen wurde, weil über seinen Nachkriegsstatus noch nicht entschieden worden war. Obwohl der Kalte Krieg die Beziehungen zwischen Ost und West belastete, haben sich die Vereinten Nationen als bemerkenswert robust erwiesen und ihre Gründungsziele – die Förderung des Friedens, der globalen Zusammenarbeit und der Menschenrechte – erfolgreich umgesetzt. Mit der Aufnahme des Südsudan im Jahr 2011 haben die Vereinten Nationen nun 193 Vollmitglieder sowie zwei ständige Beobachter, die nicht Mitglied sind, nämlich die Vatikanstadt und Palästina; sie decken damit den größten Teil der Welt ab.

Das Bretton-Woods-System war von zentraler Bedeutung für den Wirtschaftsaufschwung der Nachkriegszeit, der ein Vierteljahrhundert lang anhielt. Im Jahr 1971 gaben die Vereinigten Staaten jedoch bekannt, dass ihr Dollar nicht mehr für denselben Wert an Goldbarren eingelöst werden kann. Da der Dollar nicht mehr an den Goldstandard gebunden war, bedeutete dies, dass der Wechselkurs des US-Dollars und anderer Währungen von nun an »floaten«, also dem Auf und Ab des Marktes unterliegen würde. Im Anschluss an diese Entscheidung wurde der Goldstandard international aufgegeben. Dies führte zunächst zu einer Inflation, war aber auf lange Sicht für die Wirtschaft weitgehend vorteilhaft. Die schwerwiegendste wirtschaftliche Erschütterung, mit der die Welt seit Bretton Woods konfrontiert war, war die globale Finanzkrise von 2007 bis 2008, als fallende Immobilienpreise in den Vereinigten Staaten eine internationale Rezession auslösten. Obwohl eine Katastrophe und ein völliger Zusammenbruch des Handels abgewendet werden konnten, wurden Forderungen nach einem zweiten Bretton Woods laut, in dem Reformen festgelegt werden könnten, die eine ähnliche globale Krise in der Zukunft verhindern würden.

Das Maracanã-Stadion

Einer der großen soziokulturellen Trends des 20. Jahrhunderts war das Aufkommen des Sports als Massenphänomen. Keine Veranstaltungen haben so viele Zuschauer angezogen wie die Olympischen Spiele und die Fußballweltmeisterschaften, und das Maracanã-Stadion in Rio de Janeiro ist ein Paradebeispiel für beide.

Obwohl sportliche Wettkämpfe in der gesamten antiken Welt stattfanden, sind die im klassischen Griechenland abgehaltenen Spiele die bekanntesten und einflussreichsten. Bis zum neunten Jahrhundert v. Chr. wurden regelmäßig Spiele zu religiösen Festen organisiert. Die berühmtesten fanden in Olympia auf dem nordwestlichen Peloponnes statt, in einem Gebiet in der Nähe einer monumentalen Zeus-Statue. Die ersten aufgezeichneten Olympischen Spiele im Jahr 776 v. Chr. bestanden lediglich aus einem einzigen sportlichen Wettbewerb: ein 192 Meter langer Lauf zu Fuß. Im Laufe der folgenden Spiele, die alle vier Jahre stattfanden, kamen längere Wettkämpfe sowie weitere Disziplinen wie Ringen, Weitsprung, Speerwurf, Diskuswerfen, Boxen und Wagenrennen hinzu. Teilnehmen durften nur freie männliche Griechen, die alle nackt antraten und aus der ganzen hellenischen Welt anreisten, um die Chance auf den Siegerkranz zu erhalten. Die Olympischen Spiele wurden auch nach der Übernahme der Herrschaft über Griechenland durch die Römer in der Mitte des zweiten Jahrhunderts v. Chr. fortgesetzt, doch ihre Bedeutung nahm ab. Ihre enge Verbindung mit dem Heidentum führte schließlich dazu, dass sie um 400 n. Chr. von den nun christlichen römischen kaiserlichen Behörden abgeschafft wurden.

Much Wenlock

Dr. William Penny Brookes (1809–1895), ein Chirurg und lokaler Richter, war bestrebt, die körperliche Fitness der Arbeiterklasse von Wenlock, einer Gruppe von Siedlungen in der englischen Grafschaft Shropshire, zu fördern. Die »Wenlock Olympian Games« wurden erstmals am 22. und 23. Oktober 1850 in der Stadt Much Wenlock abgehalten und bestanden aus einer Reihe von Leichtathletikveranstaltungen und anderen Sportarten. Sie wurden zu einer jährlichen Veranstaltung, die auch heute noch stattfindet, und waren die maßgebliche Inspiration für Coubertins Wiederbelebung der antiken Olympischen Spiele.

Im späten 19. Jahrhundert führten die Verstädterung und die Mechanisierung, die durch die Industrielle Revolution verursacht wurden, zu Sorgen um die Gesundheit der Menschen, insbesondere der Arbeiterklasse. Auch die imperialistische Rivalität und die Masseneinberufung führten dazu, dass viele Staaten körperliche Fitness und Bewegung fördern wollten. Als sich der Gedanke des »Überlebens des Stärkeren« durchsetzte, investierten Schulen und Akademien mehr Zeit in den Sport. Diese Trends waren eine wichtige Inspiration für den französischen Pädagogen Pierre de Coubertin (1863–1937), der die Wiederbelebung der antiken Olympischen Spiele in den 1890er-Jahren maßgeblich vorantrieb. Nicht zuletzt dank Coubertins Bemühungen wurde 1894 das Internationale Olympische Komitee gegründet, und zwei Jahre später fanden die ersten modernen Olympischen Spiele in Athen statt.

Eine der Sportarten, die bei den zweiten Olympischen Sommerspielen 1900 in Paris hinzukamen, war Fußball; die Teilnahme war nur für Männermannschaften möglich – Frauenfußball wurde erst bei den Spielen 1996 in Atlanta erstmals ausgetragen. Fußball hat seine Wurzeln in den seit dem Mittelalter in Großbritannien ausgetragenen Spielen, bei denen benachbarte Dörfer gegeneinander antraten, um einen Ball mit allen Mitteln durch eine Art Tor (manchmal der Eingang der gegnerischen Pfarrkirche) zu befördern. Im 19. Jahrhundert begannen diese oft gewalttätigen und chaotischen Spiele von verschiedenen Sportvereinen und Schulen kodifiziert zu werden. Im Jahr 1863 wurde in London der englische Fußballverband (Football Association, FA) gegründet; man einigte sich auf ein Regelwerk, und Vereine aus ganz England schlossen sich zusammen, um gegeneinander anzutreten. 1873 wurde der schottische Fußballverband gegründet, ein Jahr nachdem England und Schottland das erste internationale Fußballspiel der Welt ausgetragen hatten. Bis zum Ende des Jahrhunderts wurde organisierter Fußball in der ganzen Welt gespielt, oft verbreitet durch britische Arbeiter oder Erzieher. 1904 wurde in Paris der Internationale Verband des Association Football (besser bekannt als FIFA, nach den Anfangsbuchstaben seines französischen Namens) gegründet, um den Wettbewerb zwischen den Nationen zu regeln. Heute hat er 211 Mitglieder – mehr als die 193 Mitglieder der Vereinten Nationen.

Nur an wenigen Orten wurde der Fußball so leidenschaftlich angenommen wie in Brasilien. Im späten 19. Jahrhundert wurde dort erstmals organisierter Fußball zwischen Sportvereinen gespielt, deren Mitglieder überwiegend aus weißen Eliten stammten. Mit der Zeit wurden auch die Arbeiterklasse und die nicht weiße Bevölkerung einbezogen, und das Spiel wurde von denjenigen gefördert, die ein Gefühl der nationalen Einheit schaffen wollten. Der brasilianische Fußball ist zu einem Synonym für Kreativität und Exzellenz geworden, doch anfangs blieb der brasilianischen Nationalmannschaft der weltweite Erfolg verwehrt. Bei den ersten beiden Weltmeisterschaften, die 1930 in Uruguay und 1934 in Italien stattfanden, schied Brasilien bereits in der ersten Runde aus, und bei der Weltmeisterschaft 1938 in Frankreich reichte es nur zum dritten Platz. Nachdem zwei Weltmeisterschaften infolge des Zweiten Weltkriegs abgesagt worden waren, wurde das Turnier 1950 in Brasilien ausgetragen. In Rio de Janeiro wurde dafür ein neues Stadion gebaut. Das zweistöckige Stadion wurde offiziell nach dem Lokaljournalisten Mário Filho (1908–1966) benannt, der den Bau maßgeblich vorangetrieben hatte, war aber besser unter dem Namen des Viertels bekannt, in dem es sich befand: Maracanã. Der Höhepunkt des Turniers fand am 16. Juli statt, als sich offiziell 199 854 Menschen im Maracanã-Stadion versammelten, um das Spiel Brasilien gegen Uruguay zu sehen – die tatsächliche Zuschauerzahl lag um mehr als 5000 höher, wenn man die nicht zahlenden Zuschauer mitzählt. Den Gastgebern hätte nach dem damaligen Modus ein Unentschieden genügt, um das Turnier zu gewinnen, doch Uruguay schockte die Welt mit einem 2:1-Sieg und gewann damit die Weltmeisterschaft. Da viele von einem sicheren Sieg ausgingen, wurde die Niederlage in Brasilien als nationale Tragödie empfunden. Das Land erholte sich jedoch von diesem Rückschlag und gewann 1958 die Weltmeisterschaft – der Erste von fünf WM-Titeln, womit Brasilien bis heute Rekordhalter ist (obwohl Brasilien die seit 1991 ausgetragene Frauen-Weltmeisterschaft nie gewonnen hat). Trotz des

Traumas bei seiner Einweihung wurde das Maracanã zu einer der Kathedralen des brasilianischen Fußballs und bot bei Vereins- und Länderspielen oft mehr als 150 000 Zuschauern Platz. Im Laufe der Jahre verfiel das Stadion, und nachdem Brasilien den Zuschlag für die Ausrichtung der Fußballweltmeisterschaft 2014 erhalten hatte, wurde es umfassend renoviert und erhielt eine reduzierte Kapazität von 78 838 Plätzen, allerdings ausschließlich Sitzplätze. Obwohl hier das Finale ausgetragen wurde, war Brasilien nicht dabei, denn die Mannschaft war bereits im Halbfinale ausgeschieden.

Das Maracanã spielte auch eine zentrale Rolle bei den Olympischen Sommerspielen 2016, die an verschiedenen Orten in Rio de Janeiro stattfanden. Es war Schauplatz der Eröffnungs- und Schlussfeier sowie einiger Fußballspiele, und auf einem angrenzenden Gelände wurde eine Indoor-Arena gebaut. Die Austragung der Olympischen Spiele in Brasilien war umstritten – das Land befand sich in einer Zeit wirtschaftlicher Schwierigkeiten, und viele waren der Meinung, dass das Geld, das dafür ausgegeben wurde, besser für die Armen hätte verwendet werden können. Außerdem war die nationale Führung durch Korruptionsvorwürfe in Bedrängnis geraten. Einige Wochen vor der Eröffnung der Spiele kam es in der Nähe des Maracanã zu Massenprotesten, die in gewaltsamen Zusammenstößen mit der Polizei gipfelten. Seit den Spielen ist das Maracanã verfallen, ein bedauerlicher Zustand angesichts seiner großen Bedeutung für die Sport- und Kulturgeschichte.

Die Demilitarisierte Zone Koreas

Seit 1953 ist die koreanische Halbinsel in zwei getrennte Staaten geteilt, die jeweils sehr unterschiedliche Ideologien vertreten. Während Südkorea demokratisch ist, ist Nordkorea eine der letzten verbliebenen Bastionen des Kommunismus in der Welt. Die beiden Staaten sind durch die Demilitarisierte Zone (DMZ) getrennt.

Nach dem Ende des Zweiten Weltkriegs war eine der großen Fragen das Schicksal Koreas, das seit 1910 vom besiegten japanischen Kaiserreich regiert worden war. Im Jahr 1945 teilten die Sowjetunion und die Vereinigten Staaten ihre jeweiligen Besatzungszonen entlang des 38. Breitengrades auf. Obwohl dies nur eine vorübergehende Lösung sein sollte, führte das wachsende Misstrauen dazu, dass sich die beiden Supermächte des Kalten Kriegs auf keine Lösung für die Wiedervereinigung Koreas einigen konnten. Im Jahr 1948 wurde im Norden die kommunistische Demokratische Volksrepublik Korea unter der Führung von Kim Il-sung (1912–1994), einem ehemaligen Guerillaführer, gegründet. Der Staat im Süden war die Republik Korea, in der die von den Vereinten Nationen überwachten Wahlen vom pro-amerikanischen Syngman Rhee (1875–1965) gewonnen wurden. Beide Staaten beanspruchten die Souveränität über die gesamte Halbinsel, was in Verbindung mit ihren ideologischen Differenzen zu häufigen Grenzkonflikten führte.

Am 25. Juni 1950 starteten die Nordkoreaner, nachdem sie sowjetische Unterstützung für ihre Aktionen erhalten hatten, eine Großoffensive über den 38. Breitengrad hinaus. Drei Tage später nahmen sie Seoul ein, doch der Verlust der Hauptstadt führte nicht zur sofortigen Kapitulation Südkoreas. Die amerikanische Regierung, die befürchtete, dass die kommunistische Vorherrschaft in ganz Korea einen Dominoeffekt auslösen würde, dem auch die umliegenden Länder der Region folgen würden, sah sich zum Eingreifen gezwungen. Nachdem sie die Unterstützung der Vereinten Nationen erhalten hatten, machten sich amerikanische Streitkräfte nach Korea auf. Zusammen mit Soldaten aus 15 anderen Ländern bildeten sie 90 Prozent des United Nations Command (UNC),

Điện Biên Phủ

Am 2. September 1945 erklärte Hô Chí Minh (1890–1969), der den Widerstand gegen die japanischen Besatzer angeführt hatte, die Unabhängigkeit Vietnams. Dies wurde von Frankreich, den ehemaligen Kolonialherren, nicht akzeptiert, und 1946 brach ein Krieg zwischen den Franzosen und den Unabhängigkeitsbefürwortern aus. Da Hô Kommunist war, wurde der Konflikt stellvertretend für die Rivalitäten im Kalten Krieg geführt. Die letzte große Auseinandersetzung war die französische Niederlage bei Điện Biên Phù im Nordwesten Vietnams im Jahr 1954. Sie führte zum Rückzug der Franzosen und zur Spaltung Vietnams in einen kommunistischen Staat im Norden und einen pro-westlichen Staat im Süden. Der Konflikt zwischen den beiden Staaten begann 1955; trotz der Intervention der Vereinigten Staaten zugunsten Südvietnams triumphierte Nordvietnam 1975 und vereinigte das Land unter seiner Herrschaft.

der multinationalen Truppe, die Südkorea unterstützte. Zunächst zogen sich die Amerikaner an der Seite ihrer südkoreanischen Verbündeten hinter eine Verteidigungslinie zurück, dem Busan-Perimeter im Südosten der Halbinsel, und kämpften verzweifelt ums

Überleben, bis weitere Verstärkung eintraf. Dies geschah im September, als die UN-Truppen einen Gegenangriff initiierten und eine amphibische Invasion in der Hafenstadt Incheon starteten, die zur Rückeroberung von Seoul führte. Es folgten eine Offensive der Vereinten Nationen über den 38. Breitengrad und ein schneller Vorstoß nach Norden. China griff nun offiziell in den Krieg ein, was dazu führte, dass sich die Vereinten Nationen bis Ende des Jahres nach Süden, unter den 38. Breitengrad, zurückzogen. Zu diesem Zeitpunkt schickte die Sowjetunion, obwohl sie offiziell nicht in den Konflikt verwickelt war, Flugzeuge und Piloten (die sich als Chinesen oder Koreaner ausgaben), um sich an dem Kampf um die Lufthoheit zu beteiligen.

Als das neue Jahr anbrach, befand sich der Hauptschauplatz des immer zermürbender werdenden Kriegs entlang des 38. Breitengrades. Obwohl die Kommunisten zahlenmäßig im Vorteil waren, führten die Amerikaner einen verheerenden Bombenangriff auf Nordkorea durch. Da die Verluste zunahmen und ein klarer Weg zum Sieg für beide Seiten nicht erkennbar war, wurde eine Beendigung der Kämpfe auf dem diplomatischen Wege für alle Beteiligten immer erstrebenswerter. Die offiziellen Friedensgespräche begannen im Juli 1951 in Kaesong, einer Stadt, die vom 10. bis zum 14. Jahrhundert die Hauptstadt Koreas gewesen war. Im Oktober wurden die Gespräche in das kleine Dorf Panmunjeom verlegt. Auch während der Verhandlungen gingen die Kämpfe weiter, aber keine der beiden Seiten konnte nennenswerte Fortschritte erzielen. Am 27. Juli 1953 wurde schließlich in Panmunjeom das koreanische Waffenstillstandsabkommen unterzeichnet. Obwohl das Abkommen keinen formellen Friedensvertrag darstellte, wurden darin die bewaffneten Feindseligkeiten für beendet erklärt. Um die Demarkationslinie zwischen den beiden koreanischen Staaten, die in der Nähe des 38. Breitengrades verlief, wurde eine 4 Kilometer breite Pufferzone, die sogenannte DMZ, eingerichtet. Außerdem fand ein Austausch von Tausenden von Kriegsgefangenen beider Seiten statt. Soldaten des UNC, zumeist amerikanische, blieben vor Ort, um die Sicherheit Südkoreas zu gewährleisten. Insgesamt hatte der Koreakrieg bis zu fünf Millionen Menschenleben gekostet, etwa die Hälfte davon waren Zivilisten.

Die koreanische DMZ blieb befestigt und ist die am stärksten bewaffnete Grenze der Welt, an der es auch gelegentlich zu Scharmützeln kommt. Der einzige Ort, an dem sich die Truppen von Angesicht zu Angesicht gegenüberstanden, ist die Joint Security Area, ein Gebäudekomplex in der Nähe von Panmunjeom, der als neutraler Raum für diplomatische Treffen und Verhandlungen eingerichtet worden war. Das Leben auf beiden Seiten der DMZ ist spektakulär anders. Unter Kim Il-sung und seinen Nachfolgern – zunächst seinem Sohn Kim Jong-il (1941–2011) und dann seinem Enkel Kim Jong-un (geb. 1983) – war Nordkorea weiterhin eine totalitäre Einparteiendiktatur. Neben der harten politischen Unterdrückung erlebte das Land nach dem Zusammenbruch der Sowjetunion, die es maßgeblich unterstützt hatte, eine große Hungersnot. Trotzdem hat das Land weiterhin stark in seine militärischen Fähigkeiten investiert und sogar Atomwaffen entwickelt. Die Nachkriegsgeschichte Südkoreas ist anders verlaufen. Nach dem Krieg war es eines der ärmsten Länder der Welt, erlebte aber ab den 1960er-Jahren ein rasches Wirtschaftswachstum. Nach einer Reihe nicht gewählter, vom Militär gestützter Machthaber wurden 1987 die ersten demokratischen Wahlen in Südkorea abgehalten. Bis dahin hatte sich das Land zu einem bedeutenden Industriezentrum entwickelt und ist heute eines der fortschrittlichsten und wohlhabendsten Länder der Erde.

Sukhoy Nos

Überschattet wurde der Kalte Krieg von der Bedrohung durch nukleare Vernichtung. Nachdem die Sowjetunion 1949 ihre eigene Atomwaffe entwickelt hatte, führten sowohl sie als auch die Amerikaner Tests mit immer leistungsfähigeren Bomben durch. Die größte war die Zar-Bombe, die die Sowjets am 30. Oktober 1961 in Sukhoy Nos, einem Testgelände auf der Insel Sewerny in der russischen Arktis, zündeten. Sie erzeugte einen 64 Kilometer hohen Atompilz und ließ Fensterscheiben bis nach Norwegen zerbersten.

Das Baikonur-Kosmodrom

Die Rivalitäten zwischen den Vereinigten Staaten und der Sowjetunion im Kalten Krieg wurden nicht nur auf der Erde ausgetragen, sondern auch im Weltraum. In den 1950er- und 1960er-Jahren rangen die beiden Supermächte um die Vorherrschaft im Wettlauf um die Raumfahrt, wobei die Sowjets ihre Hauptanlage in der kasachischen Steppe bauten.

Nach dem Zweiten Weltkrieg entwickelten sowohl die Amerikaner als auch die Sowjets eine immer ausgefeiltere ballistische Raketentechnologie. Zu diesem Zweck rekrutierten beide Seiten aktiv deutsche Wissenschaftler und Ingenieure, die am Raketenprogramm der Nazis mitgearbeitet hatten. Dies war einerseits eine Frage der militärischen und nationalen Sicherheit, denn die Raketen sollten zum Abschuss von Atomwaffen verwendet werden. Andererseits war es ein Symbol für den ideologischen Kampf zwischen Kommunismus und Kapitalismus. Mitte der 1950er-Jahre waren die Raketen groß und leistungsfähig genug, um die Erdumlaufbahn zu durchbrechen und Objekte in den Weltraum zu schicken – der nächste Schauplatz des Kalten Kriegs.

Ein wesentliches Merkmal des sowjetischen Raketen- und Raumfahrtprogramms war die Geheimhaltung. Als 1955 ein neuer Startplatz für ballistische Raketen gebaut werden sollte, brauchte man einen relativ abgelegenen Ort in einem Gebiet mit offenen Ebenen (damit die Funksignale nicht gestört würden) und möglichst nahe am Äquator (wo die Erdoberfläche schneller rotiert). Der ausgewählte Standort befand sich in der Nähe eines Dorfes namens Tjuratam in einer trockenen Wüstengegend im Süden Kasachstans. Um ausländische Mächte über den Standort in die Irre zu führen, gaben sie dem Ort später den Codenamen Baikonur, der auch der Name einer über 320 Kilometer entfernten Bergbaustadt war.

Nachdem der Startplatz ausgewählt worden war, setzte sich der sowjetische Regierungsapparat in Bewegung; Eisenbahnen und Straßen wurden gebaut, um Baikonur mit dem Rest des Landes zu verbinden, und rund um Tjuratam entstand eine Stadt für die Arbeiter. 1966 erhielt sie den Status einer Stadt und wurde in Leninsk umbenannt, wobei sie auch als »Stadt der Sterne« bekannt war. Obwohl der Ort zum Synonym für die Raumfahrt geworden ist, war er auch immer ein Testgelände für Langstreckenraketen. Im Jahr 1957 starteten die Sowjets von Baikonur aus erfolgreich die R-7 Semjorka. Dabei handelte es sich um die erste ballistische

Interkontinentalrakete mit einer Reichweite von etwa 6000 Kilometern; spätere Modelle konnten sogar noch größere Entfernungen mit einem höheren Präzisionsgrad zurücklegen. Die Rakete war auch stark genug, um Objekte in die Erdumlaufbahn zu bringen.

Kennedy Space Center

Auf der Suche nach einem ausreichend großen Gelände für den Start einer Rakete, die den Mond erreichen sollte, erwarb die NASA 1962 ein Grundstück auf Merritt Island, Florida, und begann noch im selben Jahr mit dem Bau. Das Gelände lag in der Nähe von Cape Canaveral, dem Startplatz für viele frühere NASA-Missionen. Seinen heutigen Namen erhielt das Kennedy Space Center im Jahr 1963, nach der Ermordung des Präsidenten, dessen Bestreben, einen Menschen zum Mond zu schicken, den Bau inspiriert hatte. Das Kennedy Space Center war Schauplatz des Starts von Apollo 11, die am 20. Juli 1969 die erste Mondlandung durchführte, sowie mehrerer anderer Mondmissionen. Auch Skylab, die erste amerikanische Raumstation, wurde von hier aus gestartet, und es wurde auch für den Start und die Landung von Space Shuttles genutzt.

Zunächst dominierten die Sowjets das Wettrennen im Weltraum, und auf dem Kosmodrom Baikonur wurden eine Reihe von erfolgreichen Starts durchgeführt. Am 4. Oktober 1957 wurde Sputnik 1 mit einer R-7-Rakete von Baikonur aus gestartet. Mit einem Gewicht von nur 83,6 Kilogramm war dies der erste von Menschenhand geschaffene Satellit, der die Erde umkreiste und alle 96 Minuten eine Runde drehte, bis er im folgenden Jahr wieder in die Atmosphäre eintauchte und verglühte. Nur einen Monat nach dem ersten Start starteten die Sowjets Sputnik 2, der eine herrenlose Hündin namens Laika an Bord hatte – sie war das erste Lebewesen, das ins All flog. Sie starb etwa sechs Stunden nach ihrem Start an einer Kombination aus Schock und Überhitzung. Der Höhepunkt dieser Ära sowjetischer Erfolge war der Start von Wostok 1 (einer Variante der R-7), die eine Kapsel mit Juri Gagarin (1934–1968), einem ehemaligen Luftwaffenpiloten, ins Weltall brachte. Während seiner 108 Minuten dauernden Mission war er der erste Mensch, der die Erdumlaufbahn erreichte. Die Mission bedeutete einen großen Propaganda-Erfolg für die Sowjetunion.

Gagarin wurde zu einer weltweiten Legende, erhielt aber keine weiteren Weltraummissionen mehr, da die sowjetischen Behörden den Tod einer so prominenten Persönlichkeit nicht riskieren wollten. Trotz dieser Vorsichtsmaßnahme starb er 1968 vorzeitig bei einem Flugzeugabsturz während eines Trainingsflugs. Die erste Frau im Weltraum, Walentina Tereschkowa (geb. 1937), eine ehemalige Textilarbeiterin und Hobby-Fallschirmspringerin, startete 1963 ebenfalls von Baikonur aus.

Mitte der 1960er-Jahre endete die sowjetische Vormachtstellung in der bemannten Raumfahrt. Als Reaktion auf den Aufruf von Präsident John F. Kennedy (1917–1963), bis zum Ende des Jahrzehnts einen Menschen auf dem Mond landen zu lassen, und unterstützt durch eine 500-prozentige Budgeterhöhung verdoppelte die amerikanische National Aeronautics and Space Administration (NASA) ihre Anstrengungen und überholte schließlich die Sowjets. Im Jahr 1969 gelang den Amerikanern die erste von sechs erfolgreichen Landungen auf dem Mond. In der Zwischenzeit scheiterten die vier sowjetischen Versuche, zwischen 1969 und 1972 eine Mondmission zu starten, obwohl sie 1971 einen großen Erfolg erzielten, als sie Saljut 1, die allererste Raumstation, von Baikonur aus starteten. Das Wettrennen im Weltraum endete 1975 mit der gemeinsamen Sojus-Apollo-Mission, bei der ein amerikanisches und ein sowjetisches Raumschiff gemeinsam in der Umlaufbahn andockten und die Besatzungen wissenschaftliche Experimente durchführten.

1991 löste sich die Sowjetunion auf, und die Kasachische Sozialistische Sowjetrepublik wurde zum unabhängigen Staat Kasachstan. Die Russen trafen jedoch eine Vereinbarung mit der kasachischen Regierung, dass sie den Weltraumbahnhof Baikonur weiterhin für ihr Raumfahrtprogramm nutzen durften – gegen eine jährliche

Miete von 115 Millionen Dollar. Vier Jahre später wurde der Name der Stadt Leninsk als Symbol für den Niedergang des Kommunismus offiziell in Baikonur geändert. Baikonur ist nach wie vor ein wichtiger Knotenpunkt für die Raumfahrt und die Erforschung des Weltraums und wird für Space Shuttles und unbemannte Raumfahrzeuge genutzt. Die größte Rolle spielt Baikonur heute als einer der wichtigsten Ausgangspunkte für Missionen zur Internationalen Raumstation (ISS), die Wissenschaftler, Astronauten, Kosmonauten und Weltraumtouristen aus der ganzen Welt beherbergt (mit Besuchern aus bisher 18 verschiedenen Ländern) und die seit ihrem Start im Jahr 1998 ununterbrochen in Betrieb ist.

Das Polizeirevier von Sharpeville

Während der Apartheid wurde die nicht weiße Bevölkerung Südafrikas häufig in nach »Rassen« getrennte Gebiete, die sogenannten Townships, umgesiedelt. Die Bedingungen dort waren mittelmäßig, die Infrastruktur schlecht und die Beschäftigungsmöglichkeiten begrenzt. Das berüchtigtste Township ist Sharpeville, der Schauplatz einer Gräueltat, die die Geschichte Südafrikas verändert hat.

In den 1950er-, 1960er- und 1970er-Jahren erlangten Länder in ganz Afrika ihre Unabhängigkeit, als sich die europäischen Mächte nach dem Zweiten Weltkrieg von ihren Kolonialbesitzungen trennten. Die Situation in Südafrika war anders. Nach dem Zweiten Burenkrieg (1899–1902) war die Südafrikanische Union 1910 durch den Zusammenschluss zweier britischer Kolonien und zweier Burenrepubliken gegründet worden. Seit ihrer Gründung verfügte sie über eine nationale Selbstverwaltung, und 1931 wurde die Nation durch das Statut von Westminster faktisch in die Unabhängigkeit entlassen, indem dem britischen Parlament das Recht

Witwatersrand

Die Geschichte Südafrikas wurde durch einen Bergrücken namens Witwatersrand geprägt. Im Jahr 1886 entdeckte man dort reiche Goldvorkommen, was einen Ansturm von Einwanderern auslöste. Witwatersrand war Teil von Transvaal, neben dem Oranje-Freistaat die einzige weitere unabhängige Republik, die von den Buren, den Afrikaans sprechenden Nachkommen europäischer, meist niederländischer Siedler, gegründet wurde. Die Kontrolle über den Witwatersrand war einer der Hauptgründe für den Zweiten Burenkrieg, der 1899 begann. Nach einem erbitterten Kampf errangen die Briten 1902 den Sieg, nachdem sie gezielt die Zivilbevölkerung angegriffen hatten, um die beiden Burenrepubliken zur Kapitulation zu zwingen.

entzogen wurde, für sie Gesetze zu erlassen. Die weiße Minderheit beherrschte das politische und wirtschaftliche Leben Südafrikas durch den systematischen Entzug des Wahlrechts für Schwarze und durch Gesetze, die ihr Recht auf Eigentum einschränkten. Es gab auch eine informelle soziale Segregation nach »Rassen«. Nach 1948 wurde die sogenannte Rassentrennung durch das Apartheidsystem

(»Getrenntheit« auf Afrikaans) formalisiert, das eine Reihe von Gesetzen zur Durchsetzung der weißen Vorherrschaft umfasste. Alle Südafrikaner wurden nach ihrer Herkunft registriert, wodurch festgelegt wurde, wo sie leben und arbeiten durften, und es gab eine strikte Trennung der öffentlichen Einrichtungen.

Diese rassistische Politik löste im Ausland eine Gegenreaktion gegen die südafrikanische Regierung aus, die von vielen Staaten verurteilt und mit Handelsembargos belegt wurde. Im Inland hatte sich in den 1950er-Jahren eine weit verbreitete Anti-Apartheid-Bewegung formiert, die zu Massenprotesten und Demonstrationen im ganzen Land führte. Die Regierung reagierte mit der Unterdrückung jeglichen Widerstands und versuchte, alle abweichenden Stimmen durch Gewalt, Zensur und Verhaftungen zum Schweigen zu bringen. Die wichtigste Anti-Apartheid-Organisation war der Afrikanische Nationalkongress (ANC), der 1912 gegründet worden war, um für das gleiche Wahlrecht zu kämpfen. Eines seiner führenden Mitglieder war Nelson Mandela (1918–2013), der Sohn eines Clanchefs. Ursprünglich befürworteten er und viele ANC-Mitglieder bei ihren Protesten vor allem gewaltfreie Methoden und passiven Widerstand, doch ihre Ansichten änderten sich nach den Ereignissen in Sharpeville.

Eine der Grundlagen der Apartheid war die Aufteilung des Landes in getrennte Zonen für verschiedene ethnische Gruppen. Diese wurden durch die Passgesetze durchgesetzt, nach denen alle Schwarzen ab einem Alter von 16 Jahren Ausweispapiere mit sich führen mussten, wenn sie außerhalb der Sperrgebiete reisten. Wer kein gültiges Dokument vorweisen konnte, wurde verhaftet. Diese Ausweispapiere waren sehr verhasst und wurden oft von Demonstranten als Symbol des Widerstands gegen die Apartheid verbrannt. 1960 kündigte der Panafrikanische Kongress (PAC), eine Gruppe, die sich im Jahr zuvor vom ANC abgespalten hatte, eine landesweite Demonstration gegen die Passgesetze an. Sie sollte am 21. März stattfinden, zehn Tage bevor der ANC seine eigenen Anti-Pass-Proteste starten wollte.

An diesem Tag kam es in ganz Südafrika zu Protesten. Der PAC rief die Menschen dazu auf, ihre Pässe nicht mehr mit sich zu führen und zu verlangen, verhaftet zu werden, in der Hoffnung, dass solche Aktionen die Nation zum Stillstand bringen würden. In Sharpeville versammelten sich an diesem Morgen über 5000 Menschen um das Polizeirevier. Die Demonstrationen verliefen größtenteils friedlich, die Menschen sangen Lieder und skandierten Slogans. Die Polizei reagierte, indem sie Flugzeuge anforderte, die die Menschenmenge im Tiefflug überfliegen sollte, und schickte Verstärkung in gepanzerten Fahrzeugen, sodass die Zahl der Polizisten auf 300 anstieg. Gegen 13.15 Uhr wurde die Menschenmenge immer größer. Ohne Vorwarnung schoss ein Polizist, und viele seiner Kollegen taten es ihm gleich. Nach zwei Minuten waren 69 Demonstranten getötet und etwa 200 verwundet worden. Viele von ihnen wurden in den Rücken geschossen, als sie versuchten zu fliehen. Nach dem Massaker kam es im ganzen Land zu Unruhen, Demonstrationen und Streiks. Die Regierung verhängte den Ausnahmezustand und verbot den ANC.

Nach den Ereignissen von Sharpeville forderten die Vereinten Nationen die südafrikanische Regierung auf, die Apartheid zu beenden. Mandela erkannte, dass dies nur mit militanteren Methoden zu erreichen war. So half er 1961 bei der Gründung von Umkhonto we Sizwe (auf Deutsch etwa »Speer der Nation«), dem bewaffneten Flügel des ANC, der Regierungseinrichtungen angriff und die Infrastruktur sabotierte. Mandela wurde zur Fahndung ausgeschrieben und war gezwungen, in den Untergrund zu gehen. Nachdem er einige Zeit in Algerien verbracht hatte, um sich in der Guerilla-Kriegsführung ausbilden zu lassen, wurde er 1962 an einer Straßensperre angehalten und verhaftet. Anschließend wurde er für seine Aktionen zu fünf Jahren Gefängnis verurteilt. Mandelas Situation verschärfte sich im folgenden Jahr, als die Polizei bei einer Razzia in einem ANC-Versteck im Johannesburger Vorort Rivonia Pläne für einen bewaffneten Widerstand sowie ein Waffenlager fand. Dies führte dazu, dass Mandela und zehn weitere Personen wegen Verschwörung, Sabotage und Verrat angeklagt wurden. In dem anschließenden Prozess, der 1964 zu Ende ging, wurden acht von ihnen, darunter Mandela, zu lebenslanger Haft verurteilt.

Während Mandela im Gefängnis saß, wurde der Kampf gegen die Apartheid immer heftiger. Internationale Sanktionen machten Südafrika zu einem Pariastaat, und Zusammenstöße zwischen Demonstranten und der Polizei wurden immer häufiger. Als die Gewalt eskalierte, begannen in den 1980er-Jahren geheime Verhandlungen zwischen der Regierung und dem ANC über ein Ende der Apartheid. Dies führte 1990 zur Freilassung Mandelas aus dem Gefängnis und zur Legalisierung des ANC. Nach weiteren Gesprächen wurden 1994 Wahlen abgehalten, bei denen alle Südafrikaner gleichberechtigt wählen konnten. Der ANC ging als Sieger hervor, und Mandela wurde mit der Bildung der südafrikanischen Post-Apartheid-Regierung beauftragt, deren Präsident er bis 1999 war. Während seiner einzigen Amtszeit setzte er eine Wahrheits- und Versöhnungskommission ein, um die Menschenrechtsverbrechen der Apartheid-Ära aufzudecken, und 1996 verkündete er eine neue Verfassung, die die Gleichheit aller Südafrikaner vor dem Gesetz dauerhaft festschrieb. Der Ort, an dem er sie unterzeichnete: Sharpeville.

CERN

Mehr als jede andere Innovation der Gegenwart hat das World Wide Web (WWW), und damit das Internet, die Gesellschaft, die Politik und die Weltwirtschaft verändert, da es den nahezu sofortigen Austausch riesiger Informationsmengen ermöglicht. Seinen Anfang nahm es bei der Europäischen Organisation für Kernforschung, besser bekannt unter der Abkürzung ihres ursprünglichen französischen Namens, *Conseil européen pour la recherche nucléaire*, CERN. Das Internet ist nur eine von vielen bahnbrechenden Innovationen, die dort entwickelt wurden.

Der Europäische Rat für Kernforschung wurde 1952 in Paris vorläufig gegründet. Zwölf Gründungsmitglieder trugen zu seinem

Boelter Hall Room 3420, University of California, Los Angeles (UCLA)

Das ARPANET war ein wichtiger Vorläufer des Internets. Als es 1969 in Betrieb genommen wurde, hatte es vier Knotenpunkte. Einer davon befand sich an der UCLA, in einem kleinen Kellerraum, aus dem am 29. Oktober die erste Nachricht über das ARPANET an das Stanford Research Institute gesendet wurde. Sie lautete »lo« – der Mitarbeiter hatte versucht, »login« einzugeben, aber das System war abgestürzt, bevor er es beenden konnte.

Budget und seinem Betrieb bei; zehn weitere Länder sind dem CERN inzwischen beigetreten – darunter 2014 mit Israel der erste nicht europäische Staat –, womit es inzwischen 22 Mitglieder hat. Es sollte in erster Linie der Teilchenphysik gewidmet sein, der Erforschung der kleinsten Objekte, die es gibt, und die kollektive Kraft von Wissenschaftlern aus verschiedenen Nationen nutzen, die dort zusammenarbeiten. Das CERN wurde offiziell 1954 gegründet, als seine Satzung ratifiziert wurde. Gleichzeitig wurde das Wort »Rat« in seinem Namen durch »Organisation« ersetzt, aber es trug weiterhin den Namen CERN. Laut seiner Satzung muss seine Forschung rein wissenschaftlich und darf nicht auf militärische Anforderungen ausgerichtet sein. Die Arbeiten sollten nicht im Geheimen durchgeführt werden, sondern der Öffentlichkeit zugänglich gemacht werden.

Der Hauptstandort des CERN befindet sich in Meyrin, einem kleinen Dorf (heute ein Vorort) außerhalb von Genf, nahe der französischen Grenze. Mit der Zeit wurde es über die Grenze hinaus ausgedehnt, und heute befinden sich über 80 Prozent der Anlage in Frankreich. Die erste große Errungenschaft am CERN war der Bau eines Teilchenbeschleunigers im Jahr 1957. Diese Geräte dienen dazu, einen Teilchenstrahl, also zum Beispiel Elektronen oder Protonen, in einem Vakuum auf hohe Geschwindigkeiten zu beschleunigen und mithilfe von Magnetfeldern zu lenken. Sobald die Teilchen die gewünschte Geschwindigkeit erreicht haben, werden sie mit einem Ziel oder einem anderen Strahl zur Kollision gebracht, wobei Detektoren das Ergebnis des Ereignisses aufzeichnen. Auf diese Weise können die Wissenschaftler mehr über die Natur der Grundbausteine des Universums herausfinden und das Verhalten der Teilchen beobachten. Im Laufe der Jahrzehnte wurden am CERN viele weitere Teilchenbeschleuniger gebaut. Dazu gehört der Large Hadron Collider (LHC), ein unterirdischer Ring von 27 Kilometern Länge, der auf französischem Gebiet liegt. Er wurde von 1998 bis 2008 gebaut und im Jahr 2009 vollständig in Betrieb genommen. Experimente im LHC bestätigten die Existenz eines bisher nur theoretisch vermuteten Elementarteilchens Higgs-Boson, das allen Teilchen Masse verleiht.

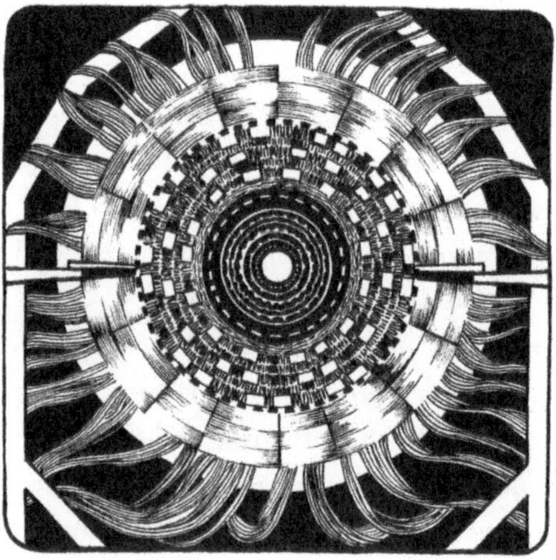

Das Internet ist ein einfaches Netzwerk, das es Computern ermöglicht, sich miteinander zu verbinden und Informationen auszutauschen. Eine der ersten Entwicklungen war das Advanced Research Projects Agency Network (ARPANET), das 1969 eingerichtet und vom US-Verteidigungsministerium finanziert wurde. Es verwendete eine Methode namens Paketvermittlung, bei der die Daten in kleine Teile zerlegt und am Zielort wieder zusammengesetzt wurden, was eine wesentlich schnellere Übertragung ermöglichte. In den 1970er- und 1980er-Jahren war das Internet außerhalb eines kleinen Kreises von Akademikern,

Wissenschaftlern und Staatsbediensteten kaum bekannt. Das sollte sich dank der Arbeit am CERN ändern.

Der Konservatorenpalast

Das CERN war nicht die einzige gesamteuropäische Organisation, die nach dem Zweiten Weltkrieg gegründet wurde. Die politisch bedeutendste war die Europäische Union, die aus der Europäischen Wirtschaftsgemeinschaft hervorging. Sie wurde im Jahr 1957 durch die Römischen Verträge gegründet, die von den sechs Gründungsmitgliedern Belgien, Frankreich, Italien, Luxemburg, den Niederlanden und Westdeutschland unterzeichnet wurden. Die Zeremonie fand im Palazzo dei Conservatori, dem Konservatorenpalast statt, einem mittelalterlichen Palast, der in den 1530er-Jahren von Michelangelo umgebaut worden war.

Im Jahr 1989 arbeitete der britische Ingenieur und Informatiker Tim Berners-Lee (geb. 1955), der am CERN tätig war, an einem System, mit dem Wissenschaftler aus verschiedenen Ländern auf einfache Weise elektronische Dateien zwischen Computern über eine Internetverbindung übertragen konnten. Er schlug das WWW als Lösung für dieses Problem vor. Anschließend entwickelte er die allererste Website, die am 6. August 1991 online ging und Informationen über die Nutzung und Entwicklung des WWW enthielt. Im Einklang mit der Politik des CERN machte Berners-Lee 1993 die Software des WWW für die Öffentlichkeit frei zugänglich. Dies und der Preisverfall bei den Personal Computern (die zudem immer leistungsfähiger wurden) führte zu einer explosionsartigen Verbreitung des Internets und zu seiner Verankerung im öffentlichen Raum. Von 1990 bis 2000 wuchs die Zahl der Internetnutzer weltweit mit spektakulärer Geschwindigkeit – von 2,6 Millionen auf über 400 Millionen. Heute gibt es weit über 3 Milliarden Internetnutzer, was fast der Hälfte der Weltbevölkerung entspricht. Viele von ihnen greifen über mobile Geräte darauf zu, die es den Menschen ermöglichen, nahezu ständig mit dem Internet verbunden zu sein.

Die Allgegenwärtigkeit des Internets, insbesondere in den Industrieländern, ist ein grundlegendes Merkmal der Gesellschaft des 21. Jahrhunderts. Technologieunternehmen üben eine enorme Macht über unser tägliches Leben aus, wobei die »Big Five«, also Amazon, Apple, Facebook, Google und Microsoft, den Sektor dominieren. Das WWW und das Internet haben nicht immer dem Idealismus entsprochen, der am CERN gepflegt wurde. In vielerlei Hinsicht haben die Technologien, obwohl sie die Menschen zusammenbringen sollten, bei einigen das Gefühl der Entfremdung von der Gesellschaft gefördert und auch Ängste vor den Risiken der digitalen Überwachung unserer Online-Aktivitäten und sogar unserer häuslichen Aktivitäten und der zügellosen Kommerzialisierung unserer persönlichen Daten geschürt. Abgesehen davon haben das Internet und das WWW die Menschheit in vielerlei Hinsicht positiv beeinflusst, etwa durch die Möglichkeit der sofortigen Kommunikation, die gemeinsame Nutzung und Bewahrung digitalisierter

Daten und die Rationalisierung wirtschaftlicher Transaktionen. Ungeachtet dessen ist unbestritten, dass Berners-Lees Idee am CERN die Welt verändert hat und weiterhin verändert.

Fazit

Jeder Winkel der Welt hat das Potenzial, zum Schauplatz der Geschichte zu werden. Sogar langfristige Trends lassen sich oft an einem einzigen Ort festmachen. So kann die Entstehungsgeschichte der industrialisierten und globalen Ökonomie durch ein Gasthaus in Brügge, ein kleines schottisches Dorf und einen Vorort von Genf erzählt werden. Der Aufstieg der alten Zivilisationen in Ägypten und China lässt sich anhand des Gelben Flusses und des Nils nachvollziehen. Epochale Persönlichkeiten sind oft untrennbar mit einem Ort verbunden, der ihre Geschichte veranschaulicht: Denn wie könnte man die Geschichte von Persönlichkeiten wie Buddha oder Ludwig XIV. erzählen, ohne den Bodhibaum oder das Schloss von Versailles zu kennen? Die großen Konflikte, die unsere Geschichte geprägt haben, lassen sich oft auf einen einzigen Ort zurückführen, etwa einen Sendeturm an der deutsch-polnischen Grenze.

Angesichts der Tatsache, dass wir immer mehr Zeit in der digitalen Welt verbringen, mag es einige Menschen geben, die bezweifeln, dass epochale Momente der Geschichte immer an einen physischen Ort gebunden sind. Das Internet existiert jedoch in einem greifbaren Sinne an Orten wie Serverfarmen und Rechenzentren, die durchaus die Geschichte von morgen prägen können. Und selbst wenn die Menschheit die Sterne kolonisiert, besteht kein Zweifel daran, dass die wissenschaftlichen Durchbrüche und politischen Entscheidungen, die dazu geführt haben, irgendwo auf der Welt ihre Wurzeln haben werden.

DANKSAGUNGEN

Dieses Buch wäre nicht zustande gekommen ohne das hervorragende Team von Michael O'Mara Books, insbesondere meine Lektorin Gabriella Nemeth. Ich möchte auch David Inglesfield für sein Lektorat, Aubrey Smith für die Illustrationen und David Woodroffe für die Karten danken. Meinen Studenten und Kollegen danke ich für ihre Anregungen und Diskussionen im Laufe der Jahre. Und schließlich gilt mein aufrichtiger Dank den großartigen Mitarbeitern der British Library für die unglaubliche Arbeit, die sie leisten.

Ausgewählte Literatur

Field, J. F., *The History of Europe in Bite-sized Chunks*, Michael O'Mara Books, 2019

Finkel, C., *Osman's Dream: The Story of the Ottoman Empire 1300–1923*, John Murray, 2006

Grant, R. G. (Hrsg.), *1001 Battles That Changed the Course of History*, Cassell, 2011

Grine, F. E., Fleagle, J. G. und Leakey, R. E. (Hrsg.), *The First Humans – Origin and Early Evolution of the Genus Homo*, Springer, 2009

Judt, T., *Postwar: A History of Europe Since 1945*, Vintage, 2010

Loewe, M. und Shaughnessy, E. L. (Hrsg.), *The Cambridge History of Ancient China: From the Origins of Civilisation to 221 BC*, Cambridge University Press, 1999

Mango, C. (Hrsg.), *The Oxford History of Byzantium*, Oxford University Press, 2002

Oliver, R. und Atmore, A., *Medieval Africa, 1250–1800*, Cambridge University Press, 2001

Seth, M. J., *A Concise History of Korea From Antiquity to the Present*, Rowman & Littlefield, 2016

Shaw, I. (Hrsg.), *The Oxford History of Ancient Egypt*, Oxford University Press, 2000

Speake, G. (Hrsg.), *Encyclopedia of Greece and the Hellenic Tradition*, Fitzroy Dearborn, 2000

Van De Mieroop, M., *A History of the Ancient Near East ca. 3000–323 BC*, Blackwell, 2004

Register